WILLIAM BARCLAY

COMENTARIO
AL NUEVO TESTAMENTO
– Tomo 7–

Los Hechos de los Apóstoles

WILLIAM BARCLAY

COMENTARIO
AL NUEVO TESTAMENTO
– Tomo 7–

Los Hechos de los Apóstoles

EDITORIAL CLIE
C/ Ferrocarril, 8
08232 VILADECAVALLS
(Barcelona) ESPAÑA
E-mail: libros@clie.es
http://www.clie.es

Traductor de la obra completa: Alberto Araujo

COMENTARIO AL NUEVO TESTAMENTO - Hechos de los apóstoles
ISBN obra completa: 978-84-7645-749-8
ISBN: 978-84-7645-772-6
COMENTARIOS BÍBLICOS
Nuevo Testamento
Referencia: 223882

PRESENTACIÓN

Este comentario al *Libro de los Hechos de los Apóstoles* se publicó por primera vez en inglés en 1952. No parece que la editorial de la Iglesia de Escocia ni el mismo William Barclay tuvieran intención de publicar más comentarios a otros libros de la Biblia; pero fue tan sorprendente el éxito que obtuvo éste que hizo que se convirtiera en el primero de una serie que incluiría todo el Nuevo Testamento en un tiempo récord de seis años. La serie se llamó en un principio *Lectura bíblica diaria*, y eso era lo que pretendía ser: una ayuda para los que quieren leer la Biblia por sí mismos. Cada tomito incluía un calendario para que se fuera siguiendo a lo largo de un periodo de tiempo; y William Barclay, a pesar de sus muchas ocupaciones y obligaciones, fue produciendo los 17 libros, que suman más de 4.000 páginas, a tiempo para que sus lectores pudieran saborear cotidianamente su porción bíblica jugosamente condimentada.

La prueba de que este comentario devocional y práctico vino a suplir una necesidad sentida desde hacía mucho tiempo en todas partes se ve claramente en el hecho de que muy pronto se publicaron traducciones y ediciones en otros países y lenguas, y William Barclay llegó a ser conocido y apreciado en todo el mundo, y sigue siéndolo, como uno de los principales expositores de la Palabra de Dios de nuestro siglo; y su *Comentario al Nuevo Testamento*, entre sus más de 60 obras, sigue ayudando a muchos a descubrir los tesoros que se encuentran en la Biblia esperando la llegada de buscadores tenaces para premiar su esfuerzo con aún más de lo que esperan encontrar.

Como William Barclay dice muchas veces en los prólogos de sus libros, lo que se proponía al escribirlos era poner los descubrimientos de la ciencia bíblica al alcance de los que no tienen acceso a estudios de teología ni al conocimiento de las lenguas originales. Para ello William Barclay demostró poseer el carisma de la comunicación en un grado verdaderamente extraordinario, como se dejaba ver en sus clases, predicaciones, conferencias y programas de radio y televisión que batían todos los récords de audiencia. Ortega y Gasset decía que «la claridad es la cortesía del filósofo»; y William Barclay parecía tener el lema de que «la sencillez y la naturalidad son las características del expositor de la Palabra de Dios». Como decía James Denney, a quien le gustaba citar a William Barclay, «Uno no puede pretender demostrar que es muy inteligente y que Cristo es poderoso para salvar.» William Barclay no buscaba su gloria, ni darse a conocer como un gran hombre, sino la gloria de Cristo y darle a conocer como el maravilloso Salvador y Señor que es. No meramente como un personaje histórico, alguien que vivió y murió hace mucho tiempo, sino Alguien que está vivo y presente, a Quien podemos conocer y amar y seguir.

Así lo confesaba y enseñaba William Barclay al hacer suya y citar a la cabecera de sus libros la oración de Ricardo de Chichester, un santo inglés del siglo XIII: «Ayudar a los demás a conocer a Cristo más íntimamente, amarle más entrañablemente y seguirle más fielmente.» Es probable que no se pueda expresar mejor la gloria del ministerio cristiano.

Alberto Araujo

ÍNDICE

INTRODUCCIÓN AL LIBRO DE LOS HECHOS DE LOS APÓSTOLES

UN LIBRO ENCANTADOR

En cierto sentido, *Hechos* es el libro más importante del Nuevo Testamento. La verdad pura y simple es que, si no contáramos con *Hechos,* no tendríamos ninguna información acerca de la Iglesia Primitiva, fuera de la que pudiéramos deducir de las cartas de Pablo.

Hay dos maneras de escribir la Historia. Una consiste en procurar trazar el curso de los acontecimientos de semana en semana o de día en día; y otra que, como si dijéramos, nos abre una serie de ventanas y nos permite vislumbrar algunos momentos decisivos y personalidades relevantes de cada período. *El Libro de los Hechos* sigue la segunda fórmula.

Casi siempre le llamamos *Los Hechos de los Apóstoles.* Pero este libro no nos da, ni pretende darnos, un relato exhaustivo de los hechos de los apóstoles. Aparte de Pablo, sólo se mencionan tres, salvo en la lista que aparece en el capítulo primero. En *Hechos 12:2* se nos dice en una breve frase que Herodes mandó ejecutar a Santiago, el hermano de Juan. Juan aparece algo más en la narración, pero nunca hace uso de la palabra. El libro nos da sólo verdadera información sobre Pedro, que muy pronto desaparece de la escena como protagonista. En el original no hay artículo *Los* delante de *Hechos;* una traducción correcta del título podría ser *Hechos de varones apostólicos;* y lo que pretende es darnos una serie de hazañas típicas de las figuras heroicas de la Iglesia Primitiva.

EL AUTOR DEL LIBRO

Aunque su nombre no aparece en el libro, desde el principio de la Historia de la Iglesia siempre se ha mantenido que su autor era Lucas. Acerca de él sabemos realmente muy poco; sólo se le menciona tres veces en el Nuevo Testamento: *Colosenses 4:14; Filemón 24, y 2 Timoteo 4:11*. De estas referencias podemos deducir dos cosas seguras: la primera es que era médico; y la segunda, que era uno de los más apreciados colaboradores y leales amigos de Pablo, porque fue su compañero en su último encarcelamiento. Podemos deducir también que era gentil. En *Colosenses 4:11* termina la lista de recuerdos y saludos de los que son de la circuncisión, es decir, de los judíos; y en el versículo 12 empieza una nueva lista, que suponemos que incluirá a los gentiles. Según esta deducción nos encontramos con el hecho interesante de que Lucas fue el único autor gentil del Nuevo Testamento.

Podríamos haber supuesto que Lucas era médico porque usa términos médicos con mucha naturalidad. En *Lucas 4:35,* hablando del que tenía el espíritu de un demonio inmundo, dice: «...□cuando el demonio le había tirado al suelo», y usa el término médico correcto para *convulsiones*. En *Lucas 9:38,* hablando del que le pidió a Jesús: «¡Maestro, por favor, mira a mi hijo...!», usa el término médico convencional para *hacer un reconocimiento*. El ejemplo más curioso se encuentra en el dicho acerca del camello y el ojo de la aguja. Los tres evangelios sinópticos nos lo conservan *(Mateo 19:24; Marcos 10:25, y Lucas 18:25);* pero para *aguja,* tanto Marcos como Mateo usan la palabra griega más corriente para designar la aguja de sastre o de casa, *rafís*. Sólo Lucas usa *belonê*, que quiere decir *aguja de cirujano*. Era médico, y los términos técnicos de los médicos eran los que se le ocurrían de una manera natural.

EL DESTINATARIO DEL LIBRO

Lucas dedicó tanto su *Evangelio* como *Hechos* a un cierto Teófilo *(Lucas 1:3; Hechos 1:1)*. No sabemos realmente quién era Teófilo. En *Lucas 1:3* se le llama «excelentísimo Teófilo». Este título, como «su excelencia», parece indicar un alto dignatario del gobierno romano. Tenemos tres posibilidades:

(i) Es posible que Teófilo no sea realmente un nombre propio. En aquellos días era peligroso ser cristiano. El nombre *Teófilo* viene de dos palabras griegas: *Theos,* que quiere decir *Dios,* y *filein,* que quiere decir *amar.* Es posible que Lucas se refiriera a *uno que ama a Dios* sin mencionar su verdadero nombre para no comprometerle.

(ii) Si *Teófilo* era una persona real, debe de haber sido un alto dignatario romano. Tal vez Lucas le dedicó sus libros para mostrarle que el Cristianismo era una cosa maravillosa y que los cristianos eran buenas personas. Es posible que Lucas tratara de influir en un gobernante romano para que no persiguiera a los cristianos.

(iii) Hay una teoría más romántica, basada en el hecho de que Lucas era médico y los médicos eran muchas veces esclavos en aquellos días. Se ha sugerido que Lucas puede haber sido el médico de Teófilo, y que éste puede haber estado gravemente enfermo y haberse salvado gracias a la habilidad y fidelidad de Lucas, y que en agradecimiento le concedió la libertad. En este caso, tal vez Lucas le quería mostrar su gratitud a Teófilo; y, como la cosa de más valor que poseía era el Evangelio de Jesús, se lo escribió y envió a su benefactor.

EL PROPÓSITO DE LUCAS AL ESCRIBIR *HECHOS*

Cuando uno escribe un libro lo hace por alguna razón, o puede que por más de una. Consideremos las que pudo tener Lucas para escribir *Hechos.*

(i) Una de sus razones era presentar el Cristianismo al

gobierno romano. Algunas veces hace un inciso para mostrar lo corteses que fueron con Pablo los magistrados romanos. En *Hechos 13:12*, Sergio Paulo, el gobernador de Chipre, se convierte al Cristianismo. En 18:12, Galio es absolutamente imparcial en Corinto. En 16:35ss, los magistrados de Filipos se dan cuenta de su error y se disculpan públicamente con Pablo. En 19:31, los asiarcas de Éfeso tienen interés en que no se le presenten perjuicios a Pablo. Lucas estaba indicando que en años anteriores los funcionarios romanos habían estado bien dispuestos y habían sido justos con los cristianos.

Además, Lucas se esfuerza en presentar a los cristianos como buenos y leales ciudadanos, y que siempre se los había tenido por tales. En *Hechos 18:14*, Galio declara que no se trata de un caso de maldad o de vileza. En 19:37, el secretario de Éfeso da un buen informe de los cristianos. En 23:29, Claudio Lisias puntualiza que no tiene nada contra Pablo. En 25:25, Festo declara que Pablo no ha hecho nada por lo que merezca la muerte; y en el mismo capítulo, Festo y Agripa están de acuerdo en que se hubiera podido dejar en libertad a Pablo si no hubiera apelado al César.

Lucas escribía en días en los que se aborrecía y perseguía a los cristianos, y contó su historia de manera que se viera que los magistrados romanos siempre habían sido justos con el Cristianismo y que nunca habían considerado que los cristianos fueran malas personas. De hecho, se ha hecho la interesante sugerencia de que *Hechos* no es otra cosa que el documento preparado para la defensa de Pablo ante el Emperador romano.

(ii) Uno de los objetivos de Lucas era mostrar que el Evangelio era para todos los seres humanos de todos los países. Esta era una de las cosas que a los judíos les costaba entender. Tenían la idea de que ellos eran el pueblo escogido de Dios, y que Dios no tenía interés en los demás pueblos. Lucas se propone demostrar lo contrario: presenta a Felipe predicando a los samaritanos; a Esteban, haciendo universal el Cristianismo y muriendo por ello; a Pedro, recibiendo a Cornelio en la Iglesia; a los cristianos, predicando a los gentiles en Antioquía;

a Pablo, viajando por todas partes y ganando a personas de todas clases para Cristo; y en *Hechos 15,* presenta a la Iglesia tomando la gran decisión de aceptar a los gentiles en igualdad de términos que los judíos.

(iii) Pero estos no eran más que propósitos secundarios. La primera intención de Lucas se encuentra en las palabras del Cristo Resucitado en 1:8: «Seréis mis testigos en Jerusalén, y en toda Judea, y en Samaria, y por todo el mundo.» Lucas quería presentar la expansión del Cristianismo, y mostrar cómo llegó hasta Roma en no mucho más de treinta años la Religión que había empezado en un rincón de Palestina.

C. H. Turner ha señalado que *Hechos* se divide naturalmente en seis partes, cada una de las cuales termina con lo que se podría llamar una declaración de progreso. Las seis partes son:

(*a*) 1:1–6:7; trata de la Iglesia en Jerusalén y de la predicación de Pedro; termina con el resumen: «A todo esto, el Evangelio se iba propagando, y el número de los creyentes se multiplicaba extraordinariamente en Jerusalén; también se habían convertido muchos sacerdotes.»

(*b*) 6:8–9:31; describe la extensión del Cristianismo por toda Palestina y el martirio de Esteban, seguido de la predicación en Samaria. Termina con el resumen: «Entonces la Iglesia estaba en paz en toda Judea y Galilea y Samaria, y seguía edificándose y viviendo en el temor del Señor; y crecía en número de creyentes gracias al ánimo que les daba el Espíritu Santo.»

(*c*) 9:32–12:24; incluye la conversión de Pablo, la extensión de la Iglesia hasta Antioquía, y la entrada del gentil Cornelio en la Iglesia, con la intervención de Pedro. El resumen final es: «A todo esto, el Evangelio crecía en extensión y en influencia.»

(*d*) 12:25–16:5; cuenta la extensión de la Iglesia por toda Asia Menor y la campaña de evangelización en Galicia. Termina diciendo: «Las congregaciones se iban consolidando en la fe, y crecían en número de día en día.»

(*e*) 16:6–19:20; relata la extensión de la Iglesia en Europa y la obra de Pablo en grandes ciudades gentiles como Corinto y Éfeso. En resumen: «Así iba extendiéndose el Evangelio poderosamente y haciéndose maravillosamente eficaz.»

(*f*) 19:21–28:31; cuenta la llegada de Pablo a Roma y su encarcelamiento allí. Termina con la descripción de Pablo «proclamando el Reino de Dios e impartiendo enseñanza sobre todo lo concerniente al Señor Jesucristo con libertad y valentíal, y sin que nadie hiciera nada para impedírselo.»

Este plan de *Hechos* contesta la pregunta más perpleja: ¿Por qué termina allí? Termina con Pablo en la cárcel esperando el juicio. Nos gustaría saber lo que le pasó después; pero la continuación está cubierta de misterio. Sin embargo, Lucas terminó allí porque había cumplido su propósito: había relatado cómo había empezado el Cristianismo en Jerusalén y se había extendido por el mundo hasta llegar a Roma. Un gran investigador del Nuevo Testamento ha dicho que el título de *Hechos* podría ser «Cómo llevaron la Buena Noticia desde Jerusalén hasta Roma.»

LAS FUENTES DE LUCAS

Lucas era un historiador, y las fuentes de un historiador tienen una importancia suprema. ¿De dónde obtuvo Lucas la información? En este sentido, *Hechos* se divide en dos partes:

(i) Los primeros quince capítulos, de cuyos acontecimientos no fue Lucas testigo presencial. Lo más probable es que tuviera acceso a dos fuentes:

(*a*) Las actas de las iglesias locales. Puede que ni siquiera estuvieran escritas; pero cada iglesia tenía sus memorias. En esta sección podemos dilucidar tres informes: el de la *Iglesia de Jerusalén,* que encontramos en los capítulos 1 al 5 y 15 y 16; el de la *Iglesia de Cesarea,* que cubre 8:26-40 y 9:31–10:48, y el de la *Iglesia de Antioquía,* que incluye 11:19-30, y 12:25–14:28.

(*b*) Es muy probable que hubiera ciclos de historias que podríamos llamar Los Hechos de Pedro, de Felipe y de Esteban. No cabe duda de que la amistad de Lucas con Pablo le puso en contacto con todas las personalidades de todas las iglesias, cuyas historias se pondrían a su disposición.

(ii) Los capítulos 16 a 28. De mucho de esta sección Lucas fue testigo presencial. Cuando leemos *Hechos* con atención nos damos cuenta de un hecho curioso: la mayor parte del tiempo, Lucas cuenta las cosas en tercera persona de singular o plural; pero hay algunos pasajes en los que cambia a la primera persona del plural, y de «ellos» pasa a «nosotros». Los pasajes «nosotros» son los siguientes: *Hechos 16:10-17; 20:5-16; 21:1-18,* y *27:1–28:16.* En todas estas ocasiones Lucas tiene que haber estado presente. Debe de haber hecho un diario del viaje, y por eso tenemos en estos pasajes el relato de un testigo presencial. En cuanto a los momentos cuando no estaba presente, deben de haber sido muchas las horas que pasó en la cárcel con Pablo y las historias que Pablo le contó. Puede que no hubiera ninguna gran figura que Lucas no conociera, y en cada caso debe de haber obtenido el relato de alguien que estuvo allí.

Cuando leemos *Hechos,* podemos estar seguros de que no ha habido ningún historiador que tuviera mejores fuentes que Lucas, ni que las usara con mayor rigor histórico.

PODER PARA SEGUIR ADELANTE

Hechos 1:1-5

> *Excmo. Teófilo:*
> *Ya he escrito a V.E. un informe completo de la vida y enseñanzas de Jesús hasta el momento en que fue llevado al Cielo después de haber dado instrucciones referentes al Espíritu Santo a los apóstoles que había elegido.*
> *Después de su pasión, Jesús les demostró en muchas ocasiones que estaba vivo; porque durante un período de cuarenta días se les estuvo presentando en persona y hablando con ellos sobre el Reino de Dios.*
> *Una vez que estaba comiendo con ellos les dio instrucciones de que no se marcharan de Jerusalén, sino que esperaran allí la llegada del Que el Padre les había prometido, de Quien ya les había hablado; y les dijo:*
> *—Juan bautizaba con agua; pero dentro de no muchos días vais a ser bautizados con el Espíritu Santo.*

El *Libro de los Hechos* es la segunda parte de una historia en dos sentidos: (i) Es el segundo volumen de los dos que le envió Lucas a Teófilo. En el primero, que es el *Evangelio,* Lucas le había contado la historia de Jesús en la Tierra; y ahora, en el segundo, continúa contándole la historia de la Iglesia Cristiana. (ii) *Hechos* es el segundo volumen de una historia que no ha terminado. El Evangelio es sólo la historia de lo que Jesús *empezó* a hacer y a enseñar. Su vida terrenal fue sólo el principio de una actividad que no ha llegado a su fin.

Hay diferentes clases de inmortalidad.

(*a*) Existe la inmortalidad de la fama. En las *Coplas a la Muerte de su Padre*, de Jorge Manrique, la Muerte le dice al Condestable:

> *«No se os haga tan amarga*
> *la batalla temerosa*
> *que esperáis,*
> *pues otra vida más larga*
> *de fama tan gloriosa*
> *acá dejáis;*
> *   aunque esta vida de honor*
> *tampoco no es eternal*
> *ni verdadera,*
> *mas con todo es muy mejor*
> *que la otra corporal,*
> *perecedera.»*

No cabe duda de que Jesús ganó tal inmortalidad, como se ve, por ejemplo, en la Historia del Arte; y su nombre no morirá jamás.

(*b*) Existe también *la inmortalidad de la influencia*. Algunas personas dejan una estela de influencia y unas consecuencias que no desaparecerán jamás. Miguel de Cervantes es el escritor más famoso de la literatura española, y se da su nombre al premio más apreciado que se otorga a escritores contemporáneos y a los institutos que representan a nuestra lengua en otros países para memoria inmortal de ese nombre glorioso.

(*c*) Pero, sobre todo, existe la *inmortalidad de la presencia y del poder*. Jesús no ha dejado solamente un nombre y una influencia inmortales. ¡Está vivo y activo y lleno de poder! No es meramente alguien que *fue*, sino que es Uno que *es*, y cuya vida continúa eternamente. En un sentido, el tema y la lección del *Libro de los Hechos* es que la vida de Jesús se continúa *en su Iglesia*. John Foster, profesor de Historia de la Iglesia en la universidad de Glasgow y antes misionero en La China, cuenta que un buscador hindú vino una vez a un obispo indio. Sin ayuda de nadie había leído el Nuevo Testamento, y se había sentido atraído irresistiblemente por la Persona de Cristo. Luego había seguido leyendo, y se había encontrado en un nuevo mundo. En los *Evangelios* se trataba de Jesús, de sus obras y de sus sufrimientos; en los *Hechos,* de lo que hicieron y pensaron y enseñaron los discípulos de Jesús que ocuparon el lugar que Él había dejado. La Iglesia sigue adelante desde el punto en que Jesús dejó su vida terrenal. «Por tanto —dijo aquel hombre—, yo tengo que pertenecer a *la Iglesia que continúa la vida de Cristo.*» *El Libro de los Hechos* nos habla de la Iglesia que continúa la vida de Cristo.

Este pasaje nos cuenta cómo recibió la Iglesia el poder para cumplir su misión: por la obra del Espíritu Santo. Uno de los títulos del Espíritu Santo es *El Consolador. Consolar* es, según el Diccionario de la Real Academia Española, *aliviar la pena o el dolor de alguien.* Sería más conforme con la idea original llamarle *El Confortador,* que viene del latín *fortis,* valiente, y quiere decir, según el mismo Diccionario, *el que da vigor, espíritu y fuerza..., el que anima, alienta o consuela al afligido.* En el *Libro de los Hechos*, y en todo el Nuevo Testamento, es muy difícil separar la obra del Espíritu Santo de la del Cristo Resucitado; y no tenemos qué hacerlo, porque la venida del Espíritu es el cumplimiento de la promesa de Jesús: «Fijaos: Yo estoy con vosotros siempre, hasta el fin del mundo» *(Mateo 28:20).* No dejemos que se nos pase desapercibida otra cosa: Jesús les dijo a los apóstoles que *esperaran* la venida del Espíritu. Recibiríamos más poder, valor y paz, si aprendiéramos a esperar. En los trances de la vida tenemos que aprender a estar tranquilos. «Los que esperan en el Señor tendrán nuevas fuerzas» *(Isaías 40:31).* En medio de la actividad avasalladora de la vida debe haber lugar para una sabia espera. En medio de las luchas de la vida tiene que haber tiempo para recibir.

EL REINO Y SUS TESTIGOS

Hechos 1:6-8

> *Una de las veces que estaban reunidos con Él, le preguntaron a Jesús:*
> *—Señor, ¿le vas a restaurar el reino a Israel en estos tiempos?*
> *—No os corresponde a vosotros saber cuánto van a durar unas cosas, o cuándo van a suceder otras —les contestó Jesús—. Estas son cosas que el Padre mantiene bajo su control. Pero, independientemente de eso, cuando venga sobre vosotros el Espíritu Santo recibiréis poder para ser mis testigos en Jerusalén, y en toda Judea, y en Samaria, y por todo el mundo.*

Jesús se enfrentó con un gran inconveniente a lo largo de su ministerio. El corazón de su mensaje era el Reino de Dios *(Marcos 1:14);* pero el problema era que los que le oían se lo figuraban a su manera. Los judíos estaban convencidos de que eran el pueblo escogido de Dios; y creían que eso quería decir que eran los favoritos, que estaban destinados a un honor y a un privilegio especiales, y para dominar el mundo. Todo el curso de su historia demostraba que, humanamente hablando, no podía ser así. Palestina era un país pequeño, de menos de 200 kilómetros de largo por 65 de ancho. Tuvo sus años de independencia, pero luego estuvo dominado por los babilonios, los persas, los griegos y los romanos. Así es que los judíos empezaron a esperar el día en que Dios intervendría en la historia humana, y haría con su poder lo que ellos no podrían hacer jamás. Esperaban el día en que, por intervención divina, la soberanía que soñaban sería suya. Concebían el Reino de Dios en términos de este mundo, y no como la «política de Dios y el gobierno de Cristo», como decía Quevedo.

¿Cómo lo concebía Jesús? Fijémonos en la oración dominical, en la que encontramos dos peticiones yuxtapuestas:

«Venga tu Reino; hágase tu voluntad así en la Tierra como en el Cielo» *(Mateo 6:10; Lucas 11:2).* Ahora bien: es característico de la poesía hebrea, como se puede ver en los salmos, el decir lo mismo de dos maneras paralelas, la segunda de las cuales amplía o explica la primera. Eso es lo que sucede con estas dos peticiones: la segunda es una definición de la primera; y por tanto vemos que Jesús entendía el Reino de Dios como la sociedad en la Tierra en la que la voluntad de Dios se hace tan perfectamente como en el Cielo. Precisamente por eso sería un Reino basado en el amor, y no en el poder.

Para lograrlo, los humanos necesitamos el Espíritu de Cristo. Ya antes Lucas había hablado dos veces de esperar la venida del Espíritu. No debemos pensar que el Espíritu empezó a existir entonces. Sabemos que hay poderes que han existido mucho tiempo, pero que se han descubierto en un momento determinado. Así sucede con todas las fuentes de energía que se conocen; por ejemplo: la energía atómica no es algo que han inventado los hombres, sino que siempre había existido en la naturaleza, aunque solamente este siglo se ha descubierto y empezado a usar. Así podemos decir que Dios es eternamente Padre, Hijo y Espíritu Santo; pero llegó un momento en el que se experimentó ese poder que siempre había estado presente.

El poder del Espíritu iba a hacerlos testigos de Cristo. Su testimonio iba a operar en una serie de círculos concéntricos cada vez más amplios: primero en Jerusalén; luego en toda Judea; luego en Samaria, que era un país mediojudío que sería como un puente que los introduciría en el mundo pagano; y finalmente hasta el fin del mundo.

Vamos a fijarnos en varias cosas en relación con el testimonio cristiano:

(i) Un testigo es alguien que puede decir: «Yo sé que esto es verdad.» En un juicio no se admite el testimonio de alguien que sabe algo porque lo ha oído por ahí; tiene que saberlo de primera mano y por propia experiencia. Hubo un tiempo en la vida de John Bunyan cuando él no estaba seguro. Le preocupaba que los judíos dicen que ellos son los que tienen la verdad,

y los musulmanes igual, y los de las otras religiones lo mismo. ¿Será el Evangelio algo parecido, un mero «a mí me parece»? Un testigo no dice: «Me parece que sí.» Dice: «Yo sé.»
(ii) Un testigo verdadero no lo es sólo de palabra, sino en toda su vida. Cuando Henry Morton Stanley descubrió a David Livingstone en el África central, después de pasar con él algún tiempo dijo: «Si me hubiera quedado con él un poco más, no habría tenido más remedio que hacerme cristiano. Y la cosa es que él nunca me lo dijo.» El testimonio de la vida de aquel hombre de Dios era irresistible.
(iii) Es un hecho que habla por sí mismo que en griego, la lengua en que se escribió el Nuevo Testamento, la palabra para *testigo* y la palabra para *mártir* son la misma. Un testigo tiene que estar dispuesto a ser un mártir. Ser testigo conlleva ser fiel a la verdad cueste lo que cueste.

LA GLORIA DE LA DESPEDIDA Y LA DEL REGRESO

Hechos 1:9-11

Después de decirles eso, vieron con sus propios ojos cómo era elevado hasta que una nube le ocultó de su vista. Mientras ellos seguían con los ojos fijos en el cielo viendo cómo se iba, fijaos: se les aparecieron dos varones vestidos de blanco, que les dijeron:
—¡Galileos! ¿Por qué os quedáis ahí mirando al cielo? Este mismísimo Jesús que se os ha arrebatado así para ir al Cielo, va a volver exactamente igual que le habéis visto irse al Cielo.

Este breve pasaje nos coloca cara a cara con dos de las ideas más difíciles del Nuevo Testamento:
(i) Primero, nos cuenta la historia de la Ascensión. Lucas es el único que nos la cuenta, y dos veces: en el Evangelio, capítulo 24, versículos 50 a 53, y aquí. Ahora bien: la Ascen-

sión no es algo que tengamos motivos para dudar. Era absolutamente necesaria por dos razones:

(*a*) La primera es que era necesario que hubiera un momento final en el que Jesús volviera a la gloria que era suya. Los cuarenta días de las apariciones después de la Resurrección se habían cumplido. Podemos comprender que aquel tiempo especialísimo no podía prolongarse indefinidamente. Tenía que haber un final definitivo. Habría sido mucho peor el que las apariciones del Señor Resucitado hubieran ido desapareciendo paulatinamente hasta, permitidme la expresión, quedar en nada. Era necesario que, como Jesús había entrado en el mundo en un momento determinado, también saliera de la misma manera.

(*b*) La segunda razón es que debemos trasladarnos con la imaginación al tiempo en que esto sucedió. Hoy en día sería correcto decir que no consideramos que el Cielo esté en algún lugar más allá de la atmósfera de la Tierra; más bien lo concebimos como un estado de bendición cuando estaremos ya para siempre con el Señor. Pero esto sucedió ya va para dos mil años, cuando se creía que la Tierra era plana, y que había un lugar al que llamaban el Cielo, que estaba allá arriba. Si Jesús quería dar a sus seguidores una prueba irrefutable de que había vuelto a su gloria, la Ascensión era absolutamente necesaria. Pero debemos notar una cosa: cuando Lucas nos cuenta este suceso al final de su *Evangelio*, añade que los discípulos «se volvieron a Jerusalén rebosando de alegría» (*Lucas 24:52*). A pesar de la Ascensión —o, mejor dicho, a causa de ella—, los discípulos estaban seguros de que Jesús no los había dejado solos, sino que estaba con ellos para siempre.

(ii) Pero, en segundo lugar, este pasaje nos anuncia la Segunda Venida. Sobre este tema tenemos que recordar dos cosas:

(*a*) La primera es que es insensato e inútil especular sobre cuándo y cómo va a suceder, porque el mismo Jesús dijo cuando estaba en la Tierra que ni siquiera Él sabía el día y la hora en que vendría el Hijo del Hombre (*Marcos 13:32*).

(*b*) La segunda es que es parte integrante del Evangelio que Dios tiene un propósito para la humanidad y para el mundo. Estamos convencidos de que la Historia no es un conjunto caótico de casualidades que no van a ninguna parte. Estamos convencidos de que toda la creación se mueve hacia un clímax divino. Y estamos convencidos de que, cuando llegue esa culminación, Jesucristo será el indiscutible Juez y Señor de todo. La Segunda Venida no es un tema de especulación o de curiosidad morbosa. Es una llamada a esforzarnos para que llegue ese Día, y para que nos halle preparados.

EL FIN DEL TRAIDOR

Hechos 1:12-20

Después se volvieron para Jerusalén desde el monte que se llama de los Olivos, que está cerca de la ciudad, a la distancia que permite la Ley recorrer en sábado. Cuando llegaron, subieron al aposento alto en el que estaban alojados Pedro, Juan, Santiago, Andrés, Felipe, Tomás, Bartolomé, Mateo, Santiago de Alfeo, Simón el Celota y Judas de Santiago. Estos se dedicaban a pleno tiempo a la oración en común, con las mujeres, y con María la madre de Jesús y con los hermanos de Jesús.

Por entonces, cuando estaban reunidos todos los hermanos en la fe, que eran como unos ciento veinte, Pedro se puso en medio de todos y dijo:

—Hermanos: Tenía que cumplirse el pasaje de la Escritura que inspiró el Espíritu Santo a David para que profetizara que Judas, aunque era de nuestro número y tenía parte en nuestro ministerio, se prestaría como guía a los que arrestaron a Jesús. Judas se compró un terreno con la paga de su villanía, y luego se despeñó y se reventó, saliéndosele todas las entrañas. Este hecho es ya de dominio público entre todos los vecinos de Jeru-

*salén, que llaman a ese terreno «haqueldamah» —que
quiere decir en su lengua «campo de sangre»—. Bueno,
pues en el Libro de los Salmos está escrito: «Que su
morada quede desierta, y que no habite nadie en ella»;
pero también dice: «Que ocupe otro su puesto.»*

Antes de tratar del fin del traidor Judas, tenemos que fijarnos en algunas cosas de este pasaje.

Para los judíos, el sábado era el día de descanso en el que estaba prohibido hacer ningún trabajo. No se podía recorrer una distancia superior a los 2.000 codos, que se llamaba por esto «la distancia de un sábado» —en la versión Reina-Valera «camino de un día de reposo»—. El codo equivalía a 45 centímetros; es decir, que el sábado no se podía andar más de un kilómetro escaso.

Es interesante que los hermanos de Jesús estaban entre los primeros creyentes. Durante la vida de Jesús habían estado entre los que se le oponían *(Marcos 3:21,* y *Juan 7:5).* Puede ser que para ellos, como para tantos otros, fue la muerte de Jesús lo que les abrió los ojos y el corazón como no lo había hecho la vida de Jesús.

Se nos dice que los discípulos eran como unos 120. Probablemente ninguno de ellos había salido nunca de Palestina, donde había unos 4.000.000 de judíos. Es decir, que eran menos del 1 por cada 30.000; algo así como 100 creyentes en una ciudad como Madrid o Barcelona. Y sin embargo, esas 120 personas habrían de ir a evangelizar al mundo entero. Si ha habido algo en el mundo que haya tenido un principio pequeño, ha sido la Iglesia Cristiana. Tal vez seamos los únicos cristianos en el taller, o en la fábrica, o en la oficina en que trabajamos, o en el círculo en el que nos movemos. Aquellos discípulos se enfrentaron con su tarea valerosamente, y eso es lo que debemos hacer nosotros; y tal vez seamos el principio pequeño de la extensión del Evangelio en nuestra esfera.

Pero no debemos olvidar en este pasaje el fin de Judas, el traidor. No están muy claros los detalles de su muerte, pero el relato de Mateo no nos deja la menor duda de que cometió suicidio *(Mateo 27:3-5)*. Siempre resultará incomprensible el que Judas traicionara a Jesús. Se han hecho algunas sugerencias: (i) Se ha sugerido que *Iscariote* quiere decir *el de Keriot*. Si es así, Judas era el único de los apóstoles que no era galileo. Tal vez desde el principio era el forastero, y eso le hizo estar amargado hasta el punto de cometer aquel crimen horrible.

(ii) Tal vez Judas delató a Jesús para salvar el pellejo, y se dio cuenta demasiado tarde de lo que había hecho.

(iii) Tal vez lo hizo sencillamente por dinero. En ese caso habrá sido la venta más barata de la Historia, porque vendió a su Señor por treinta monedas de plata, el precio de un esclavo.

(iv) Tal vez Judas llegó a odiar a Jesús. A otros les podía ocultar su negro corazón; pero la mirada de Jesús podía ver más allá de los disfraces, y las entretelas del corazón con más claridad que los rayos X. Tal vez pretendió destruir al Que le conocía exactamente como era en realidad.

(v) Tal vez la palabra *Iscariote* viene de la palabra latina *sicarius*, asesino a sueldo. En Palestina había una banda de terroristas o nacionalistas violentos que estaban dispuestos a cometer asesinatos para liberar a su país de los romanos. Tal vez Judas vio en Jesús al que podía dirigir a los nacionalistas al triunfo con sus maravillosos poderes. Y, cuando vio que Jesús rechazaba la fuerza, se volvió contra Él y le traicionó.

(vi) Pero lo más verosímil, dentro de lo inseguras que son todas nuestras suposiciones, es que Judas no pretendía que Jesús muriera; sino que lo que quería era colocarle en una situación en la que tuviera que manifestarse como el Mesías guerrero que muchos esperaban. Si esto es cierto, Judas pasó por la trágica experiencia de ver fracasar su plan y haber llevado Jesús a la muerte; y cometió el suicidio movido por el más amargo remordimiento.

Comoquiera que fuera, Judas pasó a la historia con el nombre más negro. No podía ni puede encontrar la paz el que traiciona a Cristo, el que es desleal a su Señor.

REQUISITOS DE LOS APÓSTOLES

Hechos 1:21-26

> —*Así que hay que nombrar —siguió diciendo Pedro—, para que sea testigo con nosotros de la Resurrección de Jesús, a uno de los que han formado parte de nuestro grupo todo este tiempo que Jesús ha estado conviviendo con nosotros, desde que Juan le bautizó hasta que se nos Le llevaron al Cielo.*
> *Y propusieron a dos: a José, de apellido Barsabás, al que llamaban Justo, y a Matías. Y se pusieron a orar: —Señor, Tú conoces el corazón de todos. Muéstranos a cuál de estos dos has elegido Tú para que ocupe el puesto de este ministerio y apostolado que ha dejado vacante Judas para seguir su propio camino.*
> *Lo echaron a suertes, y le tocó a Matías, que completó el número de los apóstoles con los otros once.*

Lo primero que debemos notar es el método para elegir al que había de ocupar el lugar de Judas en el número de los apóstoles. Nos extrañará que se echara a suertes; pero entre los judíos era lo más natural, porque así era como se elegían los cargos y turnos en el Templo. Lo corriente era escribir los nombres de los candidatos en piedrecitas, poner éstas en una vasija que se sacudía hasta que salía una de ellas. El nombre que figurara en esa piedrecita era el del elegido.

Pero lo significativo es que este pasaje nos presenta dos verdades importantes:

(i) La primera, *la misión de un apóstol,* que era ser testigo de la Resurrección de Jesús. El distintivo de un cristiano no es saber cosas acerca de Jesús, sino *conocer* a Jesús. El error más fundamental que se puede cometer con Jesús es considerarle como alguien que vivió y murió, y cuya vida estudiamos, y cuya historia leemos. Pero Jesús no es el personaje de un libro, sino una presencia viva, y el cristiano es aquel cuya vida entera es un testimonio del hecho de que se ha encontrado con el Señor Resucitado y Le conoce.

(ii) La segunda, *los requisitos de un apóstol,* que eran haber convivido con Jesús. El cristiano verdadero es el que vive todos los días con Jesús. Se decía del gran predicador escocés John Brown of Haddington —que fue uno de los antepasados de la familia de obreros evangélicos españoles Fliedner Brown— que, cuando estaba predicando, se paraba a menudo como si estuviera escuchando una voz. Y Jerome K. Jerome nos cuenta que un viejo zapatero remendón dejaba abierta la puerta de su taller los días más fríos; y contestaba a los que le preguntaban por qué lo hacía: «Para que Él entre si pasa por aquí.» Hablamos a veces de lo que sucedería si Jesús estuviera aquí, y de lo diferente que sería nuestra vida si Él estuviera en nuestras casas y trabajos. La señora Acland nos cuenta que una vez su hija tuvo un ataque de mal genio; y, cuando pasó la tormenta, madre e hija estaban sentadas en la escalera poniendo en orden sus pensamientos, y dijo la pequeña: «Me gustaría que Jesús viniera a quedarse en casa para siempre.» Pero, lo bonito del caso es que Jesús está aquí; y el cristiano verdadero, como el apóstol verdadero, vive toda la vida con Cristo.

EL DÍA DE PENTECOSTÉS

Puede que nunca sepamos explicar exactamente lo que pasó el Día de Pentecostés; pero sabemos que fue uno de los días auténticamente grandes de la Iglesia Cristiana, porque ese día vino el Espíritu Santo a la Iglesia de una manera especial.

El Libro de los Hechos se ha llamado El Evangelio del Espíritu Santo; si hay alguna doctrina que nos hace falta descubrir de nuevo, es la doctrina del Espíritu Santo; así es que, antes de estudiar en detalle el capítulo 2 de *Hechos,* vamos a echarle una ojeada a lo que este libro tiene que decir y enseñar acerca del Espíritu Santo.

La venida del Espíritu

Tal vez no sea muy afortunado que hablemos tan a menudo de lo que sucedió en Pentecostés como *la venida* del Espíritu Santo. El peligro es que pensemos que el Espíritu Santo empezó a existir entonces, y eso no es cierto; Dios es eternamente Padre, Hijo y Espíritu Santo. Hechos lo deja bien claro. El Espíritu Santo habló por medio de David *(Hechos 1:16);* habló por medio de Isaías (28:25); Esteban acusa en su discurso a los judíos de haberse opuesto al Espíritu a lo largo de toda su historia (7:51). Ahí vemos que el Espíritu Santo es Dios revelando su verdad y su voluntad a los hombres en cada generación. Sin embargo, al mismo tiempo, algo especial sucedió en Pentecostés.

La Obra del Espíritu en Hechos

A partir de Pentecostés, el Espíritu Santo es la realidad dominante en la vida de la Iglesia Primitiva.

(i) *El Espíritu Santo es la fuente de toda dirección.* Es el Espíritu el Que mueve a Felipe a ponerse en contacto con el eunuco etíope *(Hechos 8:29);* el Que prepara a Pedro para recibir a los emisarios de Cornelio (10:19); el Que manda a Pedro que vaya con ellos sin dudar (11:12); el Que inspira a Agabo para que anuncie el hambre que se avecina (11:28); el Que ordena que aparten a Bernabé y a Saulo para que lleven el Evangelio a los gentiles (13:2, 4); el Que guía a las decisiones del concilio de Jerusalén (15:28); el Que guía a Pablo a través de las provincias romanas de Asia, Misia y Bitinia, a Troas, y de allí a Europa (16:6), y el Que le dice a Pablo lo que le espera en Jerusalén (20:23). Jamás se tomó ninguna decisión ni se dio ningún paso que fueran importantes en la Iglesia Primitiva sin la dirección del Espíritu Santo. La Iglesia Primitiva era una comunidad guiada por el Espíritu Santo.

(ii) *Todos los líderes de la Iglesia eran hombres llenos del Espíritu.* Los Siete eran hombres llenos del Espíritu *(Hechos 6:3);* Esteban y Bernabé estaban llenos del Espíritu (7:55; 11:24). Pablo les dice a los ancianos de Éfeso que había sido el Espíritu Santo el Que los había puesto como supervisores en la Iglesia de Dios (20:28). Todos los miembros de la Iglesia Primitiva vivían en el Espíritu, Que era la nueva atmósfera que respiraban.

(iii) *El Espíritu era la fuente del valor y del poder de día en día.* Los discípulos habían de recibir poder cuando viniera el Espíritu Santo *(Hechos 1:8);* el poder y la elocuencia de Pedro ante el Sanedrín eran el resultado de la obra del Espíritu (4:31); la victoria de Pablo sobre Elimas en Chipre es obra del Espíritu (13:9). El valor de los cristianos para enfrentarse con situaciones peligrosas; el poder para resolver más que adecuadamente sus problemas; la elocuencia necesaria; el gozo que no dependía de las circunstancias —todo es obra del Espíritu Santo.

(iv) Por último, en *Hechos 5:32* leemos algo muy sugestivo: se dice que es el Espíritu «Que Dios ha dado a los que le obedecen.» Aquí encontramos la gran verdad de que *la medida del Espíritu que puede poseer una persona depende de la clase de persona que sea*. Quiere decir que el que sinceramente trate de hacer la voluntad de Dios experimentará más y más la dirección y el poder del Espíritu; que el vivir la vida cristiana lleva consigo su propio poder.

En los primeros trece capítulos se menciona al Espíritu Santo más de cuarenta veces. La Iglesia Primitiva estaba llena del Espíritu, y en eso radicaba su poder.

Ahora, pasemos a estudiar el segundo capítulo, que nos cuenta la venida del Espíritu Santo a la Iglesia.

EL ALIENTO DE DIOS

Hechos 2:1-13

Todos los creyentes se habían reunido para pasar juntos el día de Pentecostés. De repente vino del cielo un estruendo como si se hubiera desencadenado una gran tempestad de viento que llenó toda la casa donde estaban alojados; y se les presentaron como lenguas de fuego que se iban repartiendo, y cada una se posaba sobre un discípulo. Entonces el Espíritu Santo inundó a todos, y se pusieron a hablar en otras lenguas según el Espíritu los iba capacitando.

Estaban parando por entonces en Jerusalén judíos y personas piadosas que habían venido a la fiesta de todas las naciones bajo el cielo. Cuando se oyó aquel estruendo se juntó allí mucha gente; y estaban que no sabían qué pensar, porque cada uno de ellos oía hablar en su lengua materna a los discípulos; así que todos estaban admirados y alucinados.

—¡Fijaos! ¿Es que no son galileos estos que están hablando? —decían—. ¿Cómo es que cada uno los oímos hablar en nuestra lengua materna? Aquí hay partos, medos, elamitas, de Mesopotamia, de Judea, de Capadocia, del Ponto, de Asia, de Frigia, de Panfilia, de Egipto y de África más allá de Cirene, y romanos residentes aquí, tanto judíos de nacimiento como convertidos de otras naciones, cretenses y árabes... ¡y todos los oímos contar en nuestra lengua las cosas maravillosas que Dios ha hecho!

No podían entender lo que estaba pasando, y estaban alucinados; unos a otros se decían:

—¿Qué querrá decir todo esto?

Otros lo tomaban a chunga, y decían:

—¡Están como cubas!

Había tres grandes fiestas en las que todos los judíos que vivieran a no más de treinta kilómetros de Jerusalén estaban obligados a ir: la Pascua, Pentecostés y la fiesta de los Tabernáculos. El nombre de *pentecostés* quiere decir *el quincuagésimo,* y también se llamaba «La Fiesta de las Semanas», porque caía en el quincuagésimo día, una semana de semanas después de la Pascua. Esta caía —como entre nosotros su versión cristiana, la Semana Santa— en el primer plenilunio después del equinoccio de primavera; y Pentecostés, cincuenta días después. Para entonces ya eran mejores las condiciones para viajar. Por lo menos tantos como para la Pascua iban a Jerusalén para Pentecostés. Eso explica la lista de países que se mencionan en este capítulo, porque en ninguna otra ocasión se juntaría un gentío tan internacional en Jerusalén.

La fiesta misma tenía dos significados. Uno *histórico:* conmemoraba la promulgación de la Ley en el monte Sinaí; y otro *agricultural:* en la Pascua se ofrecía a Dios el primer *gomer* de la cosecha de la cebada, y en Pentecostés se ofrecían dos panes como acción de gracias por la cosecha completa que se había recogido. Pentecostés tenía otra característica: la Ley establecía que ese día no se podía hacer ningún trabajo servil *(Levítico 23:21; Números 28:26);* de modo que era un día de vacación, por lo que habría más gente que nunca en la calle.

Lo que sucedió el día de Pentecostés no se puede explicar con palabras. Lo cierto es que los creyentes tuvieron la experiencia del poder del Espíritu Santo Que inundaba su ser.

Debemos darnos cuenta de que no se trataba de que hubieran adquirido una capacidad especial para hablar *lenguas extranjeras.* En la Iglesia Primitiva se manifestaba un don que nunca ha desaparecido del todo de la Iglesia y que ha vuelto a surgir especialmente en las iglesias pentecostales y carismáticas este siglo, que se llama *glôssolalía* o *hablar en lenguas* (ver *Hechos, 10:46; 19:6).* El principal pasaje en el que se nos describe y da enseñanza sobre este don es *1 Corintios 14.* El apóstol Pablo dice que, aunque él habla en lenguas más que nadie en Corinto, en el culto público considera preferible usar

una lengua que todos puedan entender, para que sean edifica-
dos; y recomienda que se reserve el hablar en lenguas para la
edificación personal; o, si se usa este don en público, que haya
también interpretación; porque si no, alguien nuevo que entre
podría pensar que los que hablan en lenguas están locos *(1
Corintios 14:23).* Esa parece haber sido la reacción de algunos
de los oyentes en Pentecostés, que tomaron a los discípulos por
borrachos. Sin embargo, el don de lenguas que se manifestó
en Pentecostés no requería interpretación. Es posible que los
discípulos hablaran su dialecto, y el Espíritu hacía que los
oyentes recibieran simultáneamente la interpretación, cada uno
en su propia lengua materna. El caso es que en Pentecostés el
poder del Espíritu era tal que daba a aquellos sencillos discípulos la capacidad de presentar el Evangelio de forma que
calaba hasta lo más íntimo del corazón.

LA PRIMERA PREDICACIÓN CRISTIANA

Hechos 2:14-42 es uno de los pasajes más interesantes de
todo el Nuevo Testamento, porque contiene el primer sermón
cristiano. Ahora bien: en la Iglesia Primitiva había cuatro clases
de predicación.

(i) Había lo que se llama *el kêrygma,* que quiere decir
literalmente *el anuncio de un pregonero,* y consiste en la exposición de los hechos clave del Evangelio que no se pueden
negar ni discutir, como vieron claro los primeros predicadores.

(ii) Había lo que se llama *la didajê,* que quiere decir literalmente *enseñanza,* y que dilucida y desarrolla el significado
y las implicaciones de los hechos que se han proclamado. Para
decirlo en términos actuales, es como si, después que el predicador ha expuesto los hechos incontestables, los oyentes le
preguntaran: «¿Y ahora qué?» *La didajê* sería la respuesta a
esa pregunta.

(iii) Había lo que se llama *la paráklêsis,* que quiere decir
literalmente *exhortación.* Esta clase de predicación presentaba

a los oyentes la obligación de ajustar su vida al *kêrygma* y a *la didajê* que ya les habían dado.

(iv) Había lo que se llama *la homilía,* que quiere decir el desarrollo de un tema o departamento de la vida a la luz del Evangelio.

Una predicación integral tiene algo de los cuatro elementos: contiene la proclamación de los hechos clave del Evangelio; la explicación del significado de tales hechos; la exhortación a ajustar a ellos la vida, y el desarrollo de todas las actividades de la vida a la luz del Evangelio.

Ahora bien: en *Hechos* nos encontramos especialmente con el *kêrygma,* porque este libro nos relata la proclamación de los hechos del Evangelio que se dirige a los que no los conocen. Este *kêrygma* sigue el esquema que se encuentra en todo el Nuevo Testamento.

(i) Contiene las pruebas de que Jesús, y todo lo que Le sucedió, son el cumplimiento de las profecías del Antiguo Testamento. En los tiempos modernos cada vez se hace menos hincapié en el cumplimiento de las profecías. Se ven los profetas, más como *proclamadores* de la voluntad de Dios a los hombres, que como *pronosticadores* de acontecimientos futuros. Pero el hincapié de la predicación original en la profecía nos conserva y presenta una gran verdad: la de que la Historia no es mera casualidad sin razón ni propósito, sino que tiene sentido, y que hay una ley moral en el universo. Creer en la posibilidad de la profecía es creer que Dios está en control, y que está llevando a cabo su propósito.

(ii) Jesús de Nazaret es el Mesías prometido y esperado. En Él se han cumplido las profecías mesiánicas y ha amanecido la Nueva Era. La Iglesia Primitiva tenía la convicción de que toda la Historia se centraba en Jesús; con su venida, la Eternidad había invadido el tiempo, y Dios había aparecido en la escena humana. Por tanto, ni la vida ni el mundo podían ser ya lo que eran antes. Con la venida de Jesús se había hecho presente algo crucial, irrepetible y definitivo.

(iii) La predicación original continuaba exponiendo que Jesús era descendiente del rey David; que había impartido enseñanza y obrado milagros; que Le habían crucificado; que había resucitado, y que estaba a la diestra de Dios. La Iglesia Primitiva estaba completamente segura de que el Evangelio dependía de la vida terrenal de Cristo, y de que había que relatar esa vida. Pero también estaba convencida de que aquella vida y muerte terrenales no eran el final de la historia, sino que las había seguido la Resurrección. Jesús no era para ellos alguien acerca del que leían o escuchaban una historia, sino Alguien con Quien se habían encontrado y a Quien conocían en su experiencia personal. No era el personaje de un libro, alguien que había vivido y muerto; era una presencia viva para siempre.

(iv) Los primeros predicadores pasaban entonces a insistir en que Jesús iba a volver otra vez en gloria para establecer su Reino en la Tierra. En otras palabras: la Iglesia Primitiva creía intensa y apasionadamente en la Segunda Venida. De nuevo nos encontramos con una enseñanza que aparece rara vez en la predicación moderna, pero que conserva una gran verdad: que la Historia tiene una meta, y que algún día llegará su culminación.

(v) La predicación terminaba con la afirmación de que sólo en Jesús está la salvación, que el que crea en Él recibirá el Espíritu Santo, y que al que no crea no le queda esperanza. Es decir, que terminaba con una seria *advertencia;* la que oyó John Bunyan, el autor de *El Peregrino,* como si Alguien se lo estuviera diciendo al oído: «¿Quieres dejar tus pecados e ir al Cielo, o seguir con tus pecados e ir al Infierno?»

Si leemos de una sentada el sermón de Pedro en Pentecostés veremos cómo se entrelazan en él estos cinco temas.

HA LLEGADO EL DÍA DEL SEÑOR

Hechos 2:14-21

Pedro se puso en pie con los otros once apóstoles, y empezó a hablarles en voz bien alta para que todos pudieran oírle:

—¡Eh, vosotros judíos y todos los que estáis en Jerusalén: enteraos bien y prestad atención a lo que os voy a decir! Estos no están borrachos como decís vos-otros, puesto que no son más que las 9 de la mañana. Lo que pasa es que se está cumpliendo lo que dijo el profeta Joel: «En los días finales —dice Dios— derramaré de mi Espíritu sobre toda la humanidad. Vuestros hijos e hijas darán profecías; vuestros jóvenes tendrán visiones, y vuestros ancianos, sueños. En esos días derramaré de mi Espíritu sobre los hombres y las mujeres que me sirven, y ellos serán mis profetas. Mostraré maravillas arriba en los cielos, y pruebas visibles de mi poder divino abajo en la Tierra: sangre, y fuego, y vapor de humo. El Sol se convertirá en tinieblas, y la Luna en sangre, antes que llegue el gran Día del Señor en todo su esplendor. Y será un hecho que todos los que invoquen el Nombre del Señor estarán a salvo.»

En el versículo 15, Pedro insiste en que esas personas no pueden estar borrachas, porque *es la hora tercera del día* (Versión Reina-Valera). Las horas del día contaban desde la salida hasta la puesta del Sol, es decir, poco más o menos, desde las 6 de la mañana hasta las 6 de la tarde; por tanto, *la hora tercera* eran las 9 de la mañana.

Todo el pasaje nos presenta una de las ideas dominantes y básicas del Antiguo y del Nuevo Testamento: *El Día del Señor.* Hay mucho en la Biblia que nos resultará difícil de entender a menos que conozcamos los principios que subyacen bajo esta concepción. Los judíos nunca perdían de vista que eran el pueblo escogido de Dios, e interpretaban que Dios los había elegido para una gloria y un privilegio especiales entre todos los pueblos de la Tierra. Sin embargo, eran una nación pequeña. Su historia había sido una sucesión de desastres. Estaba claro que, por medios humanos, nunca alcanzarían la gloria que les estaba destinada como pueblo escogido. Así es que, poco a poco, llegaron a la conclusión de que, lo que los hombres no podían, Dios lo haría. Y empezaron a esperar el día en que Dios intervendría directamente en la Historia y los elevaría al honor que soñaban. El día de esa intervención divina sería *El Día del Señor*. La Historia quedaría dividida en dos edades: *La Edad Presente*, y *La Edad por Venir*, que sería El Siglo de Oro de Dios. Entre las dos Edades estaría *El Día del Señor*, que sería el doloroso alumbramiento de la Nueva Era. Vendría tan por sorpresa como el ladrón nocturno; los cimientos de la Tierra serían sacudidos, y el universo entero se desintegraría. Sería un día de juicio y de terror. A lo largo de los libros proféticos del Antiguo Testamento y en gran parte del Nuevo encontramos descripciones de ese Día. Los pasajes más característicos son: *Isaías 2:12; 13:6ss; Amós 5:18; Sofonías 1:7; Joel 2; 1 Tesalonicenses 5:2ss; 2 Pedro 3:10.* Aquí Pedro les está diciendo a los judíos: «Hace generaciones que estamos soñando con el Día del Señor, el gran Día en que Dios intervendrá en la Historia. Ahora, con Jesús, ha llegado ese Día.» Detrás de todo ese escenario estaba la gran verdad de que, en la Persona de Jesús, Dios mismo había entrado en la escena de la Historia humana.

SEÑOR Y CRISTO

Hechos 2:22-36

—¡Hombres de Israel, escuchadme bien! —siguió diciéndoles Pedro—. Jesús de Nazaret ha sido un Hombre al Que Dios ha acreditado ante vosotros por medio de

milagros y obras que eran señales inequívocas del poder de Dios en acción. Dios estaba actuando por medio de Él, y vosotros lo habéis visto todo y no lo podéis negar. De acuerdo con lo que Dios tenía planificado y sabía de antemano que iba a suceder, ese Hombre os fue entregado, y vosotros le matasteis haciendo que le crucificaran los paganos que no tienen ni idea de la Ley de Dios. Pero Dios le desató las ligaduras de la muerte y le devolvió a la vida otra vez, porque era imposible que quedara bajo el control de la muerte. Porque David dice de Él: «Tengo siempre presente al Señor; porque le tengo a mi diestra soy inconmovible. Por tanto, mi corazón se mantiene alegre, y el júbilo brota en mi lengua, y mi vida transcurre en esperanza; porque Tú no abandonarás mi alma en la tierra de los muertos, ni permitirás que tu Santo experimente la corrupción del sepulcro. ¡Tú me has dado a conocer los senderos que conducen a la vida verdadera! ¡Tú me llenarás de alegría cuando me concedas tu presencia!» Queridos hermanos: Se os puede decir sin ambages que el patriarca David murió, y le enterraron, y seguimos conservando su tumba. Pero, como era profeta y sabía que Dios le había dado su palabra y le había jurado que Uno de sus descendientes se sentaría en su trono para siempre, previó la Resurrección del Mesías y habló acerca de Él; porque es al Mesías al Que Dios «no ha abandonado en la tierra de los muertos», y su cuerpo el que «no experimentó la corrupción del sepulcro.» Que Dios ha resucitado a este Jesús es el hecho del que tenemos conocimiento personal. En prueba de que ha sido exaltado a la diestra de Dios y de que ha recibido del Padre el Espíritu Santo que estaba prometido, ha dado esta demostración del Espíritu que estáis viendo y oyendo. Porque David no ascendió al Cielo en persona; y sin embargo dice: «Dijo el SEÑOR a mi Señor: "Siéntate a mi diestra hasta que ponga a tus enemigos como un

*estrado bajo tus pies."» ¡Que se dé por enterada toda
la nación de Israel de que Dios ha puesto a este Jesús
a Quien vosotros crucificasteis como Señor y Mesías!*

Aquí tenemos un pasaje que está lleno de la esencia del
pensamiento de los primeros predicadores.

(i) Insiste en que la Cruz no fue ningún accidente. Formaba
parte del plan eterno de Dios (versículo 23), que es algo que
se afirma con frecuencia en *Hechos* (véase 3:18; 4:28; 13:29).
El pensamiento de *Hechos* nos salvaguarda de dos serios errores sobre la muerte de Jesús. *(a)* La Cruz no fue una salida de
emergencia porque a Dios le hubieran fallado otros planes.
Forma parte de la vida misma de Dios. *(b)* No debemos pensar
nunca que nada de lo que hizo Jesús cambiara la actitud de Dios
hacia los hombres. No debemos oponer un Jesús dulce y amable a un Dios airado y vengativo. *Fue Dios* el Que envió a
Jesús, el Que planificó la venida de Jesús al mundo. Podemos
decir que la Cruz es una ventana en el tiempo por la que
podemos ver el amor sufriente que hay eternamente en el
corazón de Dios.

(ii) *Hechos* insiste en que lo dicho anteriormente no amino-
ra en nada el crimen de la humanidad que crucificó a Jesús.
Siempre que se menciona la Cruz en *Hechos* se hace con un
sentimiento de horror ante el crimen que se cometió (véanse
Hechos 2:23; 3:13; 4:10; 5:30). Aparte de otras cosas, la Cruz
es el mayor crimen de la Historia. Muestra supremamente hasta
dónde pudo llegar el pecado, que tomó la vida más maravillosa
que haya habido jamás, y la estampó en la Cruz.

(iii) *Hechos* se propone demostrar que la pasión y muerte
de Cristo fueron el cumplimiento de las profecías. Los primeros
predicadores tenían que hacerlo así, porque la idea de un mesías crucificado era inconcebible y hasta blasfema para los
judíos. La Ley decía: «Maldito el que muere colgado de un
madero» *(Deuteronomio 21:23)*. Para los judíos ortodoxos, la
Cruz era lo único que hacía absolutamente imposible que Jesús
pudiera ser el Mesías. Por eso los enemigos de Jesús se pro-

pusieron darle, no una muerte cualquiera, sino la muerte de cruz. Los primeros predicadores respondían: «Si leéis las Escrituras con atención, veréis que estaba profetizado.»

(iv) Hechos hace hincapié en la Resurrección como la prueba definitiva de que Jesús era el Escogido de Dios. Algunas veces se ha llamado a *Hechos* el Evangelio de la Resurrección. Para la Iglesia Primitiva la Resurrección era de suprema importancia. Debemos tener presente que *sin la Resurrección no existiría la Iglesia Cristiana*. Cuando los discípulos predicaban la centralidad de la Resurrección lo hacían movidos por su propia experiencia. La Cruz los había dejado totalmente destrozados, sin esperanza ni razón para seguir viviendo. Fue la Resurrección lo que lo cambió todo y los transformó de seres desamparados en hombres y mujeres henchidos de vida; de cobardes en héroes. Una de las razones por las cuales algunas iglesias están como están es que la predicación de la Resurrección se limita al Domingo de Resurrección, si acaso. Todos los *domingos* son el Día del Señor, como su nombre indica. Los cristianos celebramos el domingo en vez del sábado en recuerdo de la Resurrección del Señor; y, si no es eso lo que celebramos, ¿qué es entonces? El Domingo de Resurrección en la Iglesia Oriental, cuando se encuentran dos creyentes, se saludan diciendo uno: «¡Ha resucitado el Señor!» Y el otro contesta: «¡Es verdad que ha resucitado!» Un cristiano no debe olvidarse nunca de que vive y anda con el Señor Resucitado.

¡PONEOS A SALVO!

Hechos 2:37-41

Lo que Pedro les dijo les atravesó el corazón, y les hizo preguntarles a Pedro y a los demás apóstoles:
—Hermanos, ¿y qué podemos hacer ahora?
—¡Arrepentíos ahora mismo —les contestó Pedro—, y que se bautice cada uno de vosotros en el Nombre de

*Jesucristo! Así recibiréis el perdón de vuestros pecados
y la dádiva gratuita del Espíritu Santo que Dios había
prometido que os daría a vosotros y a vuestros descendientes, los de cerca y los de lejos, a todos los que
respondan a la llamada del Señor nuestro Dios.*

*Pedro les expuso extensamente los hechos referentes
a Jesús, y los exhortó muy en serio:*

—¡Poneos a salvo de la perversa edad en que vivís!

*Los que se convirtieron fueron bautizados; y aquel
día se sumaron al número de los creyentes como otros
tres mil.*

(i) En primer lugar, este pasaje nos muestra con una claridad
meridiana el efecto de la Cruz. Cuando se le hizo ver a la gente
lo que habían hecho cuando crucificaron a Jesús, se les partió
el corazón. «Yo —había dicho Jesús—, cuando sea levantado
de la tierra, atraeré a todos hacia Mí» *(Juan 12:32)*. Si el pecado
de la humanidad fue el responsable de la Cruz de Cristo,
entonces *nuestro* pecado es el responsable. Todos los seres
humanos hemos tomado parte en ese crimen. Se dice que una
vez un misionero contó la historia de Jesús en una aldea india.
Después la proyectó en diapositivas en una de las paredes
blancas de la casa; y cuando llegó a una en la que se veía la
Cruz, un hombre se puso en pie y vino corriendo al frente, y
dijo con voz conmovida: «¡Baja de la Cruz, Hijo de Dios! ¡Soy
yo y no Tú el que tiene que colgar de ahí!» Cuando llegamos
a comprender lo que pasó en la Cruz, no podemos evitar que
se nos parta el corazón.

(ii) Esta experiencia requiere una reacción. Pedro dijo: «¡Lo
primero y principal es que os arrepintáis!» ¿Qué quiere decir
arrepentirse? La palabra original quería decir en un principio
cambiar de pensamiento; y cuando se cambia de pensamiento
es porque el que se tenía antes era equivocado; de ahí que la
palabra pasó a significar *un cambio de mentalidad, o de actitud;* y si la persona es honrada, el cambio de mentalidad
requiere *un cambio de acción, o de vida.* Así que el arrepen-

timiento supone un cambio de mentalidad y un cambio de vida. Podría darse el caso de que alguien cambiara de mentalidad, y se diera cuenta de que sus obras no son como deben ser, pero que estuviera tan atado por los viejos hábitos que no quisiera cambiar de vida. O podría ser que uno cambiara de manera de obrar, pero que su mentalidad siguiera siendo la misma; su cambio sería motivado por el temor, o por razones de prudencia, pero su corazón todavía amaría las cosas viejas y, si tuviera oportunidad, volvería a ellas. El verdadero arrepentimiento incluye un cambio de mentalidad y un cambio de acción.

(iii) Cuando llega el arrepentimiento, algo pasa con el *pasado*. Hay *perdón de pecados*. El perdón de Dios cubre el pasado; pero tenemos que comprender que esto no quiere decir que se anulan *las consecuencias* del pecado. Cuando pecamos, nos hacemos algo a nosotros mismos y a otros que no podemos deshacer. Vamos a considerarlo de otra manera: cuando éramos pequeños y habíamos hecho algo malo, había una barrera invisible entre nosotros y nuestros padres. Pero, cuando íbamos a ellos y les decíamos que lo sentíamos y pedíamos perdón, nuestros padres nos abrazaban, y nos dábamos cuenta de que la relación se había restablecido y había desaparecido la barrera. El perdón no elimina las consecuencias de lo malo que hayamos hecho, pero nos pone otra vez en la debida relación con Dios. El alejamiento y el temor desaparecen, y nos encontramos otra vez en paz con Dios.

(iv) Cuando llega el arrepentimiento pasa algo con *el futuro*. Recibimos *el don del Espíritu Santo*. Aunque nos hayamos arrepentido, ¿cómo vamos a evitar cometer los mismos errores una y otra vez? Viene a nuestra vida un poder que no teníamos antes, que es del Espíritu Santo; y con él podemos ganar las batallas que siempre perdíamos antes, y resistir todo lo que por nosotros mismos seríamos incapaces de resistir.

En el momento en que nos arrepentimos de veras somos liberados del alejamiento y del temor del pasado, y equipados para enfrentarnos con las responsabilidades y las batallas del futuro.

LAS CARACTERÍSTICAS DE LA IGLESIA

Hechos 2:42-47

Los creyentes dedicaban tiempo a recibir la enseñanza de los apóstoles, a estar en comunión con los hermanos, a participar juntos de las comidas y a la oración. Todos tenían una actitud reverente, y el poder de Dios se manifestaba en muchas cosas que hacían los apóstoles. Todos los creyentes se mantenían unidos, y lo tenían todo en común. Solían vender sus bienes y posesiones, y repartir el producto según la necesidad de cada uno. Iban juntos todos los días a participar del culto en el Templo, y compartían los alimentos comiendo juntos en las casas con alegría y generosidad de corazón. Siempre estaban alabando a Dios, y a todo el pueblo le caían bien. Y el Señor iba añadiendo a su número los que se iban salvando cada día.

En este pasaje tenemos un resumen sucinto de las características de la Iglesia Primitiva.

(i) Era *una iglesia que aprendía*. La palabra *doctrina* del versículo 42 en la versión Reina-Valera no es pasiva, sino activa. La frase quiere decir que dedicaban tiempo y prestaban atención a lo que los apóstoles enseñaban. Uno de los grandes peligros de la Iglesia es caer en una religiosidad estática que mira hacia atrás en lugar de adelante. Precisamente porque las riquezas de Cristo son inescrutables e inagotables debemos ir siempre hacia adelante. El cristiano se dirige, como la luz de la aurora, hacia una plenitud que no se alcanza en esta vida (*Proverbios 4:18*). Debemos considerar que hemos perdido el día si no hemos aprendido en él nada nuevo ni hemos profundizado en la sabiduría y en la gracia de Dios.

(ii) Era *una iglesia en comunión*. Estaba como indica la expresión, *de consuno*. Nelson atribuyó una de sus victorias al hecho de que «tuvo el privilegio de dirigir a una compañía de hermanos.» La iglesia es sólo lo que debe ser cuando es una compañía de hermanos unidos en el amor de nuestro Padre Dios.

(iii) Era *una iglesia que oraba*. Los primeros cristianos sabían que no podían, ni tenían por qué enfrentarse con la vida dependiendo exclusivamente de sus propias fuerzas. Siempre hablaban con Dios antes de hablar con los hombres; siempre buscaban a Dios antes de salir al mundo; podían arrostrar los problemas de la vida porque habían estado en la presencia de Dios.

(iv) Era *una iglesia reverente*. En el versículo 43, la palabra que la versión Reina-Valera traduce correctamente *temor* encierra la idea de respeto y reverencia. Se decía de un griego famoso, que se movía por el mundo como el que está en un templo. El cristiano vive reverentemente porque sabe que siempre está en la presencia de Dios, y que cualquier lugar es «casa de Dios y puerta del Cielo» *(Génesis 28:17)*.

(v) Era *una iglesia en la que sucedían cosas*. Había señales y maravillas (versículo 43). Si esperamos grandes cosas de Dios y emprendemos grandes cosas por Dios, sucederán cosas. Cuando muere la fe mueren también los resultados. Sucederían más cosas en la iglesia si creyéramos que Dios puede y quiere hacer con nosotros que sucedan.

(vi) Era *una iglesia solidaria* (versículos 44 y 45). Aquellos primeros cristianos tenían un fuerte sentido de responsabilidad mutua. Se decía de William Morris que no podía ver a un borracho sin sentirse personalmente responsable. El que es cristiano de veras no puede soportar tener demasiado cuando otros pasan necesidad.

(vii) Era *una iglesia que daba culto a Dios* (versículo 46). No se olvidaban los primeros cristianos de frecuentar la casa de Dios. Debemos recordar que «Dios no reconoce una religión solitaria.» La mitad de la emoción que sentimos en un concierto o en una competición deportiva es porque nos encontramos entre mucha gente con la que compartimos el interés y la experiencia. El Espíritu de Dios se mueve sobre el pueblo de Dios que Le da culto.

(viii) Era *una iglesia feliz* (versículo 46). Tenía regocijo. Una iglesia lúgubre es una contradicción. El gozo cristiano no tiene por qué ser un jaleo; pero en lo íntimo del corazón de los cristianos hay un gozo que nadie ni nada nos puede quitar.

(ix) Era *una iglesia de personas simpáticas.* Hay dos palabras en griego para *bueno.* Una es *agathós,* que describe una cosa o persona simplemente como buena. Y hay otra, que es *kalós,* que quiere decir que la cosa o persona no sólo es buena, sino agradable; que tiene una gracia que conquista el alma. En español decimos a veces de alguien que es «una bellísima persona.» El verdadero cristiano es alguien así. Hay bastantes personas que son buenas pero tienen una veta antipática de dureza. Uno no iría a llorar en su hombro. Son lo que alguien llamaba «cristianos iceberg». Struthers solía decir que lo que ayudaría a la iglesia más que ninguna otra cosa sería que los cristianos tuvieran de vez en cuando detalles simpáticos. En la Iglesia Primitiva el pueblo de Dios tenía esa gracia.

SE REALIZA UNA OBRA NOTABLE

Hechos 3:1-10

> *Pedro y Juan se dirigían al Templo a las 3 de la tarde, que era una de las horas de oración. Y había a la puerta que se llama la Hermosa un hombre cojo de nacimien-to, al que llevaban y dejaban allí todos los días para que pidiera limosna de todos los que entraban en el Templo.*
>
> *Cuando vio que Pedro y Juan estaban a punto de entrar, les pidió una limosna. Pedro entonces le miró fijamente, y lo mismo hizo Juan.*
>
> *—¡Fíjate en nosotros! —le dijo Pedro. El cojo fijó en ellos toda su atención, esperando que le dieran algo.*
>
> *—No tengo ni plata ni oro —le dijo Pedro—, pero te doy lo que tengo: ¡En el Nombre del Mesías Jesús de Nazaret, ponte en pie y echa a andar!*

Y le agarró de la mano derecha para levantarle.
Al cojo se le fortalecieron los pies y los tobillos en
el acto, se puso en pie de un salto y empezó a andar por
allí; luego entró con ellos al Templo andando por su
propio pie, dando saltos y alabando a Dios. Y todos los
que le veían andar y alabar a Dios le reconocían como
el que se sentaba a pedir limosna en la puerta Hermosa
del Templo, y se quedaban asombrados y alucinados de
lo que le había sucedido.

El día se consideraba que empezaba a las 6 de la mañana
y terminaba a las 6 de la tarde. La hora tercia eran las 9 de
la mañana; la sexta, el mediodía, y la novena, las 3 de la tarde;
y estas tres eran las tres horas especiales de oración para los
devotos judíos. Estaban de acuerdo en que la oración es eficaz
a cualquier hora; pero consideraban que era doblemente preciosa cuando se hacía en el Templo. Es interesante notar que
los apóstoles seguían observando las costumbres y los hábitos en que habían sido instruidos. En esta ocasión, era la hora
de la oración, y Pedro y Juan iban al Templo como otros muchos.
Ahora tenían una fe nueva, pero no la usaban como disculpa
para dejar de cumplir la ley. Eran conscientes de que la nueva
fe y la antigua disciplina podían y debían estar en armonía.

En Oriente era costumbre que los mendigos se pusieran a
pedir limosna a la entrada de los templos y altares. Tales
lugares se consideraban idóneos, lo mismo que ahora; porque,
cuando la gente va a dar culto a Dios, está más dispuesta a ser
generosa con sus semejantes desvalidos. El famoso poeta
vagabundo galés W. H. Davies nos dice que uno de sus amigos
nómadas le contó que, cuando llegaba a un pueblo, buscaba la
torre de la iglesia con la cruz, y empezaba a pedir por allí cerca,
porque había descubierto por experiencia que allí era más
generosa la gente. El amor a Dios y al prójimo deben ir juntos.

Este incidente nos coloca cara a cara con la cuestión de los
milagros en la era apostólica. Hay algunas cosas que conviene
decir acerca de ellos:

(i) Esos milagros *tuvieron lugar*. Más adelante —en el capítulo 4, versículo 16—, leemos que el Sanedrín sabía muy bien que tenía que aceptar el milagro, porque no podía negarlo. Los enemigos del Cristianismo habrían sido los primeros en exponer la falsedad de los milagros si ese hubiera sido el caso; pero ni siquiera lo intentaron.

(ii) ¿Por qué dejaron de producirse? Se han hecho algunas sugerencias: (*a*) Hubo un tiempo en que los milagros eran necesarios. Eran, por así decirlo, las campanas que llamaban a la gente a la Iglesia Cristiana. Entonces se necesitaban como garantía de la verdad y del poder del Evangelio en su ataque inicial al mundo. (*b*) En aquel tiempo se daban dos circunstancias especiales: la primera, que había hombres apostólicos vivos que habían tenido una relación personal irrepetible con Jesucristo; y la segunda, que existía una atmósfera de expectación en la que la gente estaba dispuesta a creer en lo imposible, y esa fe se extendía como una inundación. Estas dos circunstancias unidas tuvieron efectos absolutamente únicos.

(iii) Pero la verdadera pregunta no es: «¿Por qué han dejado de producirse los milagros?»; sino: «¿Han dejado realmente de producirse?» Es un hecho universal que Dios no hace por los hombres lo que éstos pueden hacer por sí mismos. Dios ha revelado una nueva verdad y un nuevo conocimiento a los hombres, que siguen obrando milagros mediante esa revelación. Como dijo cierto médico: «Yo pongo la venda, pero Dios es el que sana las heridas.» Hay milagros por todas partes, si hay ojos creyentes que los saben ver. Jesucristo discernía la obra de su Padre en la naturaleza y en la vida; sabía que Dios no ha dejado de actuar. Si bien está más allá de nuestra comprensión lo que se ha llamado «la economía del milagro», para la fe Dios está siempre presente, siempre en control, y lleva adelante su plan de amor para el bien de sus criaturas de una manera que no siempre podemos discernir ni comprender. Sus caminos no son nuestros caminos *(Isaías 55:8)*.

EL CRIMEN DE LA CRUZ

Hechos 3:11-16

Mientras el que había sido cojo seguía agarrado a Pedro y Juan, llegó corriendo toda la gente, alucinada, adonde ellos estaban, que era el pórtico de Salomón.
Cuando Pedro los vio, se puso a decirles:
—¡Israelitas! ¿Qué es lo que os sorprende tanto? ¿Y por qué os quedáis ahí mirándonos, como si hubiéramos hecho que este pudiera andar gracias a nuestro poder o a nuestra religiosidad? Esto ha sido posible porque el Dios de Abraham, de Isaac y de Jacob, el Dios de nuestros antepasados, ha glorificado a su Siervo Jesús, a Quien vosotros repudiasteis y entregasteis a Pilato, aunque él había decidido soltarle. Así renegasteis del Santo y del Justo, pidiendo que se pusiera en libertad, en vez de a Él, a un asesino. Vosotros sois culpables de la muerte del Que ha abierto el camino de la vida; pero Dios le ha resucitado, y nosotros somos testigos de ello. Es el Nombre de Jesús y la fe en ese Nombre lo que le ha dado nuevas fuerzas a este hombre al que estáis viendo y conocéis. La fe que inspira ese Nombre es lo que le ha dado a este hombre la perfecta salud que todos podéis comprobar.

En este pasaje resuenan tres de las notas características de la predicación cristiana original:

(i) Los primeros predicadores cristianos siempre subrayaban el hecho fundamental de que la Crucifixión fue el mayor crimen de la Historia humana. Siempre que la mencionan, había en sus voces un tono de horror. Jesús fue el Santo y el Justo, a Quien debería haber bastado ver para amar. El mismo gobernador romano se dio cuenta de que aquella crucifixión era una injusticia flagrante. Se escogió para la libertad a un violento criminal, y se mandó a la cruz al Que no había hecho más que el bien. Los primeros predicadores trataban de impactar los corazones de sus oyentes para que reconocieran el horrible crimen de la Cruz. Es como si dijeran: «¡Fijaos en lo que puede hacer e hizo el pecado!»

(ii) Los primeros predicadores siempre hacían hincapié en la vindicación de la Resurrección: en ella, Dios había dado su aprobación a la obra de Jesucristo. Es un hecho que, sin la Resurrección, la Iglesia no habría existido. La Resurrección era la prueba de que Jesucristo es indestructible y Señor de la vida y de la muerte. Era la prueba definitiva de que la obra de Cristo era la obra de Dios y, por tanto, nada podría hacerla fracasar.

(iii) Los primeros predicadores siempre insistían en el poder del Señor Resucitado. Nunca se presentaban a sí mismos como la fuente, sino sólo como canales del poder. Eran conscientes de sus limitaciones; pero también de que no había límites a lo que el Señor Resucitado podía hacer con y por medio de ellos. Ahí radica el secreto de la vida cristiana. Mientras el cristiano no piensa más que en lo que *él* puede hacer y ser, no cosecha más que fracaso y temor; pero cuando piensa en «no yo, sino Cristo en mí», tiene paz y poder.

LAS NOTAS DE LA PREDICACIÓN

Hechos 3:17-26

—*Ahora bien, hermanos —siguió diciendo Pedro—, sé que no sabíais lo que os hacíais, y lo mismo vuestros gobernantes. Pero Dios ha cumplido de esta manera lo que había anunciado de antemano por boca de todos sus profetas: que el Mesías había de padecer. Así que, arrepentíos y convertíos para que se os perdonen vuestros pecados y Dios nos envíe del Cielo tiempos de consolación y al Mesías que Dios ha destinado, que no es otro que Jesús, Que debe permanecer en el Cielo hasta que llegue el tiempo de la restauración de todas las cosas que ha anunciado Dios por medio de sus santos profetas que ha habido desde la antigüedad. Porque ya les dijo Moisés a nuestros antepasados: «El Señor vuestro Dios os suscitará un Profeta que saldrá de entre vuestros hermanos, como hizo conmigo. Hacedle caso en todo lo que os diga; porque todos los que no Le crean serán desarraigados del pueblo.» Y todos los profetas que han hablado de parte de Dios de Samuel en adelante, también han anunciado este tiempo presente. Vosotros sois los descendientes de aquellos profetas, y los beneficiarios del Pacto que hizo Dios con nuestros antepasados cuando le dijo a Abraham: «Tu Descendiente será la bendición de todos los pueblos de la Tierra.» Así es que a vosotros ha sido a los primeros que Dios, después de resucitar a su Siervo, Le ha envia-do para que os bendiga, para que cada uno de vosotros se convierta dejando su mal camino.*

En este breve pasaje resuenan casi todas las notas de la predicación cristiana original:

(i) Empieza con una nota de misericordia y de advertencia combinadas. Fue la ignorancia la causa de que los judíos perpetraran el horrible crimen de la Crucifixión; pero la ignorancia ya no se puede justificar, y no puede ser excusa para seguir rechazando a Jesucristo. Esta nota de la aterradora responsabilidad del conocimiento resuena en todo el Nuevo Testamento. «Si fuerais ciegos, no tendríais culpa; pero como decís: "Vemos", vuestra culpabilidad se mantiene» *(Juan 9:41)*. «Si Yo no hubiera venido a decírselo, no tendrían pecado; pero ahora ya no hay excusa para su pecado» *(Juan 15:22)*. «El que sabe lo que debe hacer, y falla, ese es el que peca» *(Santiago 4:17)*. Haber visto la plena luz de la revelación de Dios es el mayor de los privilegios; pero es también la más terrible de las responsabilidades.

(ii) La obligación que este conocimiento conlleva es la de arrepentirse y convertirse. Las dos cosas van juntas. *Arrepentirse* podría querer decir simplemente cambiar de idea, y es más fácil cambiar de idea que cambiar de vida. Pero este cambio de idea debe conducir a dejar el camino viejo y emprender uno nuevo, que es lo que quiere decir *la conversión*.

(iii) Este arrepentimiento tendrá ciertas consecuencias. Afectará al *pasado;* los pecados serán *borrados*. Esta es una palabra muy expresiva. Antiguamente se escribía en papiro, y la tinta no contenía ácidos; así es que no afectaba al papiro como la tinta moderna, sino se secaba encima simplemente. Para borrar la escritura no había más que limpiarlo con una esponja húmeda: así es como borra Dios el pecado de una persona. Afectará también al *futuro;* traerá tiempos de consuelo. Vendrá algo a la vida que aportará fuerza en la debilidad y descanso en la fatiga.

(iv) Pedro pasa a hablar de la Segunda Venida de Cristo. Eso quiere decir, entre otras cosas, que la Historia tiene una meta.

(v) Pedro insiste en que todo lo que ha sucedido había sido anunciado de antemano. Los judíos se negaban a aceptar la idea de que el Escogido de Dios tuviera que sufrir; pero Pedro insiste en que, si escudriñaran sus Escrituras, la encontrarían allí.

(vi) Pedro les recuerda su privilegio nacional. En un sentido muy especial, los judíos eran el pueblo escogido de Dios. De ahí que fuera a ellos a los primeros que se anunció el Evangelio.

(vii) Finalmente, expone la ineludible verdad de que ese especial privilegio conlleva una responsabilidad especial también. Es el privilegio, no de un honor especial, sino de un servicio especial.

EL ARRESTO

Hechos 4:1-4

> *Mientras Pedro y Juan estaban hablándole a la gente,*
> *se presentaron en su búsqueda los sacerdotes con el jefe*
> *de la policía del Templo, y los saduceos, que se moles-*
> *taban de que los discípulos se hicieran los maestros del*
> *pueblo; y más aún, porque proclamaban que en Jesús*
> *se había producido una resurrección. Así es que los*
> *arrestaron y los metieron en la cárcel con la intención*
> *de juzgarlos al día siguiente, porque se les había echado*
> *encima la tarde. Pero muchos de los que habían oído*
> *la predicación de Pedro se convirtieron, de manera que*
> *ya había en la Iglesia algo así como cinco mil hombres.*

La curación del cojo había tenido lugar en una parte del área del Templo que siempre estaba llena de gente. No es extraño que el suceso hiciera que se concentrara allí la atención general.

La puerta Hermosa era la que comunicaba el atrio de los Gentiles con el de las Mujeres. El atrio de los Gentiles era no sólo el más grande, sino también el más abarrotado de gente de todos los atrios del Templo, porque hasta allí podían entrar personas de todas las naciones, siempre que observaran las reglas normales del decoro y el respeto. Era allí donde tenían sus mostradores los cambistas, y sus puestos los vendedores de animales para los sacrificios. Dando la vuelta a la parte exterior del área del Templo había dos grandes pórticos que se juntaban formando un ángulo recto en la esquina del atrio de los Gentiles. Uno era el pórtico Real, y el otro, el de Salomón. Estos también estaban llenos de gente que había venido a dar culto a Dios, a aprender y a hacer turismo. No cabe duda de que los acontecimientos que habían tenido lugar allí alcanzarían la más amplia publicidad.

En este escenario tan abarrotado de gente se presentaron los sacerdotes, el jefe de la policía del Templo y los saduceos. El personaje que llama la versión Reina-Valera *el jefe de la guardia del Templo,* era un funcionario que se llamaba *el Sagán.* Era el brazo derecho del Sumo Sacerdote, y tenía a su cargo la supervisión del orden en el Templo. Cuando había alguna aglomeración era inevitable que el Sagán se presentara en escena con la policía del Templo. En esta ocasión también vinieron con él los saduceos, que formaban la clase aristocrática o adinerada. No eran muchos, pero sí muy influyentes. Lo sucedido les molestaba mucho por dos razones: la primera, porque no creían en la Resurrección, que era lo que los apóstoles estaban proclamando; y la segunda, porque eran ricos aristócratas y colaboracionistas. Hacían lo posible por mantenerse en buenas relaciones con los romanos para conservar su riqueza y posición. El gobierno romano era muy tolerante en general; pero en casos de insurrección era tajante. Los saduceos estaban seguros de que, si no se le paraban los pies a los apóstoles, habría disturbios y desórdenes, con consecuencias funestas para su posición. Así es que se propusieron cortar en su principio aquel brote peligroso; y esa fue la causa de que Pedro y Juan fueran arrestados tan pronto. Tenemos aquí el ejemplo terrible de un partido que, para mantener su posición privilegiada, se niega a escuchar la verdad, y a dejar que otros la escuchen.

ANTE EL SANEDRÍN

Hechos 4:5-12

> *Al día siguiente hubo una reunión de las fuerzas vivas: los ancianos y los escribas, el sumo sacerdote Anás y Caifás y Juan y Alejandro y todos los de las familias de los sumos sacerdotes. Hicieron comparecer a Pedro y Juan, y empezó el interrogatorio:*
> *—¿Con qué potestad y en nombre de quién habéis actuado?*

Entonces Pedro, totalmente bajo la inspiración del Espíritu Santo, les contestó:

—Jefes del pueblo y ancianos de Israel: Puesto que hoy se nos está interrogando acerca del favor que le hemos hecho a un enfermo, y cómo ha sido posible que recibiera la salud total, daos por enterados todos vosotros y toda la nación de Israel de que esto se ha hecho en el Nombre del Mesías Jesús de Nazaret, al Que vosotros mismos crucificasteis y Dios ha resucitado. ¡Sí: es gracias a Jesús que se os puede presentar el enfermo, completamente curado! Jesús es «la Piedra que desechasteis despectivamente vosotros, constructores, que se ha convertido en la Piedra clave que sustenta todo el edificio.» La Salvación no está en ningún otro; su Nombre es el único en toda la creación que se ha dado a la humanidad para que pueda salvarse.

El tribunal ante el que comparecieron Pedro y Juan era el Sanedrín, el tribunal supremo de los judíos. Aun bajo el dominio de Roma, el Sanedrín tenía autoridad para arrestar. Lo único que no podía hacer era dictar sentencia de muerte, excepto en el caso único de que un gentil penetrara en la parte reservada del Templo.

Había setenta y un miembros en el Sanedrín. El sumo sacerdote era, *ex officio,* el presidente. Entre los miembros había sacerdotes, que eran casi todos saduceos, cuyo único propósito era retener el *status quo* para que no peligraran su posición y emolumentos. Estaban también los escribas, que eran los expertos en la ley tradicional; los fariseos, fanáticos cumplidores de dicha ley, y los ancianos, que eran hombres respetados de la comunidad.

También formaban parte del Sanedrín los que se describen como *los de las familias de los sumos sacerdotes;* algunas veces se los llama *principales* o *jefes de los sacerdotes.* Eran de dos clases. La primera, los ex sumos sacerdotes; en los grandes días del pasado, el sumo sacerdocio había sido hereditario y vitalicio; pero en tiempo de los romanos era objeto de intrigas, soborno y corrupción, y los sumos sacerdotes ascendían y caían de tal forma que, entre los años 37 a.C. y 67 d.C. hubo no menos de 28. Pero, a veces, hasta después de depuesto, seguía siendo el poder tras el trono. Segunda clase: aunque el sumo sacerdocio había dejado de ser hereditario, seguía siendo prerrogativa de unas pocas familias. De los 28 mencionados, todos menos 6 pertenecían a 4 familias sacerdotales. Los miembros de estas familias tenían un prestigio especial, y se les llamaba principales sacerdotes.

Cuando leemos este discurso de Pedro, y recordamos a quiénes lo dirigió, no podemos por menos de reconocerlo como una de las mayores pruebas de valor que se han dado en el mundo. Iba dirigido a una audiencia formada por los más ricos, intelectuales y poderosos del país; y sin embargo Pedro, un sencillo pescador galileo, se presenta ente ellos más como su juez que como su víctima. Además, este era el tribunal que había condenado a muerte a Jesús. Pedro sabía que se estaba jugando la vida.

Hay dos clases de valor. Hay un valor insensato, que apenas se da cuenta de los peligros que arrostra. Y hay una clase de valor mucho más elevada y consciente, que conoce el peligro, pero se niega a dejarse intimidar. Pedro dio muestras de la segunda clase de valor. Cuando le dijeron a Aquiles, el gran héroe griego, que si iba a la batalla moriría, contestó: «A pesar de todo, estoy decidido a ir.» Pedro, en aquel momento, sabía el peligro que le acechaba; pero, a pesar de todo, habló.

LEALES A DIOS POR ENCIMA DE TODO

Hechos 4:13-22

Cuando los miembros del Sanedrín se percataron del coraje de Pedro y Juan, y se dieron cuenta de que eran hombres que no tenían una educación especial ni eran

profesionales de nada sino gente corriente, se quedaron
alucinados, y los reconocieron como seguidores de Je-
sús. Como también estaban viendo al que había sido
sanado, que estaba allí de pie con ellos, no se les ocurría
nada que pudieran decir en contra de ellos. Entonces
dieron orden de que se salieran y esperaran fuera, y se
pusieron a discutir la situación en privado.

—¿Qué podemos hacer con estos? —decían—. Por-
que no se puede negar que se ha manifestado el poder
de Dios por medio de ellos, y toda Jerusalén se ha
enterado. Lo mejor que podemos hacer para impedir que
esto se siga extendiendo entre la gente es advertirles que
se atengan a las consecuencias si no están dispuestos
a dejar de hablarle a nadie en absoluto acerca del
Nombre del tal Jesús.

Así es que los llamaron otra vez, y les prohibieron
terminantemente que hablaran o enseñaran nada acerca
del Nombre de Jesús. Pero Pedro y Juan les contes-
taron:

—Juzgad vosotros mismos si está bien delante de
Dios obedeceros a vosotros por encima de Dios. En
cuanto a nosotros, no podemos dejar de decir lo que
hemos visto y oído.

Los del Sanedrín entonces les dijeron que se atuvie-
ran a las consecuencias si no los obedecían, y luego los
soltaron, porque no encontraban forma de castigarlos;
porque la gente estaba alabando a Dios por lo que había
sucedido, ya que el hombre en el que se había realizado
el milagro de sanidad tenía más de cuarenta años.

Aquí vemos con toda claridad tanto el ataque del enemigo
como la defensa cristiana. El ataque del enemigo tiene dos
características: la primera es el *desprecio*. La versión Reina-
Valera dice que el Sanedrín consideraba a Pedro y Juan «hombres sin letras y del vulgo» (13). La palabra que se traduce por
sin letras quiere decir que no tenían ninguna clase de prepa-

ración técnica, especialmente en las cuestiones intrincadas de la Ley. La palabra que se traduce por *del vulgo* quiere decir que eran laicos sin cualificación profesional. El Sanedrín, como si dijéramos, los veía como personas sin títulos académicos ni categoría profesional. A menudo le es difícil a la gente sencilla enfrentarse con los que presumen de intelectuales. Pero el que tiene a Cristo en su corazón tiene una dignidad que no dan ni la universidad ni la cámara de comercio. Y en segundo lugar: el Sanedrín recurrió a las amenazas. Pero el cristiano sabe que lo que los hombres le puedan hacer es cosa de un momento, mientras que las cosas de Dios son para la eternidad.

Al enfrentarse con este ataque Pedro y Juan tenían ciertas defensas. La primera, *un hecho indiscutible*. Que el cojo había sido sanado no se podía negar. La defensa más incontestable del Cristianismo es un cristiano. Y la segunda defensa, *una total fidelidad a Dios*. Si tenían que escoger entre obedecer a los hombres o a Dios, Pedro y Juan no vacilaban lo más mínimo. Como decía H. G. Wells: «Lo que pasa con muchas personas es que la voz de los vecinos les llega a los oídos más alta que la voz de Dios.» El verdadero secreto del Cristianismo está en el elogio que le hicieron una vez al reformador escocés John Knox: «Tenía tanto verdadero temor de Dios que nunca se dejaba intimidar por ningún ser humano.» Pero la tercera defensa era la más grande: la de *una experiencia personal de Jesucristo*. No les había llegado ese mensaje de oídas. Sabían de primera mano que era verdad; y estaban tan seguros que estaban dispuestos a jugarse la vida por él.

EL REGRESO VICTORIOSO

Hechos 4:23-31

Cuando los soltaron, Pedro y Juan volvieron a los suyos y les contaron todo lo que les habían dicho los principales sacerdotes y los ancianos. Después de escucharlo todo, elevaron a Dios una oración unida diciendo:

—Soberano Señor: Tú eres el Creador de los cielos, de la tierra y del mar, y de todo lo que hay en ellos. Ya Tú habías dicho por medio del Espíritu Santo por boca de tu siervo David: «¿Por qué rugen las naciones, y los pueblos se confabulan en inútiles planes? Los monarcas de la Tierra se ensoberbecen, y los gobernantes forman coaliciones contra el Señor y contra su Rey ungido.» Eso es lo que estamos viendo en esta misma ciudad en la que se unieron Herodes y Poncio Pilato con los gentiles y con el pueblo de Israel, contra tu santo Siervo Jesús a Quien Tú has ungido como Mesías, para hacer con Él todo lo que habías decidido de antemano en tu poder y tu programa. Ahora, Señor, mira en qué situación nos encontramos por sus amenazas, y concédenos a tus siervos que proclamemos tu Mensaje sin miedo ni inhibiciones, mientras Tú mismo intervienes para realizar milagros de sanidad y otras demostraciones de tu poder que confirmen Quién es tu santo Siervo Jesús.

Después de orar, hubo una sacudida en el lugar donde estaban reunidos, todos fueron llenos del Espíritu Santo, y se lanzaron a predicar el Evangelio con una libertad y confianza inconmovibles.

En este pasaje nos encontramos con la reacción de la Iglesia Cristiana en el momento de peligro. Se habría podido pensar que, cuando volvieron Pedro y Juan y contaron lo que les había pasado, se apoderaría de la Iglesia una gran depresión al considerar los problemas que se les venían encima. Pero, lo que ni siquiera se les pasó por la cabeza fue que tenían que obedecer al Sanedrín y dejar de hablar de Jesús. Por el contrario, vinieron a sus mentes ciertas grandes convicciones, y una oleada de fortaleza a sus vidas.

(i) Estaban convencidos del *poder de Dios.* El Creador y Sustentador de todas las cosas estaba de su parte. Una vez, el enviado del Papa amenazó a Lutero con lo que le sucedería si persistía en su actitud, y le advirtió que todos los que parecía que estaban con él le abandonarían. «¿Dónde te encontrarás entonces?» —le preguntó. «Entonces, como ahora —le contestó Lutero—: en las manos de Dios.» Para los cristianos, Quien está con nosotros es más que todos los que puedan estar en contra.

(ii) Estaban convencidos de *la inutilidad de la rebeldía humana*. La palabra que traducimos por *rugir* —«¿Por qué rugen las naciones»—, se usa del relinchar de caballos briosos: patalean y mueven la cabeza, pero a fin de cuentas tienen que someterse a la disciplina de las riendas. Así los hombres puede que hagan gestos de desafío contra Dios, pero Dios siempre prevalecerá.

(iii) Trajeron a la memoria *el recuerdo de Jesús*. Recordaron cómo había sufrido y cómo había triunfado; y ese recuerdo les devolvió la confianza, porque es suficiente que el discípulo sea como su Señor.

(iv) *Oraron* para que Dios les diera valor. No pretendieron enfrentarse con la situación dependiendo de sus propias fuerzas, sino buscaron el poder que está por encima de todo.

(v) El resultado fue *el don del Espíritu*. Se cumplió la promesa, y no se encontraron desasistidos: recibieron el valor y la fuerza que necesitaban para testificar cuando su testimonio los podía llevar a la muerte.

TODAS LAS COSAS EN COMÚN

Hechos 4:32-37

> *Toda la comunidad de los que habían puesto su fe en Jesús estaba unida de corazón y con toda el alma. Ninguno de los que la formaban pretendía que lo que tenía era para su uso personal y exclusivo, sino que lo*

*tenían todo en común. Los apóstoles daban testimonio
de la Resurrección del Señor Jesús con gran firmeza, y
toda la gente los respetaba. En la comunidad no había
nadie que padeciera necesidad; los que tenían propie-
dades o casas las vendían, y ponían el producto de la
venta a disposición de los apóstoles, y se compartía
entre los que lo necesitaban.*

*José, a quien los apóstoles llamaban Bernabé —que
quiere decir* hijo de consolación—, *que era levita y
natural de Chipre, tenía un terreno; y lo vendió, y les
entregó el dinero a los apóstoles.*

En este párrafo se produce un cambio que es característico
del Cristianismo. Todo se estaba moviendo en la atmósfera más
exaltada: se pensaba en Dios, se pedía el Espíritu Santo, se
citaban pasajes maravillosos del Antiguo Testamento. Pero por
mucho que aquellos primeros cristianos tuvieran momentos de
gran elevación, jamás se olvidaban de que algunos no tenían
lo necesario y todos tenían que ayudar. La oración y el testimonio del Evangelio eran supremamente importantes; pero su
culminación era el amor entre los hermanos.

Aquí notamos dos cosas de los primeros cristianos. (i) Tenían un vivo sentido de *responsabilidad de unos con otros.*
(ii) Y esto despertaba en ellos *un deseo verdadero de compartir
todo lo que tenían.* No compartían porque se les impusiera, sino
espontáneamente. Una comunidad no es realmente cristiana
cuando hay una ley que obliga a compartir, sino cuando el
compartir es algo que sale del corazón.

PROBLEMAS EN LA IGLESIA

Hechos 5:1-11

Por el contrario, un cierto Ananías, que estaba casado con una tal Safira, vendió una propiedad y entregó a los apóstoles una parte del producto de la venta; pero, de acuerdo con su mujer, se reservó otra parte.

—Ananías —le dijo Pedro—: ¿Cómo es que has dejado que Satanás te indujera a pretender engañar al Espíritu Santo quedándote con una parte de lo que te han dado por la propiedad? Antes de venderla, ¿es que no era toda tuya? Y después, ¿es que no eras totalmente libre para hacer lo que quisieras con el producto? ¿Cómo se te metió tal cosa en la cabeza? No es a los hombres a los que has tratado de engañar, sino a Dios.

Cuando Ananías estaba escuchando a Pedro, le dio un colapso y se murió. Todos los que estaban escuchando se quedaron aterrados. Los más jóvenes se levantaron, amortajaron el cuerpo y se lo llevaron a enterrar.

Al cabo de unas tres horas se presentó allí Safira, que no sabía lo que había sucedido.

—Dime —le dijo Pedro—: ¿No fue por tanto por lo que vendisteis el terreno?

—Sí —respondió la mujer—, exactamente.

—Entonces —siguió diciéndole Pedro—, ¿por qué os habéis puesto de acuerdo los dos para ver hasta dónde os dejaba llegar el Espíritu Santo? Fíjate, las pisadas que se oyen a la puerta son las de los que han enterrado a tu marido, que van a hacer lo mismo contigo.

En aquel mismo momento la mujer cayó al suelo y se murió a los pies de Pedro. Cuando entraron los jóvenes en la habitación se la encontraron muerta, y se la llevaron a enterrar al lado de su marido.

Toda la Iglesia y todos los que se enteraron de lo que había sucedido se sintieron embargados de temor.

Esta es la historia más tremenda del *Libro de los Hechos.*
No hay por qué suponer que se produjo un milagro; pero sí es
verdad que nos revela la atmósfera que prevalecía en la Iglesia
Primitiva. Se cuenta del rey Eduardo I de Inglaterra que una
vez se puso furioso hablando con uno de sus cortesanos, y éste
cayó muerto de miedo literalmente. Esta historia nos muestra
dos cosas de la Iglesia Primitiva: lo que las mentes humanas
podían esperar, y el respeto extraordinario que tenían a los
apóstoles. Fue en esa atmósfera donde la reprensión de Pedro
produjo ese resultado.

Esta es una de las historias que demuestran la honradez a
ultranza de la Biblia. Habría sido muy fácil omitirla, porque es
una prueba de que también en la Iglesia Primitiva había cristianos que dejaban mucho que desear; pero la Biblia se niega
a presentarnos un cuadro idealizado de nada. Una vez, un pintor
de la corte hizo un retrato de Oliver Cromwell, que tenía muchas
berrugas en la cara. El pintor, tratando de agradar al gran
hombre, omitió aquellos detalles desagradables. Pero Cromwell, al ver el cuadro, dijo: «¡Llévatelo, y píntame con berrugas
y todo!» Una de las grandes virtudes de la Biblia es que retrata
a sus personajes «con berrugas y todo». Hay algo que nos anima
en esta historia, porque nos descubre que hasta en sus momentos originales la Iglesia era una mezcla de bueno y malo.

Pedro insiste en que el pecado es contra Dios. Haremos bien
en recordarlo, especialmente en ciertos contextos. (i) Un fallo en
la diligencia es un pecado contra Dios. Absolutamente todo lo
que contribuye a la salud, la felicidad y el bienestar de la humanidad es algo que se hace para Dios, por muy humilde que sea.
Antonio Stradivarius, el gran fabricante de violines, decía: «Si
mi mano no cumpliera, yo estaría robándole a Dios.» Una con-
signa digna de imitar. (ii) Un fallo en el uso de los talentos es
un pecado contra Dios. Dios nos los ha confiado. Los tenemos
en depósito, y somos responsables ante Dios del uso que hagamos de ellos. (iii) Un fallo en la verdad es un pecado contra Dios.
Cuando nos deslizamos hacia la falsedad, estamos pecando
contra la dirección del Espíritu Santo en nuestro corazón.

EL ATRACTIVO DEL CRISTIANISMO

Hechos 5:12-16

Los apóstoles eran el instrumento para que el poder de Dios realizara muchas obras maravillosas y prodigiosas entre la gente. El lugar de reunión de los cristianos era el pórtico de Salomón. El resto de la gente tenía miedo de asociarse con ellos, pero todos los miraban con mucho respeto. El número de los que creían en el Señor se iba multiplicando, tanto hombres como mujeres. Se llegaba hasta el punto de sacar a los enfermos a las calles en camillas o esterillas para que, cuando pasaba Pedro, su sombra cayera sobre ellos. Gran gentío venía de los pueblos de alrededor de Jerusalén trayendo a sus enfermos y a los atormentados por los espíritus inmundos, y todos se ponían buenos.

Aquí tenemos como un retrato en miniatura de lo que sucedía en la Iglesia Primitiva. (i) Se nos dice dónde se reunía. Su punto de contacto era la columnata de Salomón, una de las dos que rodeaban el recinto del Templo. Los primeros cristianos asistían fielmente a la casa de Dios, porque querían conocer mejor a Dios y recibir su poder en su vida. (ii) Se nos dice cómo se reunía la iglesia. Los cristianos originales se reunían donde todo el mundo pudiera verlos. Se sabía lo que había pasado con los apóstoles, y lo que podía pasarles; pero ellos estaban decididos a mostrarles a todos a Quién pertenecían y por qué se mantenían firmes. (iii) Se nos dice que la Iglesia Primitiva era maravillosamente eficaz. Sucedían cosas. Eran los días, que esperamos que vuelvan, en los que el ministerio de sanidad de la Iglesia estaba bien a la vista; pero la Iglesia siempre existe para hacer que los malos se hagan buenos, y la gente acudirá siempre a una iglesia en la que las personas cambian para bien.

Este pasaje acaba con una referencia a los atormentados por espíritus inmundos. En el mundo antiguo todas las enfermedades se atribuían a los espíritus. Los egipcios, por ejemplo, creían que el cuerpo humano se puede dividir en muchas partes, y que en cada una de ellas puede haber un espíritu malo. A menudo se creía que esos espíritus malos eran los espíritus de personas malas que ya habían muerto y seguían llevando a cabo su malvada obra.

OTRA VEZ ARRESTO Y JUICIO

Hechos 5:17-32

A eso el sumo sacerdote y sus adeptos, es decir, la secta de los saduceos, estaban que se morían de envidia; así es que prendieron a los apóstoles y los metieron en la cárcel pública. Pero, por la noche, un ángel del Señor abrió las puertas de la cárcel y los sacó de allí. Y les dijo:

—Id a hacer acto de presencia en el Templo, y decidle a la gente todo lo relativo a esta nueva manera de vivir.

Los apóstoles hicieron lo que se les dijo, y fueron al Templo al rayar la mañana y se pusieron a enseñar.

Cuando llegaron el sumo sacerdote y sus secuaces, convocaron una reunión del Sanedrín, es decir, del senado judío en pleno, y mandaron traer a los presos. Pero los guardias del Templo, cuando fueron a buscarlos, se encontraron con que no estaban allí. Cuando volvieron, informaron:

—Hemos encontrado la cárcel debidamente cerrada, y a los guardias en sus puestos delante de las puertas; pero, cuando hemos abierto, no hemos encontrado a nadie dentro.

Cuando el jefe de la policía del Templo y los sumos sacerdotes oyeron aquello se quedaron alucinados. Pero entonces llegó uno diciendo:

—*¡Los que metisteis en la cárcel están ahí en medio
del Templo enseñando a la gente!*

*Entonces el jefe de la policía del Templo se dirigió
al lugar con su guardia y trajeron a los apóstoles; pero
sin hacer uso de la fuerza, porque tenían miedo a que
la gente los apedreara. Así es que los trajeron y los
presentaron ante el Sanedrín. Y el sumo sacerdote les
preguntó:*

—*¿Es que no os prohibimos terminantemente que
siguierais hablando de esa persona? ¡Habéis llenado a
Jerusalén de vuestra doctrina, y nos estais echando las
culpas de la muerte de ese hombre!*

—*Tenemos que obedecer a Dios más que a los hombres* —*contestaron Pedro y los demás apóstoles*—.
*Vosotros matasteis a Jesús en la cruz, ¡pero el Dios de
nuestros antepasados le ha resucitado! Dios le ha exaltado a su diestra como Jefe supremo y Salvador, y ofrece
a Israel por medio de Él la posibilidad de arrepentirse
para que se le perdonen los pecados. Nosotros garan-
tizamos personalmente que esto es verdad, y lo mismo
hace el Espíritu Santo que Dios ha dado a los que le
obedecen.*

El segundo arresto de los apóstoles era inevitable. El Sanedrín les había prohibido terminantemente que siguieran impartiendo enseñanza acerca de la persona de Jesús, y ellos
habían desobedecido abiertamente esa orden. La cuestión era
doblemente seria para el Sanedrín: los apóstoles eran no sólo
herejes, sino alborotadores en potencia. Palestina siempre estaba a punto para una conflagración; y, si aquello no se atajaba,
podría originarse un levantamiento popular. Y eso era lo último
que querían los sacerdotes y los saduceos, porque haría que
intervinieran los romanos.

Puede que no fuera un milagro la liberación de los apóstoles.
La palabra *ánguelos* tiene dos sentidos: puede querer decir un
ángel, pero también un mensajero humano. Aun en este segundo

caso, el agente de la liberación habría sido un *ánguelos* del Señor, y su intervención un milagro de la providencia divina cuando una solución humana parecía imposible.

En el relato de los acontecimientos que siguieron a la liberación se reflejan claramente las cualidades de aquellos hombres de Dios. (i) Eran hombres de valor. La orden de volver a predicar en el Templo le sonaría inaceptable a cualquier persona sensata. Obedecer esa orden era asumir un riesgo insensato. ¡Pero la cumplieron! (ii) Eran hombres de principios, y su principio prioritario era que, en todas las circunstancias, obedecer a Dios era lo más importante. No se preguntaban: «¿Es seguro este curso de acción?», sino: «¿Es esto lo que Dios quiere que hagamos?» (iii) Tenían una idea clara de su misión. Sabían que eran testigos de Cristo. Un testigo es esencialmente alguien que dice lo que sabe de primera mano. Sabe por propia experiencia que lo que dice es verdad. Y es imposible detener a un hombre así, porque es imposible detener la verdad.

UN ALIADO INESPERADO

Hechos 5:33-42

Cuando los del Sanedrín oyeron a los apóstoles decir aquello se pusieron furiosos y querían matarlos. Pero uno de los fariseos, que se llamaba Gamaliel y era respetado por todos como maestro de la Ley, se levantó en medio del Sanedrín, pidió que sacaran a los apóstoles un momento, y dijo:

—Israelitas: Miraos bien lo que vas a hacer en el caso de estos hombres. No hace mucho que se presentó Teudas pretendiendo que era el Mesías, y se le unieron unos cuatrocientos hombres; pero le mataron, y todos sus seguidores se dispersaron y el asunto quedó en nada. Y después se presentó el galileo Judas en los días del

censo, y convenció a algunos para que se rebelaran con él; pero él también fue eliminado, y se dispersaron todos los que habían creído en él. En la situación presente os aconsejo que no os metáis con estos hombres y que los dejéis en paz; porque, si lo que pretenden y hacen no es más que una cosa humana, se desvanecerá; pero, si procede de Dios, no podréis con ellos. Tened cuidado, no sea que resulte que estáis luchando contra Dios.

El consejo de Gamaliel se aceptó. Trajeron otra vez a los apóstoles, les dieron una paliza y les prohibieron hablar en nombre de Jesús, y los soltaron.

Los apóstoles salieron del Sanedrín contentos de que se creyera que merecían algún castigo por su relación con Jesús. Y todos los días, tanto en el Templo como de casa en casa, siguieron enseñando y anunciando la buena noticia de que Jesús era el Mesías.

Los apóstoles encontraron una ayuda inesperada la segunda vez que tuvieron que presentarse ante el Sanedrín: el fariseo Gamaliel. Los saduceos eran ricos colaboracionistas que estaban siempre tratando de mantener su prestigio; pero los fariseos no tenían ambiciones políticas. Su nombre significa «Los Separados», y es verdad que se habían separado de la vida ordinaria para consagrarse a cumplir la ley tradicional en sus más mínimos detalles. Se dice que nunca fueron más de seis mil, y eran respetados por su austeridad.

A Gamaliel no sólo se le respetaba: se le quería. Era un hombre amable, mucho más tolerante que sus compañeros. Entre otras cosas, era uno de los pocos fariseos que no consideraban la cultura griega como pecaminosa. Era uno de los pocos a los que se otorgaba el título honorífico de «Rabbán». Le llamaban «La hermosura de la Ley». Cuando murió, se dijo: «Desde que ha muerto Rabbán Gamaliel ya no se respeta la Ley; y la pureza y la abstinencia murieron con él.»

Cuando parecía probable que el Sanedrín recurriera a medidas violentas para eliminar a los apóstoles, intervino Gamaliel. La doctrina de los fariseos combinaba la soberanía de Dios con el libre albedrío. Creían que todo está en las manos de Dios, pero que el hombre es responsable de sus hechos. «Todo está previsto —decían—, pero hay libertad de elección.» Así que la advertencia de Gamaliel era que tenían que tener cuidado, no fuera que haciendo uso de la libertad se encontraran en oposición a Dios. Si aquello no era cosa de Dios, acabaría en nada de todas formas. Y dio dos ejemplos.

En primer lugar citó a Teudas. En aquel tiempo se produjo una sucesión de líderes revolucionarios que se presentaban como libertadores y hasta como Mesías. No sabemos nada de este Teudas. Hubo uno de ese nombre unos años después, que se llevó a la gente al Jordán prometiéndoles que dividiría las aguas para que pasaran en seco; pero pronto acabaron con él. Teudas era un nombre bastante corriente, así es que se referiría a otro.

El segundo ejemplo era Judas. Se había rebelado en los días del censo que mandó hacer Cirenio en el año 6 para organizar los impuestos. Judas mantenía que Dios es el único Rey de Israel; y, por tanto, era a Dios al único que había que pagar tributo. Todos los otros impuestos eran impíos, y era blasfemia pagarlos. Judas intentó levantar una revolución, pero fracasó.

El Sanedrín aceptó el consejo de Gamaliel, y los apóstoles quedaron libres otra vez. Salieron gozosos de la tribulación por dos razones. (i) Se les había presentado una oportunidad de demostrar su fidelidad a Jesús. En los primeros años de la revolución rusa se respetaba y honraba al que pudiera mostrar las señales de las cadenas en las muñecas o del látigo en la espalda, porque había sufrido por la causa. Valiente-por-la-Verdad, de *El Peregrino*, decía con sano orgullo: «Las señales y cicatrices llevo conmigo.» (ii) Era una buena oportunidad para compartir la experiencia de Cristo. Los que participaran de la Cruz también participarían de la corona.

LOS PRIMEROS OBREROS

Hechos 6:1-7

> *Por aquel entonces, como el número de los creyentes no dejaba de crecer, los judíos de cultura griega se quejaron de los judíos de Palestina, porque decían que descuidaban a sus viudas en la distribución de la ayuda diaria. Entonces los Doce convocaron a todos los creyentes, y les dijeron:*
>
> *—No está bien que nosotros descuidemos la predicación de la Palabra de Dios para ocuparnos de servir las mesas. Así que, hermanos, escoged de entre vosotros a siete hombres de buen testimonio, que tengan madurez espiritual y también sentido práctico, y los pondremos a cargo de esta responsabilidad; así nosotros estaremos más libres para consagrarnos plenamente a la oración y a la predicación del Evangelio.*
>
> *La congregación aceptó esta sugerencia con agrado, y eligieron a Esteban —hombre lleno de fe y del Espíritu Santo—, a Felipe, a Prócoro, a Nicanor, a Timón, a Pármenas y a Nicolás —converso al judaísmo natural de Antioquía. Esta fue la candidatura que presentaron a los apóstoles, que oraron por ellos y los consagraron mediante la imposición de manos.*
>
> *A todo esto, el Evangelio se iba propagando, y el número de los creyentes se multiplicaba extraordinariamente en Jerusalén; también se habían convertido muchos sacerdotes.*

A medida que la Iglesia iba creciendo empezaron a presentarse los problemas propios de una institución. Ninguna nación ha tenido un sentido de responsabilidad comparable a Israel en lo referente a los menos afortunados.

En la sinagoga se tenía la costumbre de que dos miembros se daban una vuelta por el mercado y por las casas particulares los viernes por la mañana y hacían una colecta en dinero y en especie, y por la tarde se la llevaban a los necesitados. Los que se encontraban temporalmente en necesidad recibían lo suficiente para ir tirando; y los que no podían mantenerse recibían lo suficiente para catorce comidas, es decir, dos diarias durante toda la semana. El fondo para esta distribución se llamaba la *kuppah* o cesta; y además se hacía otra colecta diariamente de casa en casa para los que estaban en necesidad perentoria, y a esta la llamaban *tamhui* o bandeja.

Está claro que la Iglesia Cristiana adoptó esta costumbre. Pero había una separación entre los judíos que se reflejaría también en la Iglesia. Por una parte estaban los judíos de Palestina, que hablaban tradicionalmente arameo y que presumían de no tener influencias extranjeras en sus costumbres. Y por otra parte estaban los judíos de la diáspora —es decir, que vivían en otros países—, que tal vez habían venido a Jerusalén para la fiesta de Pentecostés y habían descubierto a Cristo. Muchos de éstos llevarían generaciones fuera de Palestina, y no hablarían ya más que griego. Y lo malo era que los judíos que hablaban arameo se consideraban superiores y miraban por encima del hombro a los judíos de la diáspora. Es de temer que algo de esto perduraría en la Iglesia, y surgió la queja —posiblemente justificada— de que las viudas de los judíos griegos no recibían la ayuda diaria como las de los judíos palestinos. Los Doce consideraban que no debían mezclarse en ese asunto, y propusieron la elección de los Siete.

Es sumamente interesante comprobar que los primeros obreros que se nombraron en la Iglesia no fueron elegidos para hablar, sino para realizar un servicio práctico.

SURGE UN CAMPEÓN DE LA LIBERTAD

Hechos 6:8-15

> *Esteban, lleno de gracia y de poder, daba pública-*
> *mente maravillosas muestras del poder de Dios en ac-*
> *ción. Algunos miembros de la Sinagoga de los Libertos,*
> *como se la llamaba, y de las de los de Cirene, Alejan-*
> *dría, Cilicia y Asia, se pusieron a discutir con Esteban,*
> *pero no tenían manera de defenderse ante la sabiduría*
> *inspirada con que él hablaba.*
>
> *En vista de aquello recurrieron a la calumnia, y so-*
> *bornaron a unos para que dijeran que le habían oído*
> *blasfemar contra Moisés y contra Dios. Así es que soli-*
> *viantaron a la gente, a los gobernadores y a los expertos*
> *en la Ley, e hicieron que se le echaran encima y le*
> *trajeran a rastras al Sanedrín; y entonces presentaron*
> *testigos falsos que dijeron:*
>
> *—¡Este tipo no hace más que hacer declaraciones*
> *encaminadas a desacreditar el Templo y la Ley de Moi-*
> *sés! ¡Y hasta le hemos oído decir que ese Jesús de*
> *Nazaret destruirá este lugar y trastocará todas las*
> *costumbres que nos legó Moisés!*
>
> *Todos los que estaban en aquella sesión del Sanedrín*
> *se quedaron mirando fijamente a Esteban, y les parecía*
> *que tenía el rostro de un ángel.*

La elección de aquellos siete hombres tuvo resultados dura-
deros. En principio, el gran enfrentamiento había comenzado.
Los judíos se habían considerado siempre el pueblo escogido
de Dios; pero interpretaban la elección de una manera indebida,
pensando que habían sido escogidos para un privilegio especial, y creyendo que Dios no tenía ningún interés en los demás
pueblos. En un caso extremo, se llegó a decir que Dios había
creado a los gentiles para usarlos como leña en el infierno. Una
interpretación más benigna mantenía que algún día los gentiles

serían los siervos de Israel. Jamás se les ocurrió pensar que habían sido elegidos para prestar un servicio a fin de que todos los hombres entraran en la misma relación con Dios que ellos gozaban. Este fue el principio de muchos problemas. Todavía no se trataba de admitir a los gentiles, sino de los judíos de cultura griega. Ni uno solo de los Siete tenía nombre hebreo; y uno de ellos, Nicolás, era un gentil que se había convertido al judaísmo. Esteban tenía la visión de un mundo para Cristo. Para los judíos había dos cosas que eran especialmente sagradas: el templo, en el que se ofrecían a Dios los únicos sacrificios y el único culto que le era aceptable, y la Ley, que no cambiaría jamás. Pero Esteban decía que el Templo sería desfasado, y que la Ley no era más que una etapa anterior al Evangelio; y que el Cristianismo se extendería por todo el mundo. La carrera de Esteban sería corta; pero él fue el primero que comprendió que el Cristianismo no era exclusivamente para los judíos, sino para todo el mundo.

LA DEFENSA DE ESTEBAN

Cuando Oliver Cromwell estaba programando la educación de su hijo Richard, dijo: «Me gustaría que supiera un poco de historia.» Y fue a la lección de la Historia a la que Esteban apeló. Viendo claro que la mejor defensa es el ataque, hizo una panorámica a vista de pájaro de la Historia del pueblo judío, y citó algunas verdades que condenaban a su nación:

(i) Vio que los hombres que habían representado un papel verdaderamente grande en la historia de Israel habían sido los que habían obedecido el mandamiento de Dios: «¡Sal de donde estás!» Con ese espíritu aventurero contrastaba Esteban implícitamente el espíritu de los judíos de su tiempo, cuyo único deseo era dejar las cosas como estaban y considerar a Jesús y a sus seguidores como innovadores peligrosos.

(ii) Insistió en que la gente había dado culto a Dios mucho antes de que existiera el Templo, que los judíos consideraban el lugar más sagrado. La insistencia de Esteban en que Dios no habita en templos de fabricación humana era algo que no les gustaba.

(iii) Esteban insistió en que, cuando los judíos crucificaron a Jesús estaban simplemente colocando la clave a la política que siempre habían seguido; porque a lo largo de su historia habían perseguido a los profetas y traicionado a los líderes que Dios les había suscitado.

Estas eran verdades difíciles de reconocer para los que se creían el pueblo escogido de Dios, y no nos sorprende que se enfurecieran cuando las oyeron. Prestemos atención a estos puntos al estudiar la defensa de Esteban.

EL HOMBRE QUE SALIÓ

Hechos 7:1-7

> *El sumo sacerdote se dirigió entonces a Esteban, preguntándole:*
> *—¿Es cierto esto que se dice de ti?*
> *—Hermanos y padres de Israel, escuchadme —empezó a decir Esteban—: El glorioso Dios se reveló a nuestro padre Abraham cuando estaba todavía en Mesopotamia, antes de que se fuera a vivir a Harán, y le dijo: «Deja tu tierra y a tu nación, y vete al país que Yo te indique.» Fue entonces cuando Abraham salió de la tierra de los caldeos y residió en Harán. Y después de la muerte de su padre, Dios le trasladó de allí al país en que vosotros vivís ahora; pero en aquel tiempo no le dio la propiedad ni aun de un pie cuadrado, sino solamente le prometió que les daría en propiedad toda esta tierra a él y a sus descendientes —¡cuando él ni siquiera tenía un hijo entonces! Dios le dijo que sus descendientes serían forasteros en el extranjero, y que los maltratarían como esclavos en una tierra extraña*

cuatrocientos años. «Pero —le dijo Dios— mi juicio vendrá sobre esa nación que los tendrá esclavizados, y seguidamente saldrán de ella para servirme y darme culto en este lugar.»

Como ya hemos visto, el método de defensa de Esteban era hacer una panorámica de la historia de Israel. Pero no como una mera sucesión de hechos; sino que, para él, los personajes y los acontecimientos representaban algo. Empezó con Abraham porque, en el sentido más literal, fue con él con quien empezó la historia de Israel. Esteban ve tres cosas en Abraham:

(i) *Abraham fue un hombre que respondió a la llamada de Dios.* Como diría el autor de la Carta a los Hebreos, Abraham salió de su tierra sin saber adónde iba *(Hebreos 11:8).* Tenía espíritu aventurero. Leslie Newbigin, de la Iglesia de la India del Sur, nos dice que las conversaciones para llegar a la unión que dio origen a dicha iglesia se interrumpían a menudo porque algunos de los participantes querían saber adónde conduciría cada paso; hasta que, al fin, alguien tuvo que decirles a aquellas almas precavidas: «Un cristiano no tiene derecho a saber adónde va.» Para Esteban, un hombre de Dios es el que obedece las órdenes de Dios aunque no tenga idea de cuáles serán las consecuencias.

(ii) *Abraham era un hombre de fe.* No sabía adónde iba; pero creía que, bajo la dirección de Dios, lo mejor estaba todavía por venir. Aun cuando todavía no tenía hijos y, humanamente hablando, parecía imposible que los tuviera, creyó que sus descendientes heredarían algún día la tierra que Dios les había prometido.

(iii) *Abraham era un hombre de esperanza.* Hasta el final de sus días nunca vio que la promesa se cumpliera plenamente, pero tampoco dudó de que se cumpliría.

Así presentó Esteban a los judíos el retrato de una vida aventurera, dispuesta a responder a la llamada de Dios, en contraste con la actitud de los judíos de aferrarse al pasado.

EN EGIPTO

Hechos 7:8-16

—*Y Dios hizo un pacto con Abraham del que la circuncisión es la señal —siguió diciendo Esteban—. Así que Abraham, cuando tuvo a su hijo Isaac, le circuncidó a los ocho días de nacer; e Isaac fue padre de Jacob, y Jacob de los doce Patriarcas. Los Patriarcas tuvieron celos de José, y le vendieron como esclavo para que se le llevaran a Egipto; pero Dios estaba con él, y le redimió de todas sus angustias. Dios le permitió que se ganara con su sabiduría el aprecio del Faraón, es decir, del rey de Egipto, que le hizo gobernador de todo el país y le encargó de todos sus asuntos particulares. En aquel tiempo se produjo una hambruna terrible en todo Egipto y Canaán. Las cosas estaban muy mal, y nuestros patriarcas no tenían manera de encontrar alimentos. Cuando Jacob se enteró de que era posible comprar cereales en Egipto, mandó a nuestros patriarcas en una primera expedición. En la segunda, José les dijo a sus hermanos quién era, y Faraón se enteró de la procedencia de José. Éste envió a llamar a su padre Jacob con toda su parentela, unas setenta y cinco personas, que salieron de donde estaban y se fueron a Egipto. Así fue cómo descendió Jacob a Egipto, donde murió, y lo mismo nuestros patriarcas, cuyos cuerpos fueron trasladados a Siquem y enterrados en la tumba que había comprado Abraham por dinero a la familia de Hamor de Siquem.*

A la semblanza de Abraham sigue la de José. La clave de la vida de José se encuentra en sus palabras a sus hermanos, que se encuentran en *Génesis 50:20*. En aquel momento sus hermanos se temían que, después de la muerte de Jacob, José se vengaría de ellos por lo que habían hecho con él, pero la respuesta de José fue: «Vosotros pensasteis mal contra mí, mas Dios lo encaminó a bien.» José fue un hombre para quien lo que parecía un desastre se convirtió en una victoria. Vendido en Egipto como esclavo, metido injustamente en la cárcel, olvidado por el hombre al que había ayudado... al fin llegó a ser el primer ministro de Egipto. Esteban resume las cualidades de José en dos palabras: *gracia* y *sabiduría.*

(i) *Gracia* es una palabra preciosa. En un principio quiere decir simplemente *agradable* por su aspecto o cualidades, lo que indicamos con la palabra *encanto.* José poseía esa cualidad que es característica de todo hombre realmente bueno. Habría sido normal que se convirtiera en un tipo amargado; pero cumplió cada día con su deber como se le presentaba, sirviendo con la misma lealtad como esclavo o como primer ministro.

(ii) La palabra *sabiduría* es todavía más difícil de definir. Quiere decir mucho más que inteligencia. La vida de José nos da la clave para su sentido: en esencia, la sabiduría consiste en ver las cosas como Dios las ve.

Una vez más nos encontramos con el contraste. Los judíos estaban perdidos en la contemplación de su pasado, y prisioneros en el laberinto de su ley; pero José recibía con agrado cualquier tarea nueva, aunque fuera de rebote, y adoptaba el punto de vista de Dios en la vida.

EL QUE NUNCA OLVIDÓ A SUS COMPATRIOTAS

Hechos 7:17-36

> *Cuando estaba llegando el momento del cumplimiento de la promesa que Dios le había hecho a Abraham, los israelitas se iban multiplicando en Egipto; y así siguió la cosa hasta que ocupó el trono otro rey de Egipto que ni conocía la historia de José. Ese rey se puso a perseguir veladamente a nuestro pueblo. Obligó a nuestros antepasados a exponer a sus hijos para que*

*no pudieran seguir viviendo y crecer. Por aquel tiempo
fue cuando nació Moisés, que era un bebé de una belleza
realmente extraordinaria. Tres meses le tuvieron escondido sus padres en su casa; y, cuando tuvieron que
abandonarle, la hija del Faraón le adoptó y le crió como
si fuera su hijo. Moisés recibió educación acerca de toda
la sabiduría de los egipcios, y llegó a ser un hombre
extraordinario, tanto en palabras como en obras. Cuando tenía cuarenta años sintió deseos de visitar a sus
compatriotas israelitas. Intervino para ayudar a uno de
ellos al que estaba maltratando injustamente un egipcio;
se puso de parte del maltratado, y golpeó al egipcio.
Creyó que sus compatriotas comprenderían que Dios
iba a usarle para rescatarlos; pero ellos no se habían
enterado. Al día siguiente vio que se estaban peleando
dos israelitas, y trató de apaciguarlos, diciéndoles:
«¡Hombres, que sois compatriotas! ¿Qué vais a sacar
peleándoos entre vosotros?» Pero el que estaba maltratando al otro le dio un empellón a Moisés y le dijo:
«¿Quién te ha puesto a ti de jefe o de juez sobre nosotros? ¿Es que quieres matarme a mí también como
mataste ayer al egipcio?» Cuando oyó aquello Moisés
tuvo que huir, y se exilió al país de Madián, donde tuvo
dos hijos. Cuando pasaron otros cuarenta años, estaba
en el desierto del monte Sinaí y se le apareció un ángel
en una llama de fuego de una zarza. Cuando Moisés vio
aquello, le extrañó mucho; y, al dirigirse al lugar para
verlo más de cerca, oyó a Dios que le decía: «Yo soy
el Dios de tus padres Abraham, Isaac y Jacob.» Moisés
estaba temblando de miedo y no se atrevía ni a mirar.
Entonces le dijo el Señor: «¡Quítate el calzado de los
pies, porque estás en terreno santo! He visto cómo están
maltratando a mi pueblo en Egipto y he oído sus gemi-
dos, y he bajado a redimirlos. Prepárate, porque te voy
a mandar a Egipto.» Fue éste el mismo Moisés al que
habían rechazado cuando le dijeron: «¿Quién te ha*

puesto a ti de jefe o de juez?» A él fue al que mandó Dios como guía y libertador por conducto del ángel que se le apareció en la zarza ardiendo. Fue él mismo el que los condujo a la libertad, después de dar pruebas maravillosas del poder de Dios en acción en tierra de Egipto, y en el mar Rojo, y cuarenta años en el desierto.

El siguiente personaje que Esteban llama a escena es Moisés. Para los judíos, Moisés era supremamente el hombre que respondió al mandamiento de Dios de salir de donde estaba. Fue literalmente uno que renunció a un reino para obedecer a la llamada de Dios a convertirse en el guía de su pueblo. En la Biblia encontramos poco acerca de los primeros años de la vida de Moisés; pero los historiadores judíos tenían mucho más que contar. Según Josefo, Moisés era un niño tan hermoso que, cuando la niñera le llevaba de paseo en brazos, la gente se paraba a mirarle. Era tan inteligente que sobrepasaba a todos los otros en rapidez y capacidad de estudio. Un día, la hija de Faraón se lo llevó a su padre y le pidió que le nombrara su sucesor en el trono de Egipto, y Faraón accedió. Entonces —continúa el relato— Faraón se quitó la corona y se la puso a Moisés en la cabeza en broma; pero el niño se la quitó y la tiró al suelo. Uno de los sabios egipcios que estaba cerca dijo que ese gesto era señal de que, si no mataba a ese niño en seguida, estaba destinado a traer desastre a la corona de Egipto. Pero la hija de Faraón tomó a Moisés en sus brazos y convenció a su padre de que no hiciera caso de la advertencia. Cuando Moisés se hizo mayor llegó a ser el más famoso de los generales egipcios y llevó a cabo una campaña victoriosa en la lejana Etiopía, donde se casó con la princesa de aquel país.

En vista de todo eso podemos comprender a lo que renunció Moisés: nada menos que todo un reino, para guiar a su pueblo a la libertad en el desierto en una gran aventura con Dios. Así que, una vez más, Esteban está presentando la misma lección: El gran hombre no es el que, como aquellos judíos, está sujeto por el pasado y celoso de sus privilegios, sino el que está dispuesto a dejar las comodidades y la vida fácil para responder a la llamada de Dios. Moisés y el patriarca José fueron rechazados por sus hermanos; pero Dios se valió de ellos para salvar a todo el pueblo. En esto fueron ejemplos de la salvación que Dios había de realizar por medio de Jesucristo, el gran Rechazado.

UN PUEBLO DESOBEDIENTE

Hechos 7:37-53

—Fue este mismo Moisés el que dijo a los israelitas: «Dios suscitará un profeta de entre vuestros compatriotas como hizo conmigo» —siguió diciendo Esteban—. Fue él el que, cuando el pueblo se reunió en el desierto, actuó como mediador entre el ángel que habló con él en el monte Sinaí y nuestros antepasados. Él recibió palabras vivas para darnos, pero nuestros antepasados se negaron a obedecerle. Todo lo contrario: le rechazaron, y por ellos se habrían vuelto a Egipto. Ellos fueron los que le dijeron a Aarón: «Haznos dioses que nos guíen en nuestros viajes; porque ese Moisés que nos sacó del país de Egipto no sabemos lo que ha sido de él.» Entonces se hicieron un becerro, y le ofrecieron sacrificio como a un ídolo, y armaron un gran jolgorio para celebrar lo que habían hecho con sus propias manos. Por eso Dios les volvió la espalda, y los dejó que dieran culto al ejército del cielo, como está escrito en el Libro de los Profetas:

«¿Es que me presentasteis sacrificios y ofrendas aquellos cuarenta años del desierto, casa de Israel? ¿No eran el altar portátil de Moloc y la estrella del dios Renfán las imágenes que os hicisteis para adorarlas? Así es que os desterraré más allá de Babilonia.»

Nuestros antepasados tuvieron en el desierto el Ta-
bernáculo del Testimonio, que se construyó como mandó
a Moisés el que hablaba con él, siguiendo el modelo que
Moisés había visto. Ese fue el Tabernáculo del Testimo-
nio que trajeron nuestros antepasados con Josué cuando
tomaron posesión de los territorios de las naciones que
Dios fue arrojando delante de ellos; y se lo fueron
transmitiendo de generación en generación hasta el
tiempo de David. David fue agradable a Dios, y le pidió
que le permitiera proveer una morada para el Dios de
Jacob; pero fue Salomón el que edificó el Tem plo,
aunque es cierto que el Dios altísimo no habita en
edificios hechos por los humanos, como dice el profeta:

«—Los cielos son mi trono,
y la Tierra es el estrado de mis pies.
¿Qué clase de casa me vais a construir
—dice el Señor—,
o cuál será el lugar en que Yo pueda descansar?
¿Es que no ha sido mi mano
la que lo ha hecho todo?»

¡Qué testarudos sois, con corazones y oídos nada más
limpios y obedientes que los paganos! No hacéis más
que oponer resistencia al Espíritu Santo. Hacéis lo mis-
mo que hicieron vuestros antepasados. ¿Es que hubo
algún profeta al que no persiguieran? Ellos mataron a
los que anunciaban de antemano la venida del Justo; y
ahora vosotros le habéis traicionado y asesinado... ¡Sí,
vosotros, que sois el pueblo que recibió la Ley por
conducto de los ángeles, pero que no la obedecéis!

La defensa de Esteban se va acelerando. Todo el tiempo no
ha hecho más que condenar por implicación la actitud de los
judíos; pero ahora hace más explícita esa condenación. En la
parte final de su defensa, Esteban entreteje varios hilos de
pensamiento:

(i) Insiste en la desobediencia continua del pueblo de Israel. En los días de Moisés se rebelaron haciendo el becerro de oro. En el tiempo del profeta Amós se volvían con el corazón a Moloc y a los ídolos de las estrellas. La cita del Libro de los Profetas está tomada del de *Amós 5:27,* pero Esteban no cita del texto hebreo, sino de la traducción griega.

(ii) Insiste en los magníficos privilegios que ha tenido el pueblo de Israel. Tuvieron la sucesión de los profetas; el Tabernáculo del Testimonio, así llamado porque en él se guardaban las tablas de la Ley, y la misma Ley, que recibieron por medio de ángeles. Esteban menciona varias veces a los ángeles, que no aparecen en el relato bíblico pero la exégesis rabínica había introducido como mediadores entre el Dios trascendente y los hombres. Estas dos cosas se han de poner juntas: la desobediencia continua y el privilegio continuo. Cuantos más privilegios se tengan, mayor condenación se merece por la desobediencia. Esteban insiste en que la condenación de los judíos es total; porque, a pesar de haber tenido todas las oportunidades para conocer la verdad, sin embargo se rebelaron continuamente contra Dios.

(iii) Insiste en que habían limitado culpablemente a Dios. El Templo, que podría haber sido su mayor bendición, se convirtió en realidad en una maldición; porque llegaron a adorar el Templo en lugar de adorar a Dios. Habían acabado por tener un dios judío que vivía en Jerusalén, en lugar del Dios de toda la humanidad que está presente en todo el universo.

(iv) Insiste en que el pueblo de Israel siempre ha perseguido a los profetas; y, más horrible todavía: ha asesinado al Hijo de Dios. Y Esteban no cita como atenuante la ignorancia, como había hecho Pedro. No fue la ignorancia, sino la desobediencia rebelde lo que les hizo cometer aquel crimen. Hay ira en las palabras finales de Esteban, pero hay también dolor; la ira que ve a un pueblo cometer el más horrendo de los crímenes, y el dolor de ver a un pueblo que ha rechazado el destino que Dios le ofrecía.

EL PRIMERO DE LOS MÁRTIRES

Hechos 7:54–8:1

> *Al escuchar el discurso de Esteban se fueron enfureciendo contra él de tal manera los miembros del Sanedrín que hasta les rechinaban los dientes. Pero Esteban, lleno del Espíritu Santo, levantó la vista al Cielo y vio la gloria de Dios, y a Jesús que estaba a la diestra de Dios. Y dijo:*
>
> *—¡Veo cómo se abren los cielos, y al Hijo del Hombre que está a la diestra de Dios!*
>
> *A eso se pusieron a chillar para no oír lo que decía Esteban, y se lanzaron contra él todos a una. Inmediatamente le sacaron de la ciudad a empellones, y le apedrearon. Los que hacían de testigos del caso dejaron la ropa a cargo de un joven que se llamaba Saulo. Esteban, mientras le estaban apedreando, oraba:*
>
> *—¡Señor Jesús, recibe mi espíritu!*
>
> *Entonces se arrodilló, y dijo en voz alta, que todos pudieron oír:*
>
> . *—¡Señor, no les tengas en cuenta este pecado!*
>
> *Y, cuando dijo aquello, durmió el sueño de la muerte.*
>
> *A todo esto, Saulo estaba completamente de acuerdo con la ejecución de Esteban.*

La defensa de Esteban no podía conducir más que a un final. Desafió a la muerte, y la muerte vino. Pero él no vio los rostros contorsionados por el odio. Su mirada había trascendido el espacio y el tiempo, y contemplaba a Jesús a la diestra de Dios. Cuando dijo lo que estaba viendo, se lo tomaron como la peor blasfemia; y el castigo del blasfemo era morir apedreado *(Deuteronomio 13:6ss).* Tenemos que darnos cuenta de que aquello no fue un juicio. Y la ejecución, si acaso, fue un linchamiento; porque el Sanedrín no podía dictar sentencia de muerte.

Para apedrear a un criminal, se le llevaba a un promontorio, desde el que se le despeñaba. Esto era algo que tenían que hacer los testigos. Si moría como resultado de la caída, con eso bastaba; si no, le arrojaban grandes pedruscos hasta que moría. En esta escena encontramos varias cosas notables acerca de Esteban: (i) Vemos el secreto de su valor. Al otro lado de todo lo que le pudieran hacer los hombres vio que le estaba esperando la bienvenida de su Señor. (ii) Vemos a Esteban seguir el ejemplo de su Señor. Como Jesús había pedido a Dios que perdonara a sus verdugos *(Lucas 23:34)*, lo mismo hizo Esteban. Cuando ejecutaron al reformador escocés George Wishart —el maestro de John Knox—, como vacilara el verdugo, Wishart se le acercó, le besó y le dijo: «Acepta esto como prueba de que te perdono.» Los que siguen a Cristo siempre encontrarán la fuerza para hacer lo que es humanamente imposible. (iii) Aquel tumulto terminó en una completa paz. Para Esteban llegó la paz que recibe el que ha actuado conforme a su conciencia, aunque por ello reciba aquí la muerte.

La primera parte del versículo 1 del capítulo 8 pertenece a esta sección. Saulo ha entrado en escena. El que había de ser el Apóstol de los Gentiles estaba totalmente de acuerdo con la ejecución de Esteban. Pero, como comenta Agustín: «La Iglesia le debe Pablo a la oración de Esteban.» Por mucho que lo intentara, Saulo no pudo olvidar cómo había muerto Esteban. La sangre de los mártires ya empezaba, desde aquella hora tan temprana, a ser semilla de la Iglesia.

LA IGLESIA SE EXTIENDE

El capítulo 8 es muy importante en la historia de la Iglesia. La Iglesia había empezado a existir como una institución exclusivamente judía. En el capítulo 6 vimos que empezaron a producirse las primeras murmuraciones acerca de lo que habría de ser el gran debate sobre la aceptación de los gentiles. Esteban tenía una visión que trascendía con mucho las limitaciones nacionales. El capítulo 8 nos presenta la expansión de la Iglesia. La persecución diseminó a la Iglesia más allá de las fronteras de Palestina, y los cristianos llevaron el Evangelio dondequiera que fueron. En primer lugar, Felipe —que era uno de los Siete, como Esteban, y que no debe confundirse con el apóstol Felipe, que era uno de los Doce— anunció el Evangelio a los samaritanos, que formaban como un puente natural entre los judíos y los gentiles, porque eran una mezcla de ambas razas. Luego nos encontramos con el incidente de la conversión del eunuco etíope, con quien el Evangelio penetra en un círculo aún más amplio. Todavía la Iglesia no había asumido su misión universal; pero, cuando leemos este capítulo a la luz de lo que sabemos que ocurrió después, vemos a la Iglesia inconsciente pero irresistiblemente extendiéndose para cumplir su vocación de llevar el Evangelio hasta lo último de la Tierra.

ESTRAGOS EN LA IGLESIA

Hechos 8:1-4

Por aquel tiempo se produjo un brote de violenta persecución contra la Iglesia de Jerusalén, y todos menos los apóstoles se esparcieron por las tierras de Judea y de Samaria. Unos hombres piadosos llevaron a enterrar el cuerpo de Esteban, y le rindieron el tributo póstumo del duelo.

Saulo inició un ataque despiadado contra la Iglesia. Iba de casa en casa sacando a la fuerza tanto a hombres como a mujeres para meterlos en la cárcel.

Los que se dispersaron fueron anunciando la Buena Noticia por todo el país.

La muerte de Esteban fue la señal para que estallara una persecución que obligó a los cristianos a esparcirse para buscar una cierta seguridad en distritos más remotos del país. En este pasaje encontramos dos detalles especialmente interesantes.

(i) Los apóstoles se mantuvieron en su sitio. Otros habrían huido, pero ellos arrostraron los peligros que pudieran presentárseles. Y esto por dos razones. (*a*) Eran hombres de valor. Conrad nos cuenta que, cuando era un joven marino y estaba aprendiendo a pilotar un barco de vela, se le presentó una terrible tempestad. El hombre mayor que le estaba enseñando le dio un sencillo consejo: «Ponle siempre la proa al viento, siempre la proa.» Los apóstoles estaban decididos a presentarle la proa a todos los peligros que acecharan. (*b*) Eran hombres buenos. Los mirarían como fuera por ser cristianos, pero tenían algo que inspiraba respeto. Se dice que una vez se le hizo una acusación maliciosa a Platón, y su única respuesta fue: «Viviré de tal manera que todos podrán comprobar que eso es una mentira.» La belleza y el poder de las vidas de los apóstoles eran tan impresionantes que hasta en medio de la persecución se temía ponerles la mano encima.

(ii) Saulo, dice la versión Reina-Valera, «asolaba la Iglesia.» La palabra que se usa en el original denota una crueldad brutal. Se usa acerca de un jabalí salvaje que destroza una viña, y de una fiera que descuartiza un cuerpo. El contraste entre el hombre que estaba asolando la Iglesia en este capítulo y el que en el siguiente se rindió a Cristo es intensamente dramático.

EN SAMARIA

Hechos 8:4-13

Los que se dispersaron fueron anunciando la Buena Noticia por todo el país. Felipe bajó a un pueblo de Samaria, y les anunció al Mesías. La gente prestaba atención ansiosamente como un solo hombre a lo que les decía Felipe, escuchando sus palabras y viendo las manifestaciones del poder de Dios que realizaba; por-

*que los espíritus inmundos salían dando chillidos de
muchos a los que habían tenido dominados, y muchos
que estaban paralíticos o cojos se curaban. Había una
alegría extraordinaria en aquella población.*

*También estaba allí uno que se llamaba Simón, que
tenía alucinados a todos los de Samaria con sus trucos
de magia antes de que Felipe viniera, y pretendía ser
una persona importante. La gente de todas las edades
y clases sociales le tomaba muy en serio, y decía de
él: «Este hombre es el mismísimo poder de Dios que
se puede llamar Grande.» Y le hacían mucho caso,
porque hacía mucho tiempo que los tenía embaucados
con su magia.*

*Tanto hombres como mujeres se bautizaban cuando
tomaban la decisión de creer la Buena Noticia que les
daba Felipe acerca del Reino de Dios y del Señor
Jesucristo. El mismo Simón hizo su decisión de creer
y, después de bautizarse, estaba siempre con Felipe, y
se maravillaba de ver las cosas que sucedían, que eran
señales inequívocas del poder de Dios en acción.*

Cuando los cristianos se diseminaron, Felipe, que había sido
elegido como uno de los Siete, llegó a Samaria y se puso a
predicar el Evangelio. Este acontecimiento es especialmente
sorprendente porque era un hecho que los judíos no se trataban
con los samaritanos *(Juan 4:9)*.

La desavenencia entre los judíos y los samaritanos era una
antigua cuestión histórica. En el siglo VIII a.C., los asirios
conquistaron el Reino del Norte, cuya capital era Samaria.
Siguiendo la costumbre que ellos mismos habían implantado,
deportaron a la mayor parte de la población e importaron allí
a otros de otras naciones. En el siglo VI a.C., los babilonios
conquistaron el Reino del Sur, cuya capital era Jerusalén, y
deportaron a la mayor parte de sus habitantes a Babilonia; éstos
se propusieron no perder su identidad, y siguieron siendo judíos a machamartillo. En el siglo V a.C. se les permitió volver

con Esdras y Nehemías, y reconstruir su capital arruinada. Mientras tanto, los del Reino del Norte que se habían quedado en Palestina se habían mezclado con los extranjeros que los asirios habían traído de otros lugares y razas. Cuando los del Sur volvieron y se pusieron a reconstruir Jerusalén, los de Samaria les ofrecieron ayuda; pero aquellos la rechazaron despectivamente, considerando que los samaritanos no eran ya israelitas puros. Desde aquel momento siempre ha existido una rotura y aun un odio implacable entre judíos y samaritanos.

El hecho de que Felipe predicara el Evangelio de Jesucristo en Samaria es una prueba de que la Iglesia estaba dando uno de los pasos más importantes de su historia, tal vez inconscientemente, y descubriendo que Jesús es el Salvador de todo el mundo. Sabemos muy poco de Felipe; pero él fue uno de los artífices de la Iglesia Cristiana.

Debemos fijarnos en lo que el Cristianismo aportó a aquella gente: (i) Le trajo la historia de Jesús, el mensaje del amor de Dios revelado en Jesucristo. (ii) Les trajo sanidad. El Cristianismo no ha sido nunca algo exclusivamente de palabras. (iii) Les trajo, como una consecuencia natural, una alegría que los samaritanos no habían experimentado nunca antes. Es un cristianismo descafeinado el que produce una atmósfera lúgubre; el Evangelio irradia alegría.

LO QUE NO SE PUEDE COMPRAR NI VENDER

Hechos 8:14-25

> *Cuando los apóstoles oyeron en Jerusalén que Samaria había recibido el Evangelio, comisionaron a Pedro y a Juan para que fueran a ver. Y Pedro y Juan, cuando llegaron, oraron para que los samaritanos convertidos recibieran el Espíritu Santo, porque todavía no había descendido sobre ninguno de ellos, sino solamente se habían bautizado en el Nombre del Señor Jesús.*

Entonces Pedro y Juan les impusieron las manos, y los convertidos recibieron el Espíritu Santo.

Cuando Simón vio que el Espíritu Santo se impartía mediante la imposición de manos de los apóstoles, les ofreció dinero y les dijo:

—Dadme a mí también este don de hacer que reciban el Espíritu Santo cuando yo imponga las manos.

—¡Tú piérdete con tu dinero, por pensar que puedes comprar lo que Dios otorga gratuitamente! Tú no tienes arte ni parte aquí, porque tu corazón no es como es debido con Dios. ¡Arrepiéntete de tu maldad, y pídele a Dios que te perdone, si es posible, el que se te ocurriera tal cosa! Veo que tienes el corazón más amargo que la hiel y más negro que una mazmorra.

—Pedid vosotros por mí al Señor —dijo Simón—, para que no me suceda nada de lo que habéis dicho.

Pedro y Juan, después de comunicarles a los samaritanos el mensaje del Señor y demostrarles su verdad con pruebas irrefutables, se volvieron para Jerusalén predicando el Evangelio en muchos otros pueblos samaritanos.

Simón no era un tipo tan raro en el mundo antiguo. Había muchos astrólogos, adivinos y magos, y en una época tan crédula ejercían una gran influencia y se ganaban la vida cómodamente. No hay nada de sorprendente en esta historia, cuando aun en nuestros tiempos no se han acabado los adivinos y los astrólogos, como se puede ver en muchas revistas populares. No hay que pensar que Simón y sus congéneres eran timadores profesionales. Muchos de ellos se habían engañado a sí mismos y creían en sus poderes antes de engañar a otros.

Para entender lo que pretendía Simón tenemos que comprender algo del ambiente y de la práctica de la Iglesia Primitiva. La venida del Espíritu Santo sobre una persona se relacionaba con ciertos fenómenos visibles y audibles, sobre todo con el don de lenguas (véase *Hechos 10:44-46*). En el judaísmo, la práctica de la imposición de manos era bastante corriente, y con ella se creía que se transferían ciertas cualidades de una persona a otra. No tenemos que pensar que esto representara un punto de vista materialista de la comunicación del Espíritu Santo; más bien se pone el acento en el carácter del que impone las manos. Los apóstoles eran respetados hasta tal punto que el mero hecho de sentir el contacto de sus manos era una profunda experiencia espiritual. Si se me permite hacer referencia a una experiencia personal, yo recuerdo que me llevaron a ver a un hombre que había sido uno de los grandes hombres de Dios de la Iglesia. Yo era muy joven, y él muy anciano. Me dejaron a solas con él un momento, y en ese instante puso sus manos sobre mi cabeza y me bendijo. De esto hace más de cincuenta años, pero todavía puedo sentir la profunda impresión de aquel momento. Algo así era la imposición de manos en la Iglesia Primitiva.

A Simón le impresionaban los efectos visibles de la imposición de manos, e intentó comprar la capacidad para hacer lo que hacían los apóstoles. Del nombre de Simón nos ha quedado la palabra *simonía,* que quiere decir la compra y venta indigna de dignidades eclesiásticas. Simón tenía dos faltas:

(i) No estaba tan interesado en que la gente recibiera el Espíritu Santo como en el poder y prestigio que eso le reportaría a él. Esta exaltación del ego es un peligro que acecha especialmente al pastor y al predicador. Es verdad que deben irradiar luz; pero también lo es —como decía James Denney— que no se puede demostrar que uno es maravilloso y que Cristo es poderoso para salvar.

(ii) Simón olvidó, o no sabía, que ciertos dones dependen del carácter. No se compran con dinero. También aquí deben tener cuidado los predicadores y los pastores. «La predicación es la comunicación de la verdad por medio de la personalidad.» Para comunicar a otros el Espíritu hay que ser, no un hombre rico, sino un hombre controlado por el Espíritu.

CRISTO VIENE A UN ETÍOPE

Hechos 8:26-40

Un ángel del Señor le dijo a Felipe:
—Anda, ponte en camino hacia el Sur, por el camino
que baja de Jerusalén a Gaza.
Es este un camino que va por despoblados. Felipe
hizo como se le indicó. Y pasaba por allí un etíope
eunuco, ministro de hacienda de Candace, que es la
reina de los etíopes; este eunuco había venido a dar
culto a Dios en Jerusalén, y ahora volvía para su tierra.
Iba sentado en el carruaje, leyendo al profeta Isaías; y
el Espíritu le dijo a Felipe:
—Acércate hasta ponerte al lado de ese carruaje.
Felipe se le acercó corriendo, y le oyó leer en voz alta
al profeta Isaías.
—¿Entindes lo que estás leyendo? —le preguntó.
—¿Y cómo lo voy a entender si no tengo quien me lo
explique? —contestó el etíope, mientras invitaba a Fe-
lipe a subirse al coche y sentarse con él. El pasaje de
la Escritura que iba leyendo era:

«Le llevaron a la matanza como a una oveja,
y como un cordero, mudo cuando lo llevan a esquilar,
no abrió la boca para quejarse.
Le humillaron, y no le hicieron justicia.
¿Quién podrá contar su descendencia
ahora que han desarraigado su vida de la tierra?»

—Por favor, dime de quién dice esto el profeta, si de
sí mismo o de algún otro —le preguntó el etíope a
Felipe. Y éste se puso a contarle, a partir de este pasaje
de la Escritura, la Buena Nueva de Jesús.
Mientras iban de camino llegaron a un lugar donde
había agua; y el eunuco le dijo a Felipe:

—Aquí hay agua. ¿Por qué no me bautizas?
—Si crees de todo corazón, no hay inconveniente
—le contestó Felipe.
—¡Creo que Jesús es el Mesías, el Hijo de Dios!
—respondió el etíope.
Entonces mandó detener el carruaje, y bajaron los
dos al agua, y Felipe le bautizó.
Y cuando salieron del agua, el Espíritu del Señor se
llevó a Felipe, y el etíope no volvió a verle, pero pro-
siguió su camino rebosando de alegría.
Felipe llegó después a Azoto, y fue por todas la ciu-
dades de por allí proclamando la Buena Noticia hasta
que llegó a Cesarea.

Había una carretera desde Jerusalén que pasaba por Belén y Hebrón y se unía a la carretera principal de Egipto un poco al Sur de Gaza. Había dos ciudades de este nombre. Una Gaza había sido destruida en la guerra en el año 93 a.c., y una nueva Gaza se había edificado más al Sur en el año 57 a.c. La primera se llamaba la Gaza vieja o desierta para distinguirla de la segunda. Esta carretera que pasaba cerca de Gaza debe de haber sido una por la que iba la mitad del tráfico de todo el mundo.

Por esta carretera iba el eunuco etíope en su carruaje. Era el ministro de hacienda de Etiopía. Candace no era un nombre propio, sino el título de las reinas de Etiopía, como Faraón el de los reyes de Egipto. Este eunuco había ido a Jerusalén a dar culto a Dios. En aquellos días había muchas personas que estaban cansadas e insatisfechas de la idolatría y la consiguiente inmoralidad de las naciones. En el judaísmo encontraban la fe en un Dios único y una moralidad austera que le daba sentido a la vida. Si se convertían al judaísmo y se circuncidaban, se los llamaba *prosélitos;* si no llegaban a ese punto, pero asistían regularmente a la sinagoga y leían las Escrituras, se los llamaba *temerosos de Dios.* Este etíope debe de haber sido uno de esos buscadores, ya fuera prosélito o temeroso de Dios. Iba leyendo el capítulo 53 de *Isaías;* y, partiendo de ahí, Felipe le presentó a Jesús.

Cuando se convirtió, fue bautizado. Los gentiles entraban a formar parte del pueblo de Israel mediante la circuncisión y el bautismo. Cuando se habla del bautismo en el Nuevo Testamento se refiere al bautismo de creyentes. El bautismo era, cuando se podía, por inmersión y en agua corriente, y simbolizaba tres cosas: (i) Limpieza. Como se lava el cuerpo con agua, así se bañaba el alma en la gracia de Cristo. (ii) Representaba un cambio radical. Se cuenta de un misionero que, al bautizar a los convertidos, los hacía entrar en el río por una orilla y salir por la otra, como para indicar que el bautismo era la línea divisoria entre su vida pasada y la nueva. (iii) El bautismo era una unión real con Cristo. Al cerrarse las aguas sobre su cabeza, el convertido consideraba que había muerto y había sido sepultado con Cristo; y, al salir del agua, resucitaba con Cristo a una nueva vida *(Romanos 6:1-4).*

Según la tradición, este eunuco evangelizó Etiopía a su vuelta. Por lo menos, podemos estar seguros de que el que regresó a su tierra rebosando de alegría no podría guardársela para él solo.

RENDICIÓN

Hechos 9:1-9

Saulo, resoplando aún amenazas asesinas contra los discípulos del Señor, se presentó al Sumo Sacerdote para solicitar plenos poderes para ir a las sinagogas de Damasco con el fin de traerse detenidos a Jerusalén a todos los de «este Camino» que pudiera encontrar, fueran hombres o mujeres.

Iba ya aproximándose a las afueras de Damasco, cuando, de pronto, le rodeó un resplandor de luz ce-

lestial. Saulo se tiró al suelo, y oyó una voz que le decía:

—¡Saulo, Saulo! ¿Por qué me persigues?

—¿Quién eres tú, Señor? —le preguntó Saulo. Y el que hablaba le contestó:

—Yo soy el Jesús al Que tú estás persiguiendo. Pero levántate, y entra en la ciudad, y allí se te dirá lo que has de hacer.

Sus compañeros de viaje se quedaron alucinados; porque oyeron la voz, pero no vieron a nadie. Saulo se levantó del suelo; pero, cuando abrió los ojos, no podía ver nada. Los otros le tomaron de la mano y le llevaron así a Damasco. Tres días estuvo ciego, y no comió ni bebió nada.

En este pasaje tenemos el relato de la conversión más famosa de todos los tiempos. Debemos intentar, hasta donde nos sea posible, entrar en la mente de Saulo. Al hacerlo, veremos que no se trata de una *conversión* repentina, sino de una *rendición* repentina. Algo de Esteban se le había grabado en la memoria de una manera indeleble. ¿Como era posible que un malvado muriera de esa manera? Para acallar su persistente duda, Saulo se entregó a la acción más violenta que pudo encontrar. Primero, persiguió a los cristianos de Jerusalén; pero esto ponía peor las cosas, porque una y otra vez tenía que preguntarse cuál era el secreto que tenían aquellas personas sencillas para arrostrar serenas e inintimidados el peligro y el sufrimiento. Así es que, antes que detenerse o retroceder, fue al Sanedrín.

Los poderes del Sanedrín se reconocían dondequiera que había judíos. Saulo había oído que algunos cristianos habían huido a Damasco, y pidió poderes para ir allá a que los extraditaran y se los entregaran. Pero el viaje puso las cosas todavía peor. Eran más de 200 kilómetros, que tendría que hacer posiblemente a pie —aunque muchas veces se ha dicho y se ha pintado que Saulo se cayó del caballo— y que le ocuparían toda

una semana. Los únicos acompañantes que llevaba Saulo eran
funcionarios del Sanedrín, una especie de policías; pero, como
Saulo era fariseo, no podía tener ningún trato con ellos, así es
que marcharía solo, e iría pensando, porque no tenía otra cosa
que hacer.

La carretera pasaba por Galilea, y esto le hacía pensar aún
más en Jesús. La tensión interior se le iba haciendo insopor-
table. Y así llegó a las afueras de Damasco, una de las ciudades
más antiguas del mundo. Poco antes de llegar a la ciudad, la
carretera escalaba el monte Hermón, desde el que se contemplaba Damasco, una hermosa ciudad blanca que se extendía por
una llanura verde, «un manojo de perlas en una copa de esme-
ralda», como se la describía poéticamente. Esa región tenía un
fenómeno característico: cuando el aire caliente de la llanura
se encontraba con el aire frío de las montañas, se producían
violentas tormentas eléctricas. Se ha sugerido que fue eso lo
que pasó precisamente en aquel momento; pero lo más importante es que, desde una de aquellas tormentas o desde «otra»,
Cristo habló con Saulo. En ese momento acabó la batalla, y
Saulo se rindió a Cristo.

El que entró en Damasco era un hombre cambiado. ¡Y
hasta qué punto! El que había pensado llegar a Damasco
como una furia vengativa, iba conducido de la mano, ciego y
menesteroso.

Todo el Evangelio está en lo que el Cristo Resucitado le dijo
a Saulo: «Entra en la ciudad, y allí se te dirá lo que has de
hacer.» Hasta ese momento, Saulo había estado haciendo lo
que *él* quería, lo que *él* creía mejor, lo que *su* voluntad decidía.
Desde ese momento, se le diría lo que había de hacer. El
cristiano es alguien que ha dejado de hacer lo que quiere, y ha
empezado a hacer lo que Cristo quiere que haga.

UNA BIENVENIDA CRISTIANA

Hechos 9:10-19

En Damasco había un cristiano que se llamaba Ana-
nías, y el Señor le dijo en una visión:
—¡Ananías!
—Aquí estoy, Señor —contestó él.
—Anda —le dijo el Señor—, ve a la calle que se llama
la Derecha, y pregunta en la casa de Judas por uno de
Tarso que se llama Saulo. Este hombre está orando, y
se le ha mostrado en visión a un cierto Ananías, que
viene y le impone las manos para devolverle la vista.
—Pero, Señor… —le contestó Ananías—: Todo el
mundo habla del daño que ha hecho este hombre a todo
el pueblo de Dios de Jerusalén, y también me han dicho
que ha venido aquí con poderes de los jefes de los
sacerdotes para llevarse presos a todos los que invocan
tu Nombre.
—Ve —le dijo el Señor—, porque Yo he escogido
precisamente a este hombre para que sea mi instrumento
para hablarles de Mí a los paganos, y a los reyes, y a
los israelitas. Yo le mostraré todo lo que es menester que
padezca por amor de Mí.
Ananías entonces salió de su casa, y fue a la otra, y
le impuso las manos a Saulo diciéndole:
—¡Hermano Saulo! Vengo de parte del Señor —de
Jesús, que se te apareció en el camino cuando venías
para acá—, para que recuperes la vista y te llenes del
Espíritu Santo.
E inmediatamente se le cayeron de los ojos unas cosas
como escamas, y recobró la vista, se levantó y recibió
el bautismo. Luego comió algo, y recuperó las fuerzas.

No cabe duda de que Ananías es uno de los héroes olvidados
de la Iglesia Cristiana. Si es verdad que debemos Pablo a la

oración de Esteban, también lo es que se le debemos al comportamiento fraternal de Ananías.

Ananías recibió el mensaje del Señor de que fuera a ayudar a Saulo; tenía que ir a la calle que llamaban La Derecha. Era esta una calle importante que cruzaba Damasco de Este a Oeste. Estaba dividida a lo largo en tres partes: una central, por la que discurría el tráfico, y dos laterales para los que iban a pie, en las que los mercaderes ponían sus puestos y vendían sus mercancías. Cuando Ananías recibió aquel mensaje, le parecería sumamente extraño. Habría sido normal que se llegara a Saulo con toda clase de recelos, emprendiendo de mala gana una tarea desagradable; y podría haberse dirigido a él con recriminaciones. Pero, no; sus primeras palabras fueron: «¡Hermano Saulo!»

¡Qué maravillosa bienvenida! Es uno de los más sublimes ejemplos de amor cristiano, del sentimiento que Cristo puede producir. Bryan Green nos cuenta que, después de una de sus campañas en América, pidió a los presentes en la última reunión que se pusieran en pie y dijeran en pocas palabras lo que les había ayudado. Una chica de color se puso en pie. No tenía costumbre de hablar en público, y no dijo más que unas frases: «En esta campaña he encontrado a Cristo, y Él ha hecho que pudiera perdonar al que mató a mi padre.» ¡Hizo que pudiera perdonar! Esa es la esencia del Evangelio. En Cristo se encontraron Saulo y Ananías, dos hombres que habrían sido enemigos irreconciliables, pero que se reconocieron como hermanos.

DANDO TESTIMONIO DE CRISTO

Hechos 9:19-22

Pablo se quedó en Damasco con los cristianos algún tiempo, y desde el principio se puso a predicar a Jesús en las sinagogas. Su mensaje era: «¡Jesús es el Hijo de Dios!»

Las audiencias le oían alucinadas. Y decían:
—¿Pero no es éste el que hacía campañas despiada-
das en Jerusalén contra todos los que mencionaban ese
Nombre? ¿Y no es verdad que vino aquí para llevárselos
presos y entregárselos a los jefes de los sacerdotes?
Pero Saulo seguía predicando el Evangelio cada vez
con más poder, y dejaba atónitos a los judíos que vivían
en Damasco demostrándoles que Jesús es el Mesías.

Este es el relato que nos ha dejado Lucas de lo que le
sucedió a Saulo después de su conversión. Si queremos tener
una idea más completa de la cronología de este período, tenemos que leer también el relato del propio Pablo en su carta a
los *Gálatas 1:15-24*. Comparando los dos pasajes llegamos a
la conclusión de que la sucesión de los acontecimientos debe
de haber sido así: (*a*) La conversión de Saulo en la carretera
de Damasco. (*b*) Su predicación en Damasco. (*c*) Se retira a
Arabia *(Gálatas 1:17)*. (*d*) Vuelve a Damasco, y pasa tres años
predicando allí *(Gálatas 1:18)*. (*e*) Va a Jerusalén. (*f*) Huye de
Jerusalén a Cesarea. (*g*) Vuelve a las regiones de Siria y Cilicia
(Gálatas 1:21). Así es que vemos que Pablo empezó haciendo
dos cosas:

(i) Se puso a dar testimonio en Damasco inmediatamente.
Había allí muchos judíos, así es que habría también muchas
sinagogas; y fue en ellas donde Pablo empezó a predicar a
Cristo. Esa era una acción que requería mucho valor; porque
Saulo había venido para ir a esas mismas sinagogas con poderes del Sanedrín y como representante de la religión oficial
del pueblo de Israel. Le habría resultado mucho más fácil
empezar a dar testimonio de Cristo donde no se le conociera
de nada y donde su pasado no estuviera en contra suya. Pero
Saulo decía: «Soy un hombre cambiado, y quiero que lo sepan
los que mejor me conocen.» Ya estaba proclamando: «¡No me
avergüenzo del Evangelio de Cristo!» *(Romanos 1:16)*.

(ii) La segunda cosa que hizo no nos la menciona Lucas:
se fue a Arabia *(Gálatas 1:17)*. Había experimentado un cam-

bio radical, y tenía que estar a solas con Dios por algún tiempo. Tenía una vida nueva por delante, y necesitaba dos cosas: (*a*) *Dirección* en un camino que era completamente nuevo para él, y (*b*) *Fuerza* para la tarea casi irrealizable que se le había confiado. Acudió a Dios en busca de ambas cosas.

ESCAPANDO POR LOS PELOS

Hechos 9:23-25

> *Después de un tiempo considerable, los judíos hicieron una conspiración para matar a Saulo, pero él se enteró. Estaban vigilando las puertas de la ciudad noche y día para matarle; pero sus discípulos le llevaron por la noche y le descolgaron por el muro metido en un serón.*

Este es un ejemplo típico de lo que pueden implicar unas pocas palabras en el texto bíblico. Lucas dice que *después de un tiempo considerable* sucedió esto que nos cuenta. Ese tiempo al que se alude de pasada fue de no menos de tres años (*Gálatas 1:18*). Pablo pasó tres años trabajando y predicando en Damasco, y los judíos estaban tan decididos a matarle que hasta vigilaban las puertas de la ciudad para que no se les escapara. Pero las ciudades antiguas tenían murallas, a menudo tan anchas que se podía conducir un carruaje por su parte superior. En muchas había casas cuyas ventanas daban a la muralla. Probablemente fue por una de ellas por la que descolgaron a Pablo sus discípulos muro abajo metido en un serón al amparo de la noche, y así le sacaron de la ciudad de contrabando y le facilitaron la huida a Jerusalén. Este es sólo el principio de las aventuras de Pablo en el servicio de Cristo, pero ya aquí vemos que escapó por los pelos.

(i) Este episodio nos revela claramente el valor de Pablo. Debe de haber visto lo que se estaba preparando contra él en las sinagogas. Sabía lo que había sucedido con Esteban; y lo que él mismo, Saulo, había intentado hacer con los cristianos —y, por tanto, lo que le podía ocurrir a él. Estaba claro que el Evangelio no iba a serle un camino fácil en este mundo; pero el tono general del pasaje indica claramente al que puede leer entre líneas que Pablo se crecía ante el peligro que le daba la oportunidad de demostrar su nueva lealtad al Maestro al Que había perseguido y ahora amaba y servía.

(ii) En este breve episodio vemos también la eficacia de la predicación de Pablo. Era tan imposible vencerle en buen debate que los judíos tuvieron que recurrir a la violencia. No se persigue a uno que es inofensivo. George Bernard Shaw dijo una vez que el mejor elogio que se le puede dedicar a un autor es quemar sus libros. Algún otro había dicho: «Un lobo no ataca a una oveja pintada.» Los sucedáneos del Cristianismo están a salvo; es el Cristianismo auténtico el que está bajo ataque. El que le persigan a uno es el mejor reconocimiento, porque es señal de que le consideran auténtico e influyente.

RECHAZADO EN JERUSALÉN

Hechos 9:26-31

Cuando llegó a Jerusalén, Saulo intentó ponerse en contacto con los cristianos; pero le tenían miedo, porque no podían creer que se había convertido de veras. Pero Bernabé le trajo y le presentó a los apóstoles, y les contó todo lo que le había sucedido a Saulo: que había visto al Señor en la carretera de Damasco, y que el Señor le había hablado; y lo abierta y valientemente que había predicado en Nombre de Jesús en Damasco. Entonces se le aceptó como miembro de la comunidad de Jerusalén, y se puso a predicar con libertad y sin miedo en el Nombre del Señor. Empezó a hablar y a discutir con los judíos de cultura griega; pero ellos intentaron matarle.

Cuando sus hermanos en Cristo se enteraron de esto, le acompañaron hasta Cesarea y desde allí le arreglaron el viaje a Tarso.

Entonces la Iglesia estaba en paz en toda Judea y Galilea y Samaria, y seguía edificándose y viviendo en el temor del Señor; y crecía en número de creyentes gracias al ánimo que les daba el Espíritu Santo.

Cuando Saulo llegó a Jerusalén se encontró con que los cristianos le miraban con muchísimo recelo. Y era natural. Había sido allí donde había *asolado* a la Iglesia y metido en la cárcel a hombres y a mujeres. Ya hemos visto que, en momentos cruciales de la carrera de Pablo, ciertos hombres habían sido instrumentales en su conversión. En primer lugar, la Iglesia debe Pablo a la oración de Esteban. También al espíritu perdonador de Ananías. Ahora vemos que la Iglesia también debe Pablo al gran corazón amoroso de Bernabé. Cuando todos los demás le evitaban, por decir lo menos, Bernabé le tomó de la mano y dio la cara por él. En este gesto vemos a Bernabé como un verdadero cristiano.

(i) Era un hombre que siempre creía lo mejor de los demás. Cuando los otros creían que Saulo era un espía, Bernabé creyó que era auténtico. La humanidad se divide entre los que piensan lo mejor de los demás, y los que piensan lo peor; y es uno de los hechos curiosos de la vida que ordinariamente vemos nuestro reflejo en los demás y los hacemos lo que creemos que son. Si nos empeñamos en mirar a alguien con recelo, acabaremos por hacerle cometer algo sospechoso. Si insistimos en creer en un hombre, acabaremos por obligarle a justificar nuestra confianza. Como había de decir el mismo Pablo, «el amor no piensa mal.» Nadie ha creído en los hombres tanto como Jesús, y ya es bastante que el discípulo llegue a ser como su Maestro.

(ii) Era un hombre que nunca mantenía el pasado de otra persona contra ella. Es frecuente el caso de que, porque uno ha cometido algún error, ya se le condena para siempre. Es una de las maravillosas cualidades del corazón de Dios que Él no nos la guarda por nuestros pecados pasados; y nosotros tampoco debemos condenar a nadie por haber fallado alguna vez.

En este pasaje vemos que Pablo adopta una actividad que le será característica: se pone a discutir con los judíos de cultura griega. Esteban había sido uno de aquellos helenistas; y es de suponer que Pablo volvió a las mismas sinagogas que antes se habían opuesto a Esteban, para dar testimonio del cambio que se había operado en él.

Aquí volvemos a ver a Pablo en peligro de muerte. Para él la vida se había convertido en una sucesión de situaciones en las que escapaba por los pelos. Ahora le sacaron de Jerusalén a escondidas y le llevaron hasta Cesarea, y de allí se fue a Tarso. De nuevo le vemos seguir el principio de volver a su ciudad natal para decirles a los que le conocían que ahora era un hombre cambiado, y que el que le había cambiado había sido Jesucristo.

LOS HECHOS DE PEDRO

Hechos 9:32-43

> *En sus viajes a todas las comunidades cristianas, Pedro fue a visitar a los creyentes que vivían en Lida. Y allí se encontró con un tal Eneas que hacía ocho años que no se levantaba de la cama, porque se había quedado paralítico. Y Pedro le dijo:*
> *—¡Eneas, Jesucristo te pone bueno! ¡Levántate y hazte la cama! Y el enfermo se levantó inmediatamente. Todos los habitantes de Lida y de Sarón le vieron, y se convirtieron al Señor.*
> *Había en Jope una mujer cristiana que se llamaba Tabita —que es lo mismo que Dorcas en griego, y que quiere decir «Gacela»—. Siempre estaba ocupada haciendo buenas obras y ayudando a los necesi-*

tados. Precisamente por entonces se puso enferma y murió.

Después de amortajar el cuerpo, lo colocaron en el piso de arriba de la casa.

Los cristianos se enteraron de que Pedro estaba en Lida; y, como Jope estaba cerca de allí, mandaron a dos hombres para que le dijeran:

—Por favor, date prisa en venir a Lida.

Pedro hizo los preparativos y se fue con ellos. Cuando llegaron, le llevaron al piso de arriba, donde se le acercaron todas las viudas llorando, a enseñarle las batas y los vestidos que hacía Dorcas cuando estaba con ellas.

Pedro hizo salir a todas las personas, y se puso a orar de rodillas. Luego, vuelto hacia la difunta, le dijo:

—¡Tabita, levántate!

Y ella abrió los ojos; y, al ver a Pedro, se sentó en la cama. Pedro le dio la mano, y la ayudó a levantarse. Y entonces llamó a todos los cristianos y a las viudas, y les presentó a la mujer viva.

El suceso se supo en todo Jope, y muchos creyeron en el Señor. Pedro se quedó una temporada allí, en casa de Simón el curtidor.

Pablo llevaba algún tiempo ocupando el centro de la escena; pero ahora se vuelven los focos hacia Pedro otra vez. Este pasaje sigue naturalmente detrás de 8:25, y nos presenta a Pedro en acción. Pero nos presenta mucho más que eso: claramente nos descubre el secreto del poder de Pedro. Cuando sanó a Eneas, no le dijo: «*Yo* te sano», sino «*Jesucristo* te sana.» Y antes de hablarle a Tabita —que es la palabra hebrea para *gacela*, lo mismo que Dorcas en griego—, Pedro oró. No era su propio poder el que Pedro invocaba, sino el de Jesucristo. A veces no pensamos más que en lo que nosotros podemos hacer, en lugar de en lo que Cristo puede hacer por medio de nosotros.

Hay una palabra muy interesante en este pasaje. En la versión Reina-Valera se llama dos veces a los cristianos *santos* (versículos 32 y 41). La misma palabra la usa antes Ananías refiriéndose a los cristianos de Jerusalén (versículo 13). Es la palabra que Pablo usaba corrientemente para describir a un miembro de la iglesia, como cuando dirige sus cartas «a los santos de tal y tal sitio.» La palabra griega es *haguios,* y tiene amplias asociaciones. Corrientemente se traduce por *santo;* pero el sentido original es *diferente.* Básicamente, un cristiano es alguien que es *diferente* de los que no son más que personas de este mundo. Pero, ¿dónde está la diferencia? *Haguios* se refería especialmente al pueblo de Israel, que era específicamente un pueblo *santo, diferente.* La diferencia consistía en que Dios había escogido a Israel entre todas las naciones para una misión; e Israel falló, y no cumplió su destino. Fue desobediente, y perdió sus privilegios. *La Iglesia* llegó a ser el verdadero Israel; y los cristianos son personas *diferentes,* porque Dios los ha elegido para que cumplan sus propósitos.

Así que nosotros los cristianos no somos diferentes de los demás porque se nos haya escogido para mayor honor en la Tierra; pero somos diferentes porque se nos ha escogido para un servicio especial: somos salvos para servir.

UN FIEL SOLDADO

Hechos 10:1-8

En Cesarea vivía un tal Cornelio, que era el centurión del batallón Italiano del ejército romano. Era un hombre piadoso y temeroso de Dios en compañía de toda su casa; era generoso en los actos de caridad pública, y practicaba regularmente la oración.

Cierto día, como a las tres de la tarde, tuvo una visión en la que se le apareció un ángel de Dios y le llamó:
—¡Cornelio!

Él se le quedó mirando, y le contestó respetuosamente:

—Presente y a tus órdenes, señor.

—Dios ha tenido presentes tus oraciones y obras de caridad, que Le han hecho que te tenga en cuenta de una manera especial —continuó el ángel—. Ahora tienes que mandar hombres a Jope para que te traigan a un tal Simón al que también llaman Pedro, que está parando en casa de otro Simón, que es curtidor y que vive a la orilla del mar.

Cuando desapareció el ángel que había hablado con él, Cornelio mandó llamar a dos de sus criados y a un fiel asistente, les contó lo que había experimentado y los envió a Jope.

El capítulo 10 del *Libro de los Hechos* nos cuenta la historia de una verdadera encrucijada en la vida de la Iglesia. Por primera vez se admite a un gentil en la comunidad. Como Cornelio tiene una gran importancia en la Historia de la Iglesia, vamos a recopilar todo lo que podemos saber de él:

(i) Cornelio era un centurión romano estacionado en Cesarea, que era el cuartel general del gobierno en Palestina. La palabra que hemos traducido como *batallón* es el término griego para una cohorte. En la estructura militar romana tenemos en primer lugar la *legión,* que se componía de seis mil hombres y correspondía más o menos a una división. Componían la legión diez *cohortes,* cada una de las cuales estaba formada por seiscientos soldados, y equivalía al batallón. La cohorte se dividía en *centurias,* al frente de cada una de las cuales había un *centurión.* La centuria sería ahora una compañía, y el equivalente del centurión, el sargento. Los centuriones formaban el espinazo del ejército romano. Un historiador antiguo describe así sus características: «Se prefiere que los centuriones no sean temerarios ni lanzados, sino buenos hombres de mando, de carácter estable y prudente, no propensos a iniciar la ofensiva ni la pelea temerariamente, sino capaces, cuando se ven asediados u oprimidos, de mantenerse firmes en su puesto hasta la muerte.» Cornelio era sin duda un hombre que sabía bien y a fondo lo que son el valor y la lealtad.

(ii) Cornelio era *temeroso de Dios*. En los tiempos del Nuevo Testamento se daba este nombre a los gentiles que, cansados de los ídolos y las inmoralidades y las frustraciones de la religiosidad tradicional, se acercaban a la religión judía. No llegaban al punto de circuncidarse y comprometerse a cumplir la Ley; pero asistían a los cultos de la sinagoga y creían en un solo Dios y en la ética del judaísmo. Cornelio era, pues, un sincero buscador de Dios; y, como lo era, Dios le encontró.

(iii) Cornelio practicaba la caridad; era un hombre amable. Su búsqueda de Dios le había hecho amar a los hombres, y el que ama a su prójimo no está lejos del Reino de Dios.

(iv) Cornelio era un hombre de oración. Puede que todavía no conociera claramente al Dios al que oraba; pero, según la luz que había recibido, vivía cerca de Dios.

PEDRO APRENDE UNA LECCIÓN

Hechos 10:9-16

Al día siguiente, mientras los mensajeros de Cornelio iban de camino y se encontraban ya cerca del pueblo, Pedro subió a orar a la azotea de la casa ya casi al mediodía. Tenía hambre, y quería comer algo; pero, mientras se lo preparaban, tuvo un éxtasis: vio que se abrían los cielos y bajaba al suelo algo así como una gran lona atada por las cuatro puntas y llena de toda clase de cuadrúpedos, y reptiles, y aves. Y oyó una voz que le decía: «¡Venga, Pedro, mata y come!» «¡Nada de eso —contestó Pedro—, porque yo no he comido nunca nada contaminado ni inmundo!» Luego oyó la voz que le decía por segunda vez: «Lo que Dios ha limpiado no lo debes tú considerar inmundo.» Esto sucedió tres veces, y seguidamente se llevaron la lona al cielo.

Antes de que Cornelio pudiera ser recibido en la Iglesia, Pedro tenía que aprender una lección. Un estricto judío creía que Dios no tenía ningún interés en los gentiles. Algunos extremistas llegaron a decir que no se debía ayudar a una mujer gentil en el parto, porque no se hacía más que contribuir a que llegara otro gentil al mundo. Pedro tenía que desaprender todo eso antes de que Cornelio pudiera entrar.

Hay algo que nos indica que Pedro ya había iniciado el camino para desaprender algo de la rigidez que le habían enseñado. Estaba parando con otro Simón, que era curtidor (9:43; 10:5). Un curtidor tenía que trabajar con restos de animales muertos y, por tanto, siempre estaba en estado de impureza ritual *(Números 19:11-13)*. Ningún judío estricto habría aceptado la hospitalidad de un curtidor. La impureza ritual era lo que obligaba a Simón a vivir a la orilla del mar, fuera de la ciudad. Sin duda este curtidor era cristiano, y Pedro había empezado a ver que el Evangelio abolía esas leyes o tabúes.

Al mediodía Pedro se subió a orar a la azotea. Las casas solían tener la cubierta en esa forma y, como eran pequeñas por lo general, se subía a la terraza cuando se quería estar tranquilo. Allí tuvo la visión de la lona que bajaba del cielo. Tal vez había un toldo en aquella terraza para protegerla del calor del sol, y ese toldo sugiriera la lona de la visión; pero eso no quiere decir que todo fuera imaginación y nada más. La palabra para *lona* es la que se usa para la vela de un barco. También es probable que Pedro estuviera viendo en las aguas del Mediterráneo barquitos cuyas velas sugirieran algo de la visión.

El caso es que Pedro vio la lona llena de animales y oyó la voz que le decía que matara y comiera. Ahora bien: los judíos tenían estrictas leyes alimentarias que encontramos en *Levítico 11*. En general, los judíos no podían comer más que animales que rumian y que tienen la pezuña hendida. Todos los demás eran *inmundos* y estaba prohibido comerlos. A Pedro le escandalizó la voz, y contestó que él no había comido nunca nada inmundo. Y la voz le dijo que no llamara inmundo a lo que

Dios había limpiado. Y esto sucedió tres veces, para que no cupiera posibilidad de error o incomprensión. Tal vez antes Pedro habría llamado inmundo a un gentil; pero Dios le preparó para que recibiera a los mensajeros que venían de camino.

EL ENCUENTRO DE PEDRO Y CORNELIO

Hechos 10:17-33

Pedro se quedó hecho un lío sin saber lo que querría decir aquella visión; pero entonces llegaron a la puerta los hombres que había mandado Cornelio, que habían venido preguntando por la casa de Simón; y preguntaron en voz alta si estaba parando allí un cierto Simón al que también llamaban Pedro. Cuando Pedro estaba pensando en lo que querría decir la visión, el Espíritu le dijo: «Hay tres hombres preguntando por ti. Anda, baja, y no tengas reparo de ir con ellos; porque soy Yo quien te los he mandado.»

Así es que Pedro bajó de la azotea y les dijo a los hombres:

—Yo soy el que buscáis. ¿Qué os trae por aquí?

—Un santo ángel le ha dado instrucciones al centurión Cornelio, que es un hombre bueno y temeroso de Dios y al que estima todo el pueblo judío, que te mande a buscar para que vayas a su casa, y que preste atención a lo que tú le vas a decir.

Pedro les dijo que entraran y que fueran sus huéspedes; y al día siguiente se marchó con ellos y con algunos miembros de la iglesia de Jope que los acompañaron. Y después de un día de viaje entraron en Cesarea, donde los estaba esperando Cornelio, que había invitado a sus amigos íntimos y a sus parientes.

Cuando Pedro estaba a punto de entrar en la casa, salió Cornelio a recibirle, y se arrodilló a sus pies como

*si le considerara un ser sobrenatural. Pero Pedro le hizo
levantarse, y le dijo:*

*—¡Levántate, que yo no soy más que un ser humano
como tú!*

*Luego entró hablando con él, y se encontró con aque-
lla nutrida concurrencia.*

*—Vosotros sabéis muy bien —empezó a decirles
Pedro— que la Ley le prohíbe a un judío el tener contacto con un extranjero o ir a visitarle. Pero Dios me
ha mostrado a mí que no debo considerar impuro o
inmundo a ningún ser humano. Por eso he venido sin
discutir cuando habéis mandado a buscarme. Y ahora
os pregunto: ¿Para que me habéis llamado?*

*—Hace exactamente cuatro días a esta hora —le
contestó Cornelio— que estaba yo orando en mi casa
a las tres de la tarde, cuando se me presentó un varón
con ropa resplandeciente, que me dijo: «Cornelio, Dios
ha escuchado tu oración, y se ha fijado en tus obras de
caridad. Manda mensajeros a Jope, e invita a un cierto
Simón al que llaman Pedro para que venga a verte. Está
alojado en casa del curtidor Simón, que vive a la orilla
del mar.» Entonces te mandé a buscar sin pérdida de
tiempo, y has sido muy amable en venir. Así es que nos
hemos reunido aquí en la presencia de Dios para escuchar todo lo que el Señor te ha instruido que nos digas.*

En este pasaje suceden cosas extraordinarias. Recordemos
una vez más que los judíos creían que los demás pueblos
estaban fuera de la misericordia de Dios. Un judío verdaderamente estricto no tenía contacto con un gentil, ni aun con un
judío que no cumpliera la ley tradicional. Especialmente, jamás
tendría como huésped o sería el huésped de un hombre que no
cumpliera la Ley. Recordando eso, fijémonos en lo que hizo
Pedro. Cuando los emisarios de Cornelio estaban a la puerta
—y, conociendo las normas de los judíos, no pasaron de la
puerta—, Pedro los invitó a entrar y les dio hospitalidad (23).

Cuando Pedro llegó a Cesarea, Cornelio le salió a recibir a la puerta, sin duda preguntándose si Pedro atravesaría el umbral; y Pedro entró (versículo 27). De la manera más maravillosa, las barreras empiezan a venirse abajo.

Eso es típico de la obra de Cristo. Un misionero nos relata que una vez estaba haciendo un culto de comunión en África. A su lado estaba sentado como anciano un jefe de edad de los ngoni que se llamaba Manlyheart, «corazón viril». El anciano jefe recordaba los días cuando los jóvenes guerreros ngoni habían dejado tras su paso una estela de poblados incendiados y devastados, y habían vuelto a casa con las lanzas teñidas de sangre, y con las mujeres de sus enemigos como botín. ¿Y cuáles eran las tribus que habían asolado? Las de los senga y los tumbuka. ¿Y quiénes estaban participando de aquel culto de comunión? Los ngoni, los senga y los tumbuka formaban aquella congregación ahora que el amor de Cristo les había hecho olvidar sus enemistades ancestrales. En los primeros días de la Iglesia el Evangelio quitaba las barreras. Todavía sucede cuando se le ofrece la oportunidad.

EL CORAZÓN DEL EVANGELIO

Hechos 10:34-43

Pedro empezó a decir:
—Ahora sí que no me cabe la menor duda de que Dios no tiene favoritos, sino que mira con agrado al que Le teme y obra como es debido, sea de la nación que sea. Vosotros conocéis el Mensaje que Dios envió al pueblo de Israel, la Buena Nueva de la paz que se ha hecho realidad por medio de Jesucristo, que es el Señor de todos. Ya sabéis lo que se divulgó por toda Judea, que había empezado en Galilea a partir del bautismo que proclamó Juan: Que Dios ungió como Mesías con el Espíritu Santo y con poder a Jesús de Nazaret, que fue

*por todo el país haciendo buenas obras y devolviendo
la salud a todos los que el diablo tenía oprimidos, porque Dios estaba con Él. Nosotros somos testigos de todo
lo que hizo Jesús en Judea y en Jerusalén. Ya sabéis que
le mataron colgándole de una cruz; pero Dios le resucitó al tercer día e hizo que se presentara para no dejar
lugar a dudas, no a toda la gente, sino a los testigos que
había escogido de antemano; es decir, a nosotros, que
comimos con Él después de su Resurrección. Él mismo
nos ha mandado a predicar al pueblo, y a dar testimonio
de que Dios Le ha puesto como juez de vivos y muertos.
Todos los profetas dan testimonio de Él, y de que todos
los que crean que Jesús es el Mesías recibirán el perdón
de los pecados.*

Ya se comprende que aquí no se nos da más que un resumen
de lo que Pedro predicó en casa de Cornelio, lo cual lo hace
aún más importante porque nos da la esencia de la predicación
original del Evangelio.

(i) Jesús fue enviado y equipado por Dios con el Espíritu
Santo y con poder. Jesús es, por tanto, el Don de Dios a los
hombres. A veces se ha pensado que Dios estaba airado, y el
humilde Jesús consiguió pacificarle con su sacrificio. Eso no
es lo que decían los primeros predicadores; sino que Dios
mismo fue el que envió a Jesús para que nos manifestara el
amor de Dios.

(ii) Jesús practicó un ministerio de sanidad. Era su gran
deseo el desterrar del mundo el dolor y la tristeza.

(iii) Le crucificaron. Una vez más se hace hincapié, para el
que sabe leer entre líneas, en el terrible horror de la Crucifixión.
Hasta ese punto llega el pecado humano.

(iv) ¡Pero resucitó! El poder que había en Él no podía ser
derrotado. Podía conquistar lo peor que los hombres pudieran
hacer, y al final conquistó la muerte.

(v) Los predicadores y los maestros cristianos son testigos
de la Resurrección. Para ellos Jesús no es el personaje de un

libro o del que han oído hablar. Es Uno que está vivo y presente, con Quien ellos se han encontrado y al Que conocen personalmente.

(vi) El resultado de todo esto es el perdón de los pecados y una nueva relación con Dios. Por medio de Jesús ha vuelto a amanecer sobre la humanidad la amistad que siempre debía haber existido entre Dios y los hombres, pero que el pecado había interrumpido.

LA ENTRADA DE LOS GENTILES
EN LA IGLESIA

Hechos 10:44-48

Todavía estaba hablando Pedro cuando el Espíritu Santo cayó por sorpresa sobre todos los que estaban escuchando su predicación. Los cristianos judíos que habían venido con Pedro se sorprendieron muchísimo de que el Espíritu Santo se derramara tan liberalmente sobre unos que no eran judíos; pero tenía que ser eso, porque los oían hablar en lenguas y alabar a Dios. Entonces Pedro dijo:

—¿Quién se puede oponer a que se prepare agua para bautizar a estos que han recibido el Espíritu Santo lo mismo que nosotros?

Así es que mandó que fueran bautizados en el Nombre del Señor Jesús. Y le pidieron que se quedara con ellos algunos días.

Antes de que Pedro terminara de hablar sucedió algo que los cristianos judíos no pudieron discutir. Cornelio y sus amigos empezaron a hablar en otras lenguas y a alabar a Dios. Esto era la prueba del hecho sorprendente de que Dios les había dado el Espíritu también a esos gentiles.

Hay dos cosas interesantes que se deducen de este pasaje:

(i) Estos gentiles que se convirtieron, como es corriente en *Hechos*, fueron bautizados allí mismo y al momento. En *Hechos* no hay rastro de que tuvieran que ser unos hombres determinados los que administraran el bautismo. La gran verdad era que la Iglesia Cristiana era la que recibía a los convertidos. Haríamos bien en recordar que el bautismo no es algo que hace el pastor, sino que es la *Iglesia* la que recibe al nuevo miembro en el Nombre de Jesucristo, y acepta la responsabilidad de cuidarse de él.

(ii) La última frase es significativa: Y le pidieron a Pedro que se quedara con ellos algunos días. ¿Por qué? Sin duda para enseñarles más cosas. El ser recibidos como miembros de la iglesia no es el fin, sino el principio de la vida cristiana.

LA DEFENSA DE PEDRO

Hechos 11:1-10

Los apóstoles y los miembros de la comunidad cristiana de Judea se enteraron de que unos que no eran judíos habían recibido el Evangelio. Y, cuando Pedro subió a Jerusalén, los judíos cristianos se pusieron a discutir con él y a decirle:

—¿Qué es eso de que has entrado en casa de paganos incircuncisos y has comido con ellos?

Pedro empezó por el principio, y se lo refirió todo paso a paso.

—Yo estaba orando en la ciudad de Jope —dijo—, cuando tuve un éxtasis y se me presentó una visión. Era algo así como una lona muy grande que bajaban por los cuatro picos hasta dejarla precisamente delante de mí. Yo me la quedé mirando a ver qué era, y vi que estaba llena de cuadrúpedos terrestres, fieras, reptiles y aves.

Y oí una voz que me decía: «¡Venga, Pedro, mata y come!» Y yo respondí: «Nada de eso, señor; porque en mi boca no ha entrado jamás nada contaminado ni inmundo.» Entonces me dijo por segunda vez la voz del cielo: «No debes considerar contaminado lo que Dios ha limpiado.» Esto sucedió tres veces, y luego se lo llevaron todo al cielo.

La importancia que le dio Lucas a este incidente se ve por el doble espacio que le dedica. En los tiempos antiguos, el escritor no podía extenderse indebidamente. Todavía no existían los libros en la forma actual. Se usaban rollos de un material que se llamaba *papiro,* el antepasado del papel, que se hacía de una pasta que se sacaba de las plantas de aquel nombre. Un rollo no era fácil de manejar, y el más largo tendría unos diez metros, la longitud necesaria para contener todo el libro de *Hechos.* Lucas tendría una cantidad casi ilimitada de historias que hubiera querido incorporar en su libro. Debe de haber hecho la selección de lo que quería incluir con el máximo cuidado; y, sin embargo, consideró que la historia de Pedro y Cornelio era tan importante que había que contarla dos veces.

Lucas tenía razón. No solemos darnos cuenta de lo cerca que estuvo el Cristianismo de no pasar de ser una secta judía, o una nueva forma de judaísmo. Todos los primeros cristianos eran judíos, y toda la tradición y el carácter del judaísmo los habría movido a guardar esta nueva maravilla para sí mismos, y a creer que Dios no podía haber pretendido que fuera también para los gentiles. Lucas ve este incidente como un hito importante en la carretera que la Iglesia iba recorriendo en su caminar hacia una concepción de un mundo para Cristo.

UNA HISTORIA CONVINCENTE

Hechos 11:11-18

—En ese mismo momento —siguió relatando Pedro— llegaron tres hombres a la casa donde estábamos alojados. Me los habían mandado desde Cesarea. El Espíritu me dijo que no dudara en ir con ellos. Estos seis miembros de la congregación vinieron conmigo, y entramos en la casa del hombre. Él nos contó que había visto un ángel que se le había aparecido en su casa, que le había dicho: «Manda mensajeros a Jope que te traigan a un tal Simón al que llaman Pedro. Él te dirá cómo podéis salvaros tú y todos los de tu casa.» En cuanto empecé a hablar, el Espíritu Santo descendió sobre ellos, como también había descendido sobre nosotros al principio. Yo me acordé de lo que nos había dicho el Señor: «Juan bautizaba con agua, pero vosotros seréis bautizados con el Espíritu Santo.» Entonces, si Dios les dio, cuando creyeron en el Señor Jesucristo, el mismo Don que nos había dado a nosotros cuando creímos, ¿quién era yo para ponerle cortapisas a Dios? ¿Iba yo a enmendarle la plana a Él?

Cuando oyeron el informe de Pedro, olvidaron inmediatamente sus objeciones y se pusieron a alabar a Dios y a decir:

—¡Conque Dios les ha concedido también a los gentiles que se arrepientan para recibir la Vida eterna!

La falta por la que llamaron a capítulo a Pedro era que había comido con gentiles (versículo 3). Había violado la ley ancestral y las tradiciones de su pueblo. La defensa de Pedro no fue una discusión, sino una simple exposición de los hechos. Dijeran lo que dijeran sus críticos, el Espíritu Santo había descendido sobre esos gentiles de una manera indiscutible. En el versículo 12 hay un detalle significativo: Pedro dice que llevó a seis hermanos consigo. Es decir, que eran siete en total. Según la ley de Egipto, que los judíos conocían muy bien, siete testigos formaban el quórum para tomar ciertos acuerdos. En la ley romana, que también conocerían bien, hacían falta siete sellos para autenticar un documento verdaderamente importante. Así es que Pedro estaba diciendo realmente: «No voy a discutir con vosotros. Os estoy dando los hechos, y aquí estamos siete testigos. El caso está probado.»

La prueba del Evangelio siempre se da con hechos. Es dudoso que nadie se haya convertido al Cristianismo después de escuchar pruebas verbales o demostraciones lógicas. La demostración del Evangelio es que funciona, que cambia a las personas, que hace buenos a los malos y que comunica el Espíritu de Dios. Cuando las obras desmienten a las palabras, no se puede creer; pero, cuando las palabras están garantizadas por las obras, no hay argumento en el mundo que las pueda desmentir.

MARAVILLAS EN ANTIOQUÍA

Hechos 11:19-21

> *Los cristianos que se habían dispersado de resultas de las dificultades que surgieron con lo de Esteban llegaron hasta Fenicia, Chipre y Antioquía; pero no les hablaban del Evangelio nada más que a los judíos. Pero iban entre ellos unos que procedían de Chipre y de Cirene que, cuando llegaron a Antioquía, también hablaron con los griegos y les dieron la Buena Noticia del Señor Jesús. El Señor estaba de su parte, y un número considerable creyó y se convirtió al Señor.*

En un estilo comprimido, este pasaje nos cuenta uno de los más grandes acontecimientos de la Historia. Ahora sí, por primera vez y a sabiendas, se predica el Evangelio a los gentiles. Todo ha ido conduciendo a este acontecimiento. Ha habido tres peldaños en la escalera. El primero, Felipe predicando a los samaritanos; pero, después de todo, los samaritanos eran medio judíos y formaban, como si dijéramos, un puente entre los judíos y el resto del mundo. El segundo, Pedro recibiendo a Cornelio; pero había sido Cornelio el que había tomado la iniciativa. No había sido la Iglesia Cristiana la que había buscado a Cornelio, sino al revés. Además, se hace hincapié en que Cornelio era temeroso de Dios y, por tanto, estaba al borde de la fe de Israel. El tercero, la Iglesia no fue en Antioquía a judíos o medio judíos, ni esperó a que los gentiles se le acercaran buscando ser admitidos, sino que les predicó el Evangelio a los gentiles. La Iglesia aquí se lanza en su misión universal.

Aquí tenemos algo verdaderamente sorprendente. La Iglesia ha dado el paso más trascendental, y no sabemos ni los nombres de los que lo hicieron; sólo que eran de Chipre y de Cirene. Han pasado a la Historia como anónimos pioneros de Cristo. Siempre ha sido una de las tragedias de la Iglesia que ha habido en ella quienes querían que se los tuvieran en cuenta y se los nombrara cuando hacían algo que merecía la pena. Lo que siempre ha necesitado la Iglesia, tal vez lo que más, son personas que no tienen interés en que se les reconozca con tal de que se haga el trabajo. Puede que los nombres de esos pioneros cristianos no figuren en los libros de historia; pero están en el Libro de la Vida del Cordero.

Otro detalle interesante es que en este pasaje empieza una sección del *Libro de los Hechos* en la que Antioquía ocupa el centro de la escena. Antioquía era la tercera ciudad del mundo, sólo detrás de Roma y Alejandría. Estaba cerca de la desembocadura del río Orontes, a veinticinco kilómetros del mar Mediterráneo. Era una ciudad preciosa y cosmopolita; pero era también proverbial su inmoralidad. Era famosa por sus carreras de carros, y por cierta búsqueda deliberada del placer que ocupaba días y noches; pero por lo que era más famosa era por el culto de Dafne, cuyo templo estaba retirado ocho kilómetros

entre bosquecillos de laurel. Según la leyenda, Dafne había sido
una joven de la que se había enamorado Apolo, que la había
perseguido hasta que ella, para su seguridad, se transformó en
un laurel. Las sacerdotisas del templo de Dafne eran prostitutas
sagradas, y por las noches representaban la persecución de los
adoradores y las sacerdotisas. «La moralidad de Dafne» era una
frase que se usaba en todo el mundo para referirse a la vida
desenfrenada. Parece increíble, pero es verdad que fue en esta
ciudad donde el Evangelio dio el gran paso hacia adelante que
lo convirtió en una fe universal. Si lo recordamos, recono-
ceremos que no hay situación desesperada para Dios.

LA SABIDURÍA DE BERNABÉ

Hechos 11:22-26

*Lo que estaba sucediendo en Antioquía llegó a oídos
de la congregación que estaba en Jerusalén, y comisio-
naron a Bernabé para que fuera a Antioquía. Cuando
llegó y vio la evidencia de la gracia de Dios en acción,
se alegró mucho, y exhortó a todos a que siguieran fieles
al Señor sin vacilar. Y es que Bernabé era un hombre
bueno, y lleno del Espíritu Santo y de fe. El número de
los seguidores del Señor se multiplicaba. Seguidamente,
Bernabé se fue a Tarso a buscar a Saulo; y, cuando le
encontró, se le trajo a Antioquía, donde pasaron los dos
un año como huéspedes de aquella iglesia enseñando a
toda aquella gente. Fue en Antioquía donde llamaron
«cristianos» por primera vez a los seguidores de Cristo.*

Cuando los responsables de la iglesia de Jerusalén tuvieron
noticias de lo que estaba pasando en Antioquía, hicieron lo
posible por investigar la situación.
Y fue inspiración de Dios que mandaran a Bernabé. Podían
haber mandado a otro más rígido, y que no viera más allá de

la ley judía tradicional; pero enviaron al que tenía el corazón más grande. Bernabé ya había introducido a Pablo y había salido su fiador cuando todos sospechaban de él *(Hechos 9:27).* Bernabé ya había dado pruebas de amor cristiano y de generosidad hacia los hermanos necesitados *(Hechos 4:36s).* Y ahora, cuando Bernabé vio que los gentiles entraban a participar de la comunión de la Iglesia, se alegró mucho. Pero se dio cuenta de que allí hacía falta alguien que estuviera a cargo de aquel trabajo, alguien que participara de las dos culturas, un judío educado en la tradición de Israel pero que pudiera entender a los gentiles igualmente. Se necesitaba un hombre valiente, porque Antioquía no era un lugar fácil para un líder cristiano; y tenía que ser hábil en la discusión para resistir los ataques de judíos y de gentiles.

Bernabé tenía el retrato robot del hombre que se necesitaba. No sabemos nada de Pablo en los nueve años anteriores aproximadamente. La última vez que se le mencionó fue cuando escapó a Tarso via Cesarea *(Hechos 9:30).* Sin duda había estado testificando de Cristo esos nueve años en su pueblo natal; pero ahora se le presentaba la tarea para la que había sido escogido, y Bernabé, con profunda sabiduría, le puso al frente.

Fue en Antioquía donde llamaron por primera vez *cristianos* a los seguidores de Jesús. El nombre empezó siendo un mote. Los de Antioquía eran famosos por su habilidad en poner motes. Más adelante, el barbado emperador Juliano vino a visitarlos, y le pusieron de mote «El Cabrón» —en la primera acepción. La terminación latina *-iani* quiere decir *pertenecientes al partido de;* por ejemplo, *Caesariani* quiere decir *los que pertenecen al partido del César.* Cristianos quiere decir *Los de Cristo.* Era un apodo despectivo; pero los cristianos se lo apropiaron y lo dieron a conocer en todo el mundo. Por sus vidas lo convirtieron, no en un nombre de burla, sino de respeto y hasta de admiración.

AYUDA EN LA NECESIDAD

Hechos 11:27-30

> *Por aquel tiempo bajaron profetas de Jerusalén a Antioquía. Uno de ellos, que se llamaba Agabo, se puso en pie y dio una profecía del Espíritu en la que anunciaba que habría una hambruna en todo el mundo habitado —cosa que sucedió realmente en tiempos del emperador Claudio. Los cristianos de Antioquía decidieron enviar una ayuda a la comunidad cristiana de Jerusalén, contribuyendo cada uno con lo que podía; y así lo hicieron, enviando la colecta a los ancianos por conducto de Bernabé y Saulo.*

Aquí aparecen profetas en la escena. En la Iglesia Primitiva tenían una gran importancia. Se los vuelve a mencionar en *Hechos 13:1; 15:32; 21:9s*. En la Iglesia Primitiva, hablando en general, había tres clases de líderes. (i) Estaban los *Apóstoles*. Su autoridad no se circunscribía a un lugar determinado, sino que se reconocía en toda la Iglesia; se los consideraba, en un sentido muy real, los sucesores de Jesús. (ii) Estaban los *Ancianos*. Eran los responsables locales, y su autoridad se confinaba a la iglesia local que los había escogido. (iii) Y estaban los *Profetas*.

Su ministerio se veía en el nombre. *Profeta* quiere decir, no solamente el que *vaticina* hechos futuros, sino el que *proclama* la Palabra de Dios. Es verdad que, a veces, anunciaban el futuro; pero, más generalmente, proclamaban la voluntad de Dios. No estaban circunscritos a un lugar o a una iglesia determinados, y eran respetados en toda la Iglesia. *La Doctrina de los Doce Apóstoles* es un documento cristiano del año 100 d.C. aproximadamente, que es en realidad el primer libro de orden eclesiástico. En él se establece, por ejemplo, el orden del culto de comunión; pero se dice a continuación que los profetas pueden hacer el culto como a ellos les parezca. Se sabía que tenían dones especiales, pero también había peligros. Se podía pretender ser profeta por motivos indignos; es decir, que había también falsos profetas, que no eran más que parásitos de la iglesia. La misma *Doctrina de los Doce Apóstoles* advierte contra el «profeta» que pretende usar la profecía para pedir dinero o una comida; establece que hay que darle hospitalidad al profeta por una noche, pero que si quiere quedarse más tiempo sin trabajar es un falso profeta. Podría ser conveniente seguir hoy en día muchos de estos consejos.

Este pasaje es muy significativo, porque nos descubre hasta qué punto ya se era consciente de la unidad de la Iglesia. Cuando había una hambruna en Palestina, el primer instinto de la Iglesia de Antioquía era ayudar. Era inconcebible que una parte de la Iglesia tuviera problemas, y otra parte de ella no hiciera nada para ayudar. Estaban lejos de la idea congregacionalista más estrecha; tenían esa amplitud de visión que les permitía ver la Iglesia en su conjunto.

ENCARCELADO Y LIBERTADO

Hechos 12:1-11

> *Precisamente por aquel tiempo Herodes emprendió un ataque violento contra algunos miembros de la Iglesia. Decapitó a Santiago el hermano de Juan; y, cuando vio que a los judíos les había parecido bien aquella medida, arrestó también a Pedro. Esto fue en la fiesta de los Ázimos. Después de detener a Pedro le metió en la cárcel, y puso una guardia de cuatro escuadras, cada una de cuatro soldados, para vigilarle; porque tenía intención de hacerle un juicio público después de la fiesta de la Pascua.*
>
> *De modo que Pedro estaba bien controlado en la cárcel; pero la Iglesia no cesaba de interceder por él a Dios. La noche antes de que Herodes le presentara al*

tribunal, Pedro estaba bien sujeto con dos cadenas, durmiendo entre dos soldados, y los guardias estaban apostados delante de la puerta vigilando la cárcel. Entonces se presentó un ángel del Señor, y todo el edificio se llenó de luz. El ángel le tocó a Pedro en el costado para despertarle, y le dijo:

—¡Date prisa, levántate! —y en ese momento se le cayeron las cadenas de las manos a Pedro; y el ángel añadió—: Ponte el cinturón y las sandalias —y Pedro lo hizo—; échate el manto por encima y sígueme.

Pedro salió detrás del ángel; y no se daba cuenta de que lo que hacía el ángel estaba pasando de verdad, sino que creía que estaba viendo visiones. Pasaron la primera y la segunda guardia, y llegaron a la puerta de hierro por la que se salía a la ciudad, que se les abrió por sí sola. Salieron y recorrieron una calle; y luego el ángel desapareció. Entonces fue cuando Pedro volvió en sí, y dijo:

—Ahora me doy cuenta sin la menor duda de que el Señor ha enviado a su ángel para librarme de lo que Herodes me iba a hacer y de lo que el pueblo judío estaba esperando que sucediera.

Ahora se desencadena una nueva ola de persecución contra la Iglesia, especialmente contra los líderes, instigada por el rey Herodes. Vamos a ver brevemente las varias ramificaciones de la familia de Herodes, especialmente en relación con el Nuevo Testamento.

El primer Herodes que nos encontramos en el Nuevo Testamento es *Herodes el Grande,* que reinó entre alrededor del 41 a.C. y el 1 d.C. Es el que se nombra en *Mateo 2,* que reinaba cuando nació Jesús y recibió a los Magos de Oriente y asesinó a los niños de Belén. Herodes el Grande se casó diez veces. Los de su familia que aparecen en el Nuevo Testamento son los siguientes:

(i) *Herodes Felipe I.* Fue el primer marido de Herodías, la que fue responsable de la muerte de Juan el Bautista. Se le menciona, bajo el nombre de Felipe, en *Mateo 14:3; Marcos 6:17; Lucas 3:19*. No tenía ningún cargo oficial. Fue el padre de Salomé.

(ii) *Herodes Antipas*. Era el gobernador de Galilea y de Perea. Fue el segundo marido de Herodías, y consintió en la muerte de Juan el Bautista. Es también el Herodes al que Pilato envió a Jesús para que le juzgara *(Lucas 23:7ss)*.

(iii) *Arquelao*. Era gobernador de Judea, Samaria e Idumea. Fue un pésimo gobernador y acabó depuesto y desterrado. Se le menciona en *Mateo 2:22;* y posiblemente Jesús aludió a él en la parábola de las Diez Minas *(Lucas 19:11-27, especialmente 14)*.

(iv) *Herodes Felipe II*. Fue gobernador de Idumea y de Traconítida. Fue el fundador de Cesarea de Filipo, que recibió su nombre de él. En el Nuevo Testamento se le llama Felipe, y se le menciona en *Lucas 3:1*.

(v) Herodes el Grande tuvo otro hijo que se llamó Aristóbulo. Su madre fue Mariamne, una princesa que descendía de los grandes héroes macabeos. Le mandó matar su padre, pero tuvo un hijo que se llamó *Herodes Agripa,* que es este de *Hechos 12*.

(vi) Para completar la lista mencionaremos que Herodes Agripa fue el padre de: (*a*) *Agripa II,* ante quien Pablo fue examinado e hizo el famoso discurso de *Hechos 25 y 26;* (*b*) *Berenice,* que aparece con él en aquella ocasión, y (*c*) *Drusila,* que era la mujer de Félix, el gobernador que presidió el juicio de Pablo *(Hechos 24:24)*.

En este boceto de la familia Herodes se ve que el Herodes Agripa de este capítulo era descendiente de los macabeos por parte de su madre Mariamne. Se había educado en Roma, pero cultivaba diligentemente el aprecio del pueblo judío mediante la observancia meticulosa de la Ley y todas las costumbres judías. Por estas razones era popular con la gente, y sin duda sería para mantener y aumentar esa popularidad con los judíos estrictos por lo que decidió atacar a la Iglesia Cristiana y a sus líderes. Hasta su conducta en el arresto de Pedro muestra su deseo de complacer a los judíos. La fiesta de la Pascua era el 14 de Nisán. Ese día y los seis siguientes no se podía usar levadura, por lo que la semana de Pascua se llamaba «de los Ázimos», o panes sin levadura. En ese tiempo no se podían llevar a cabo juicios o ejecuciones, razón por la cual Herodes decidió retrasar los de Pedro hasta la semana siguiente. La gran tragedia de esta ola de persecución era que no se debía a los principios de ningún hombre, por muy equivocados que fueran, sino sencillamente al deseo de ganarse el favor popular.

EL GOZO DE LA RESTAURACIÓN

Hechos 12:12-19

> *Cuando Pedro se dio cuenta de lo que había pasado con él, se dirigió a la casa de María, la madre de Juan al que también llamaban Marcos. Allí se habían reunido muchos hermanos para orar. Pedro llamó a la puerta de la calle, y una criada que se llamaba Rode fue a ver quién era. Cuando reconoció la voz de Pedro, le dio tanta alegría que, en vez de abrir la puerta, echó a correr hacia dentro de la casa para dar la noticia de que Pedro estaba a la puerta. Unos le dijeron: «¡Tú estás loca!» Pero ella insistía en que era la verdad. «Será su fantasma» —dijeron otros. Pero Pedro seguía llamando a la puerta; y, cuando por fin le abrieron, todavía no se lo podían creer. Pedro les hizo una señal con la mano para que estuvieran callados, y les contó cómo le había sacado el Señor de la cárcel. «Llevadle la noticia a Santiago y a los otros miembros de la Iglesia» —les dijo; y salió de allí, y se fue a otro lugar.*
>
> *Cuando se hizo de día, los soldados estaban consternados, porque no tenían ni la más ligera idea de lo que había pasado con Pedro. Herodes dio orden de busca y captura de Pedro, pero no se le encontró por ninguna*

parte. Luego interrogó a los guardas y los mandó ejecu-
tar. Después Herodes se marchó de Judea y bajó a
Cesarea, donde se quedó algún tiempo.

Se habían tomado las mayores precauciones para evitar que
Pedro se escapara. Montaban la guardia cuatro escuadras de
cuatro soldados cada una; eran cuatro las escuadras porque se
dividían el día y la noche en cuatro vigilias de tres horas cada
una. Lo normal era encadenar la mano derecha del preso a la
izquierda de un soldado; pero Pedro estaba encadenado por las
dos manos a dos guardias, uno a cada lado, mientras que los
otros dos de la escuadra montaban la guardia a la puerta. No
se podían tomar más precauciones. Cuando se comprobó que
Pedro había escapado, los soldados fueron ejecutados; porque
esa era la ley: que si un criminal escapaba, la guardia sufría
la condena que hubiera merecido el reo.

Se ha dicho a veces que a lo mejor no fue un milagro
sobrenatural. Tal vez se tratara de una emocionante operación
de rescate. Ya vimos la posibilidad de que no fuera un ángel,
sino *otro mensajero* del Señor, en el capítulo 5, versículos 17
y siguientes; en ese caso, aún más milagrosa sería esta liberación, para impedir la cual se habían tomado tales precauciones; no cabe duda de que la mano del Señor intervino
definitivamente en ella.

Cuando Pedro se encontró en la calle, se fue derecho a la casa
de María, la madre de Juan Marcos, que aquí se nos presenta
como el cuartel general de la Iglesia Cristiana. Es muy probable
que fuera en esta casa donde se celebró la Última Cena, y que
luego fue el lugar de reunión de los cristianos de Jerusalén.
Fijémonos en lo que se estaba haciendo allí: se estaba orando.
Cuando tenían problemas, se los presentaban a Dios.

En este pasaje se menciona al que era el verdadero líder de
la Iglesia Cristiana en Jerusalén: Pedro les dice que le lleven
la noticia a Santiago —la versión Reina-Valera le llama Jaco-
bo—. Era el hermano del Señor —no el de Juan, del que se
nos dice en este mismo capítulo que fue el primer mártir de

los apóstoles (versículo 2)—. Hay un cierto misterio en cuanto a este Santiago. En Oriente habría sido lo más natural el que el siguiente hermano hubiera asumido el puesto de su hermano muerto; pero en los evangelios se nos dice que los hermanos de Jesús no creían en Él *(Juan 7:5),* y hasta que, por lo menos en cierta ocasión, pensaban que estaba loco *(Marcos 3:21).* Durante el ministerio público de Jesús, Santiago no estaba de su parte. Pero se nos dice que el Cristo Resucitado se apareció especialmente a Santiago *(1 Corintios 15:7).* El evangelio apócrifo de los Hebreos cuenta que, después de la muerte de Jesús, Santiago hizo el voto de que no comería ni bebería hasta que hubiera visto a Jesús; y Jesús se le apareció. Es bien probable que lo que no hizo la vida de Jesús lo hizo su muerte; y que, cuando Santiago vio morir a su hermano, descubrió por fin Quién era, y dedicó su vida a servirle. El cambio de Santiago puede muy bien ser otro gran ejemplo del poder de la Cruz para cambiar la vida de los hombres.

UN TERRIBLE FINAL

Hechos 12:20-25

Herodes estaba furioso con los habitantes de Tiro y de Sidón. Pero ellos acudieron a él de consuno y, una vez que se ganaron el apoyo de Blasto, que era el chambelán del rey, solicitaron la paz, porque su país dependía del del rey para su provisión de alimentos. En el día señalado, apareció Herodes con su atuendo real, y se sentó en la tribuna y les echó un discurso. La gente le aclamaba a gritos diciendo:

—¡Habla como un dios, no como un hombre!

Pero allí mismo y en aquel momento le hirió un ángel del Señor por apropiarse la gloria que sólo a Dios es debida, y murió comido de gusanos.

A todo esto, el Evangelio crecía en extensión y en influencia. Y en cuanto a Bernabé y Saulo, una vez cumplida su comisión, volvieron de Jerusalén, trayéndose consigo a Juan, también llamado Marcos.

Había por entonces ciertas desavenencias entre Herodes y los habitantes de Tiro y de Sidón, cosa que revestía inconvenientes para estos últimos. Su país estaba al Norte de Palestina, y Herodes les podía poner las cosas difíciles en dos sentidos. Si desviaba de sus puertos todo el comercio de Palestina, perderían buena parte de sus ingresos. Y, peor aún: Tiro y Sidón dependían de Palestina para su provisión de alimentos y, si se les cortaba la provisión, se verían en una situación bien grave. Así es que, en primer lugar, consiguieron ganarse a Blastos, el chambelán del rey, y luego se hicieron los preparativos para una audiencia pública.

Josefo, el historiador judío de esta época, describe que el segundo día del festival Herodes entró en el teatro ataviado con un atuendo hecho de paño de plata que relucía al sol, y la gente se puso a gritar que había venido un dios a visitarlos. Inmediatamente se le presentó una enfermedad repentina y terrible de la que no se recuperó.

Los versículos 24 y 25 nos devuelven a *Hechos 11:27-30.* Pablo y Bernabé habían cumplido su misión bienhechora con la Iglesia de Jerusalén, y se volvieron a Antioquía llevándose consigo a Juan Marcos.

EL PRIMER VIAJE MISIONERO

Los capítulos 13 y 14 de *Hechos* nos cuentan el primer viaje misionero que Pablo y Bernabé iniciaron desde Antioquía. Esta ciudad estaba a 25 kilómetros de la costa del Mediterráneo remontando el río Orontes, así es que realmente se embarcaron en Seleucia, que era el puerto de Antioquía. De allí cruzaron a Chipre, donde predicaron en Salamina y en Pafos. De Pafos navegaron a Perge de Panfilia. Esta era una provincia costera, y no predicaron en aquel lugar porque Pablo no se encontraba bien. Penetraron tierra adentro, y llegaron a Antioquía de Pisidia. Cuando las cosas se pusieron demasiado peligrosas allí, recorrieron los 150 kilómetros que los separaban de Iconio. De nuevo se encontraron en peligro, y pasaron a Listra, a 35 kilómetros. Después de sufrir un ataque serio y peligroso, pasaron a Derbe, que es un lugar que no se ha identificado con certeza. De Derbe iniciaron el regreso, pasando otra vez por Listra, Iconio y Antioquía de Pisidia. Después de predicar esta vez en Perge de Panfilia, se embarcaron en Atalia, que era el puerto principal de Panfilia, y navegaron a Seleucia y Antioquía. Todo el viaje duró unos tres años.

ENVIADOS POR EL ESPÍRITU SANTO

Hechos 13:1-3

En la iglesia local de Antioquía había un grupo de profetas y maestros que estaba formado por Bernabé, Simón el Negro, Lucio el Cireneo, Manahén —que se había criado con el tetrarca Herodes— y Saulo. Cuando éstos estaban dando culto al Señor y ayunando, el Espíritu Santo les dijo:

—¡Venga! Consagradme a Bernabé y a Saulo para que cumplan su vocación en la tarea especial que les tengo asignada.

Después de orar y ayunar, les impusieron las manos y los despidieron.

La Iglesia Cristiana ya estaba posicionada para tomar la salida. Los cristianos habían decidido, bien a sabiendas, llevar el Evangelio a todo el mundo. Habían tomado esa decisión bajo la dirección del Espíritu Santo. Los miembros de la Iglesia Primitiva no hacían nunca lo que les parecía, sino lo que Dios quería que hicieran.

Los *profetas* y los *maestros* tenían funciones diferentes. Los profetas eran predicadores ambulantes que habían dedicado sus vidas a escuchar a Dios para comunicárselo a los demás. Los maestros eran los que estaban encargados de instruir a los convertidos en las iglesias locales.

Se ha hecho notar que esta lista de profetas y maestros ya es simbólica de la misión universal del Evangelio. Bernabé era judío, de Chipre; Lucio procedía de Cirene, en el Norte de África; Simeón también era judío, pero el hecho de que le llamaran Níger en la forma latina —como viene en la versión Reina-Valera— indica que viviría probablemente en círculos romanos; Manahén tenía contactos aristocráticos, y Saulo mismo era judío, natural de Tarso de Cilicia y con la carrera de rabino. En esta breve lista aparece la influencia unificadora del Evangelio. Hombres de muchas tierras y culturas habían descubierto el secreto de la unidad porque habían descubierto el secreto de Cristo.

Se ha sugerido una interesante especulación. Simeón probablemente procedía de África, como se ve por su apodo. Se ha sugerido que es el Simón Cireneo que llevó la cruz de Jesús *(Lucas 23:26)*. Sería maravilloso que el hombre cuyo primer contacto con Jesús fue llevar su cruz —una tarea que tuvo que cumplir a la fuerza— fue uno de los responsables en el momento de mandar el mensaje de la Cruz por todo el mundo.

ÉXITO EN CHIPRE

Hechos 13:4-12

> *Cuando el Espíritu les dio la orden de ponerse en marcha, bajaron al puerto de Seleucia, desde donde se embarcaron para Chipre. En cuanto llegaron a Salamina, se pusieron a anunciar la Palabra de Dios en las sinagogas judías. Tenían a Juan de ayudante. Se recorrieron toda la isla hasta llegar a Pafos, y allí se encon-*

traron con un tal Bar-Jesús, mago judío que se las daba de profeta, que tenía contacto con el procónsul Sergio Paulo, que era un hombre inteligente. El procónsul invitó a Bernabé y Saulo a visitarle, porque tenía interés en la Palabra de Dios; pero Elimas «el hechicero» —que es lo que quiere decir su nombre— hizo todo lo posible por impedirles la entrada para evitar que el procónsul se convirtiera. Entonces Saulo —a quien desde ahora llamaremos Pablo—, lleno del Espíritu Santo, se le quedó mirando fijamente y le dijo:

—¡Asqueroso farsante, engendro de Satanás y enemigo de todo lo bueno! ¿Es que no vas a dejar de enredar los buenos caminos que conducen a Dios? Ahora mismo, ¡fíjate!, el Señor te da una bofetada, y te vas a quedar ciego e incapaz de ver ni la luz del Sol por algún tiempo.

E inmediatamente cayó sobre él la más densa oscuridad, e iba a tientas buscando alguien que le llevara de la mano. Y cuando el procónsul vio lo que había sucedido, se quedó maravillado de la doctrina del Señor y se convirtió al Evangelio.

El primer lugar al que fueron Pablo y Bernabé fue Chipre. De allí era Bernabé *(Hechos 4:36)*, y era característico de su noble corazón el querer compartir los tesoros de Jesús en primer lugar con sus paisanos.

Chipre era una provincia romana famosa por sus minas de cobre y sus astilleros. A veces le daban el nombre de Makaria, que quiere decir La Isla de la Felicidad, porque se decía que tenía un clima tan perfecto y recursos tan variados que uno podía encontrar allí todo lo necesario para una vida feliz. Pablo nunca escogió el camino más fácil. Bernabé y él predicaron en la capital, Pafos, famosa por el culto de Venus, la diosa del amor.

El gobernador de Chipre era Sergio Paulo. Aquellos eran tiempos sumamente supersticiosos, y casi todos los poderosos, hasta uno tan inteligente como Sergio Paulo, tenían sus magos, adivinos y exorcistas privados. Bar-Jesús, o Elimas —una palabra árabe que quiere decir *el habilidoso*—, vio que si el gobernador se hacía cristiano se le habían acabado los privilegios. Pablo le trató con eficacia.

Desde este episodio a Saulo se le llama Pablo. En aquel tiempo casi todos los judíos tenían dos nombres; uno era el nombre hebreo, que usaban en su círculo privado y familiar, y el otro era un nombre griego, por el que se les conocía en un ambiente más amplio. A veces el nombre griego era la traducción del hebreo; por ejemplo, Cefas es la palabra hebrea y Petros —Pedro— la griega para *piedra;* Tomás en hebreo y Dídymos en griego quieren decir *mellizo.* A veces los dos nombres sonaban parecidos, como Eliakim en hebreo y Alcimos en griego, o Yeshúa y Iesús —Jesús.

Por eso Saulo —Saúl, el primer rey de Israel, de la tribu de Benjamín— también se llamaba Paulos —Pablo. Curiosamente es a partir de la conversión de Sergio *Paulo* —el mismo nombre que Pablo— cuando se le deja de llamar Saulo en *Hechos.* Se ha sugerido que el cambio de nombre podría tener que ver con este episodio. Tal vez fue entonces cuando asumió tan completamente su misión como «Apóstol de los gentiles» que decidió usar solamente su nombre gentil. Si fue así, esta fue la señal de haberse lanzado desde este momento a cumplir la misión que le había asignado el Espíritu Santo sin mirar atrás.

EL DESERTOR

Hechos 13:13

Pablo y sus amigos se embarcaron en Pafos y llegaron a Perge de Panfilia. Allí Juan los abandonó y se volvió a Jerusalén.

Aunque no se le menciona, en este versículo se le hace a Bernabé el más grande de los elogios. Hasta este momento siempre se le ha nombrado en primer lugar: Bernabé y Pablo *(Hechos 11:30; 12:25; 13:2, 7)*. Bernabé empezó siendo el líder de la expedición; pero desde este momento casi siempre se invertirá el orden: Pablo y Bernabé (13:43, 46, 50), lo que quiere decir que Pablo es ahora el líder, a lo que Bernabé no opuso resistencia. Estaba dispuesto a ocupar un segundo puesto siempre que se hiciera la obra del Señor.

El interés de este versículo es que indica un fallo en la biografía de Juan Marcos —pues el Juan que se menciona aquí es el que conocemos mejor por su otro nombre, Marcos—, el desertor que se rehabilitó.

Marcos era muy joven. La casa de su madre parece que era el centro de la Iglesia en Jerusalén *(Hechos 12:12),* así es que él debe de haber estado muy cerca del centro de la fe. Pablo y Bernabé se le llevaron de ayudante porque era pariente de Bernabé; pero Marcos los dejó y se volvió a casa. Nunca sabremos por qué. Tal vez se molestó de que Bernabé dejara de ser el líder; o quizá le diera miedo el viaje propuesto a la meseta donde estaba Antioquía de Pisidia, que era uno de los más duros y peligrosos del mundo antiguo; o tal vez, como venía de Jerusalén, tenía sus dudas acerca de la evangelización de los gentiles; o puede ser que, en esa etapa de su vida, fuera uno de los muchos a los que se les da mejor empezar que acabar empresas; o quizá —como dijo Crisóstomo hace mucho— el mozo echaba de menos a su madre. El caso es que se volvió atrás.

Por algún tiempo a Pablo le resultó difícil olvidar aquella defección. Cuando estaban para iniciar su segundo viaje misionero, Bernabé quería llevar a Marcos otra vez, pero Pablo se negó a admitir al que ya se les había rajado en una ocasión *(Hechos 15:38),* y él y Bernabé dejaron de formar equipo juntos definitivamente por esta causa. En este momento Marcos desaparece de la escena, aunque según la tradición fue a Alejandría en Egipto y fundó allí la iglesia. Cuando vuelve a aparecer en escena veinte años después aparece como uno que se rehabilitó. Pablo, escribiendo a los colosenses desde la prisión romana, les dice que le den la bienvenida a Marcos si va por allí. Y cuando le escribe a Timoteo, dice: «Toma a Marcos y tráetele, porque me puede ser de gran ayuda» *(2 Timoteo 4:11).* Como lo expresó Fosdick, «nadie tiene que seguir siempre igual». Por la gracia de Dios, el que una vez resultó un desertor llegó a ser el autor de un evangelio y el hombre que Pablo quería tener a su lado al final de su vida.

UN VIAJE AZAROSO PARA UN HOMBRE ENFERMO

Hechos 13:14s

Pablo y Bernabé atravesaron aquella región desde Perge hasta Antioquía de Pisidia. Una vez allí fueron el sábado a la sinagoga y tomaron asiento; y después de las lecturas de la Ley y de los Profetas, los responsables de la sinagoga les mandaron recado:

—Hermanos, si tenéis algún mensaje de exhortación para la congregación, podéis hablar.

Uno de los detalles sorprendentes de *Hechos* es el heroísmo que se despacha en una sola frase. Antioquía de Pisidia estaba situada en una meseta a más de mil metros sobre el nivel del mar. Para llegar allí, Pablo y Bernabé tuvieron que cruzar la cordillera de Tauro siguiendo una de las carreteras más difíciles de Asia Menor, que además estaba infestada de bandoleros.

Pero tendríamos que preguntar: ¿Por qué no predicaron en Panfilia? ¿Por qué dejaron la costa sin anunciar el Evangelio y tomaron aquel camino tan difícil y peligroso? No mucho después, Pablo escribió una carta a los de Antioquía de Pisidia, Iconio, Listra y Derbe, que es la que llamamos *Gálatas,* porque esas ciudades estaban en la provincia romana de Galacia. En esa carta les dice: «Ya sabéis que la causa de que os predicara el Evangelio en primer lugar fue una incapacidad física» *(Gálatas 4:13)*. Así es que, cuando llegó a Galacia, Pablo estaba enfermo. Tenía un aguijón en el cuerpo que no le dejaba a pesar de haberlo pedido mucho en oración *(2 Corintios 12:7s)*. Se han hecho muchas conjeturas acerca de lo que sería ese aguijón —*estaca* sería tal vez una palabra más adecuada. La tradición más antigua es que Pablo sufría de jaquecas terribles; y la explicación más probable es que padecía las fiebres de malaria vírica que acechaba por toda la franja costera de Asia Menor. Un viajero dice que la jaqueca que caracteriza la malaria es como si le atravesaran a uno la frente con un hierro candente; y otro la compara con una barrena que le pasara a uno de sien a sien. Es muy probable que esta malaria atacara a Pablo en la baja Panfilia, y que tuviera que dirigirse a la meseta para intentar sacudírsela.

Fijémonos que no se le pasó por la cabeza el volver atrás. Aun cuando tenía el cuerpo agobiado de dolores Pablo nunca dejaba de proseguir adelante como valiente aventurero de Cristo.

LA PREDICACIÓN DE PABLO

Hechos 13:16-41

> *Pablo entonces se levantó, hizo una señal con la mano para que le prestaran atención y dijo:*
> *—Israelitas, y todos los que no sois judíos pero honráis a Dios, escuchadme: El Dios del Pueblo de Israel eligió a nuestros antepasados. Cuando vivían como forasteros en Egipto, hizo que llegaran a ser un gran pueblo. Hizo gala de su gran poder al guiarlos para que salieran de Egipto, y los sostuvo en el desierto cuarenta años; destruyó a siete naciones en el país de Canaán, y le dio en herencia su tierra a Israel durante cuatrocientos cincuenta años. Más adelante les dio jueces*

hasta el tiempo del profeta Samuel. Entonces pidieron un rey, y Dios les dio a Saúl hijo de Cis, de la tribu de Benjamín, que reinó cuarenta años. Luego Dios le depuso, y puso como rey a David, al que avaló diciendo: «He descubierto que David hijo de Jesé es un hombre que me agrada, y que cumplirá toda mi voluntad.» De la descendencia de David, como Dios había prometido, ha puesto a Jesús como Salvador de Israel. Antes de que Jesús se manifestara, Juan estuvo predicando a todo el pueblo de Israel que se bautizara en señal de arrepentimiento. Cuando Juan estaba ya al final de su carrera, dijo: «¿Quién os figuráis que soy yo? Yo no soy el Mesías. Pero hay Uno que viene después de mí al Que yo no merezco ni desatarle las sandalias.» Hermanos —porque me estoy dirigiendo tanto a los que sois descendientes directos de Abraham como a los que, aunque no sois judíos, participáis del culto que le damos a Dios—: ¡Es a nosotros a los que se dirige este mensaje de Salvación! Los habitantes de Jerusalén y sus responsables no reconocieron a Jesús como el cumplimiento de todo lo que habían anunciado los profetas, aunque sus libros se leen todos los sábados; pero, al condenarle a muerte, cumplieron las profecías. Aunque no pudieron acusarle de nada que mereciera la pena de muerte, le pidieron a Pilato que Le hiciera ajusticiar. Cuando acabaron de hacerle todo lo que las Escrituras habían dicho que se Le haría, bajaron su cadáver de la cruz y lo colocaron en una tumba. ¡Pero Dios Le devolvió otra vez a la vida! Durante un periodo considerable de tiempo se estuvo apareciendo a los que habían subido con Él de Galilea a Jerusalén, que pueden dar testimonio de primera mano al pueblo de que las cosas sucedieron así. Nosotros os traemos la Buena Noticia de que Dios ha hecho realidad lo que les promedió a nuestros antepasados en nosotros sus descendientes al devolver a la vida a Jesús como está escrito en el Salmo segundo: «Tú eres mi Hijo, hoy te he dado la vida.» Y en cuanto a que le devolvió otra vez a la vida para no volver ya nunca más a la corrupción de la muerte, esto es lo que dice: «Os daré las santas y seguras bendiciones de David.» Y por esto mismo dice en otro lugar: «No dejarás que tu Santo experimente la corrupción de la muerte.» David cumplió la voluntad de Dios en su tiempo y generación, y cayó en el sueño de la muerte y fue a reunirse con sus antepasados; así es que sí experimentó la corrupción de la muerte. El Que no la experimentará jamás es el Que Dios devolvió a la vida. Tened por cierto, hermanos, que se os ofrece el perdón de vuestros pecados gracias a este Hombre, y que todos los que ponen en Él su confianza alcanzan la amnistía que no se podía conseguir por medio de la Ley. Tened mucho cuidado para que no os suceda lo que dijo el profeta: «¡Fijaos bien, burlones, y esfumaos de puro asombro! Porque voy a hacer en vuestros días algo que no os vais a poder creer cuando os lo cuenten.»

Este es un pasaje sumamente importante porque es la única reseña completa que tenemos de un sermón del apóstol Pablo. Cuando lo comparamos detenidamente con el sermón de Pedro en *Hechos 2*, vemos que los principales elementos son exactamente los mismos:

(i) Pablo insiste en que la venida de Jesús es la consumación de la Historia. Hace un resumen de la historia de Israel para demostrar que culmina en Cristo. Los estoicos creían que la Historia no hace más que repetirse. Un veredicto cínico moderno dice que la Historia no es más que la sucesión de los pecados y errores de la Humanidad. Pero el punto de vista cristiano es optimista: estamos seguros de que la Historia siempre avanza hacia una culminación según el propósito de Dios.

(ii) Pablo señala el hecho de que los hombres no reconocieron la manifestación de Dios en Jesucristo. Browning decía: «No tenemos más remedio que amar lo sublime cuando lo vemos.» Pero una persona, a fuerza de seguir su propio camino y rechazar el de Dios, puede acabar aquejada de una ceguera tal que ya es incapaz de ver nada. El mal uso del libre albedrío conduce, no a la libertad, sino a la ruina total.

(iii) Aunque los hombres, en su ciega locura, rechazaron y crucificaron a Jesús, Dios no podía ser derrotado, y la Resurrección es la prueba de que el poder y el propósito de Dios son invencibles. Se cuenta que una vez en una noche de tempestad impresionante, un niño asustado le dijo a su padre: «Dios tiene que haber perdido el control de sus vientos esta noche.» La Resurrección es la prueba de que Dios nunca pierde el control.

(iv) Pablo pasa a usar un argumento típicamente judío: La Resurrección es el cumplimiento de la profecía, porque a David se le hicieron promesas que está claro que no se cumplieron en su persona, y sí en Cristo. Una vez más vemos que la Historia no se mueve ni circularmente ni a la ventura; sino que el propósito de Dios se cumple.

(v) La venida de Cristo es la Buena Noticia para cierta clase de personas. Antes habían intentado vivir de acuerdo con la Ley, pero no hay nadie que pueda cumplir la Ley de una manera perfecta, y por tanto siempre eran conscientes de su fracaso y culpa; pero ahora pueden encontrar en Jesucristo el poder perdonador que los libera de la condenación que merecían y restablece la verdadera relación con Dios.

(vi) Pero lo que se pretende que sea una buena noticia puede ser mala para otra clase de personas. Y es que, sencillamente, hace peor la condenación de los que la han oído y han rechazado la invitación a creer en Jesucristo. El que nunca ha tenido la oportunidad, tiene disculpa; pero no el que ha visto la gloria del ofrecimiento de Dios y lo ha rechazado.

PROBLEMAS EN ANTIOQUÍA

Hechos 13:42-52

Al salir de la sinagoga, la congregación les pidió por favor que volvieran a hablarles de estas cosas otra vez el sábado siguiente. Y cuando se despidió la congregación, muchos de los judíos y también de los gentiles que se habían convertido a la fe de Israel y que tomaban parte en el culto con los judíos, acompañaron a Pablo y Bernabé, que les siguieron hablando para convencerlos de que debían rendirse a la gracia de Dios.

Al siguiente sábado se reunió casi toda la población para escuchar el Mensaje del Señor. Los judíos estaban que ardían de celos cuando vieron el gentío, y se pusieron a llevarle la contraria a Pablo en todo, recurriendo a los insultos más que al razonamiento. Pablo y Bernabé no se andaron con remilgos, y les dijeron:

—Nosotros hemos cumplido con nuestro deber al daros a vosotros la oportunidad de escuchar el Mensaje de Dios en primer lugar; pero, como lo habéis rechazado y por tanto os condenáis a vosotros mismos como indignos de recibir la vida eterna, nos volvemos a los gentiles. Esto es lo que Dios ha dicho que hagamos:

«Yo Te he hecho Luz de los gentiles
para que por medio de Ti llegue la Salvación
hasta los últimos confines de la Tierra.»

Cuando oyeron esto los gentiles se llenaron de alegría y se pusieron a alabar a Dios por el Mensaje que les había enviado, y se convirtieron todos los que estaban dispuestos para la vida eterna. Y el Mensaje del Señor se extendió por toda la región. Pero los judíos ejercieron su influencia en algunas mujeres piadosas y aristocráticas y en las fuerzas vivas de la ciudad, y provocaron

*una persecución contra Pablo y Bernabé, consiguiendo
que los echaran del distrito. Ellos se sacudieron el polvo
del calzado para hacerles ver que los consideraban
impíos paganos, y se marcharon a Iconio. Los discípulos
estaban henchidos del gozo del Espíritu Santo.*

Antioquía de Pisidia se inflamaba con facilidad. Era una
población muy diversa. La habían fundado los sucesores de
Alejandro Magno hacia el año 300 a.c. Los judíos solían darse
prisa en acudir a las nuevas ciudades para copar los primeros
puestos. Como Antioquía estaba en un nudo de comunicacio-
nes, llegó a ser colonia romana en el año 6 a.c. Formaban la
población griegos, judíos, romanos y no pocos de los nativos
frigios, que eran muy emotivos e inestables. Era la clase de
población en la que cualquier chispa podía provocar una conflagración.

La única cosa que sacaba de quicio a los judíos era la
posibilidad de que alguno de los privilegios del pueblo de Dios
fuera a parar a los gentiles incircuncisos; así es que se movi-
lizaron. En aquellos tiempos la religión judía ejercía una considerable atracción entre las mujeres, y nada era más libre que
la moralidad sexual. La vida familiar se estaba desintegrando,
y las víctimas eran las mujeres. La religión judía predicaba una
pureza moral y una vida limpia. En torno a la sinagoga se
reunían muchas mujeres, con frecuencia de alta posición social,
que encontraban en su enseñanza precisamente lo que estaban
buscando. Muchas de estas mujeres se hicieron prosélitas, y
aún más *temerosas de Dios*. Los judíos las convencieron para
que incitaran a sus maridos, que eran en muchos casos hombres
de posición, para que tomaran medidas contra los predicadores
cristianos, y el resultado inevitable fue la persecución. Antioquía se llenó de peligros para Pablo y Bernabé, que tuvieron
que marcharse.

Los judíos estaban empeñados en mantener sus privilegios
para ellos solos. Sin embargo los cristianos consideraban que
tenían que compartir sus privilegios. Como se ha dicho: «Los

judíos veían a los paganos como paja que se podía quemar, y Jesús los veía como una cosecha que había que recoger para Dios.» Y la Iglesia Cristiana debe tener esa misma visión de un mundo para Cristo.

PABLO Y BERNABÉ EN ICONIO

Hechos 14:1-7

En Iconio siguieron la misma táctica de ir en primer lugar a la sinagoga de los judíos, y hablaron con tanto efecto que se convirtieron gran número tanto de judíos como de griegos. Pero los judíos que se negaron a creer soliviantaron a los gentiles de tal manera que los pusieron en contra de la naciente comunidad cristiana. Pablo y Bernabé se quedaron allí bastante tiempo comunicando la Palabra de Dios con valentía y con absoluta confianza en el Señor, Que confirmaba el Mensaje de su gracia capacitándolos para realizar demostraciones maravillosas del poder de Dios en acción.

Los habitantes de la ciudad se habían dividido en dos bandos: unos estaban de parte de los judíos, y otros, de los apóstoles. Pero cuando éstos se dieron cuenta de que los judíos se habían puesto de acuerdo con los gentiles y con los gobernadores para lanzarse contra ellos y apedrearlos, escaparon a las ciudades de Listra y Derbe, en Licaonia, y el distrito de alrededor, y siguieron anunciando la Buena Noticia por allí.

Pablo y Bernabé se fueron a Iconio, a unos 150 kilómetros de Antioquía. Era una ciudad tan antigua que pretendía ser anterior a Damasco. En el remoto pasado había tenido un rey que se llamaba Nanaco, y se solía decir la frase «desde los días de Nanaco» con el sentido de «desde tiempo inmemorial.»

Como era su costumbre, los apóstoles empezaron por la sinagoga y, como en otros casos, tuvieron éxito; pero los judíos celosos soliviantaron a la gente, y de nuevo Pablo y Bernabé tuvieron que irse a otro sitio.

Tenemos que darnos cuenta de que estaban arriesgando la vida cada vez más. Lo que les estaban preparando en Iconio era un linchamiento. Cuanto más lejos iban, más se alejaban de la civilización. En las ciudades más civilizadas estaban relativamente a salvo, porque Roma mantenía el orden; pero donde su influencia no se dejaba sentir tanto, Pablo y Bernabé estaban en peligro de caer en las manos de la chusma soliviantada por los judíos. Los apóstoles eran valientes. Siempre requiere valor seguir a Cristo.

TOMADOS POR DIOSES EN LISTRA

Hechos 14:8-18

En Listra se encontraron con un hombre que estaba totalmente paralítico de las dos piernas de toda la vida. Este hombre estaba atento a lo que Pablo decía. Pablo se le quedó mirando fijamente, se dio cuenta de que tenía suficiente fe para curarse, y le dijo en tono de mando:

—¡Levántate y ponte en pie derecho!

El hombre se puso en pie de un salto y echó a andar. Y cuando la gente se dio cuenta de lo que Pablo había hecho, se pusieron a dar voces en lengua licaónica:

—¡Son dioses en forma humana que han venido a visitarnos!

A Bernabé le tomaron por Zeus, y a Pablo por Hermes, porque era el que daba los mensajes. El sacerdote del templo de Zeus que estaba en las afueras de la ciudad trajo toros con guirnaldas a las puertas dispuesto a ofrecerles sacrificios con toda la gente. Cuando los apóstoles Bernabé y Pablo se dieron cuenta de lo que se estaba tramando, se rasgaron las vestiduras en señal de escándalo, y se lanzaron en medio del gentío gritando:

—¡Pero qué es lo que vais a hacer! Nosotros no somos más que seres humanos exactamente lo mismo que vosotros, que os traemos la Buena Noticia que os invita a dejar esas cosas que no tienen ninguna realidad y os pongáis en contacto con el Dios vivo que ha hecho los cielos y la Tierra y el mar y todo lo que hay en ellos. En el pasado, Dios ha dejado que todas las naciones siguieran sus propios caminos, aunque Él no ha estado nunca sin testigos que les indicaran su existencia a los humanos, y os ha dado siempre muestras de su bondad en la lluvia, y en las estaciones que traen cada una de las cosechas que os proveen de alimento y de bienestar.

Hablándoles de esta manera apenas consiguieron que la gente no les ofreciera sacrificios como si fueran dioses.

Pablo y Bernabé se vieron involucrados en un extraño incidente en Listra. La razón por la que los tomaron por dioses está en la historia legendaria de Licaonia. La gente de alrededor de Listra contaba que una vez Zeus y Hermes habían venido a la Tierra disfrazados. Ninguno de los habitantes de todo el país les quiso dar hospitalidad, hasta que por fin dos campesinos, que se llamaban Filemón y su mujer Baucis, los recibieron en su casa. En consecuencia, toda la gente de aquella tierra fue exterminada por los dioses menos Filemón y Baucis, a los que hicieron guardianes de un espléndido templo y, cuando se murieron, los convirtieron en dos grandes árboles. Por eso, cuando Pablo sanó al cojo de nacimiento, los de Listra estaban decididos a no cometer otra vez su antiguo error. Bernabé debe de haber sido un hombre de aspecto noble, así es que le tomaron por Zeus, el rey de los dioses al que los romanos llamaban Júpiter. Hermes o Mercurio era el mensajero de los dioses; y como Pablo era el que hablaba, le tomaron por Hermes.

Este pasaje es especialmente interesante porque nos presenta la manera de hablar de Pablo a los que eran completamente paganos, sin el menor conocimiento de la fe de Israel al que pudiera referirse. Con personas así empezaba por la naturaleza para llegar al Dios que está detrás de todas las cosas. Empezaba por el aquí y ahora para llegar al allí y entonces. Haremos bien en recordar que el universo es el ropaje del Dios viviente. Se cuenta que una vez, navegando por el Mediterráneo, los del séquito de Napoleón estaban hablando de Dios, al Que eliminaban totalmente. Napoleón había estado callado hasta entonces, pero en cierto momento levantó la mano y señaló al mar y al cielo y dijo: «Caballeros, ¿Quién hizo todo esto?»

EL VALOR DE PABLO

Hechos 14:19, 20

> *Un grupo de judíos llegó de Antioquía e Iconio, y soliviantaron a la gente hasta tal punto que apedrearon a Pablo y le arrastraron a las afueras de la ciudad, dándole por muerto. Pero los discípulos hicieron un corro alrededor de él, y se levantó y volvió a entrar en la ciudad. Al día siguiente salió con Bernabé para Derbe.*

En medio de toda aquella enfervorización de las masas, unos judíos llegaron a Listra. Puede que se presentaran allí por una de dos razones: tal vez iban siguiendo a Pablo y Bernabé para deshacer su obra; o a lo mejor eran mercaderes de cereales. La región alrededor de Listra producía grandes cantidades, y tal vez aquellos judíos habían venido a comprar para llevarlo a Iconio y Antioquía. En cualquier caso, se sorprenderían y enfurecerían mucho al ver que Pablo seguía predicando, y tratarían de soliviantar a la gente en contra de él.

Listra era una colonia romana, y también una avanzadilla. Por eso, cuando la gente se dio cuenta de lo que había hecho tuvo miedo, y sacaron lo que pensaban que era ya el cadáver de Pablo fuera de la ciudad. Temían la reacción de la justicia romana, y trataron de evitar las consecuencias del disturbio. La nota sobresaliente de este pasaje es el valor a toda prueba de Pablo. Cuando se recuperó —si no estaba muerto poco debía faltarle a juzgar por el comportamiento de la gente—, lo primero que hizo fue volver a entrar en la ciudad donde le habían apedreado. John Wesley aconsejaba: «A la multitud hay que mirarla a la cara.» No puede haber mayor valor que el de Pablo al volver a presentarse a los que habían querido matarle. Ese gesto haría más efecto que cien sermones. Aquellas personas no podrían evitar el preguntarse de dónde sacaba Pablo el valor para actuar así.

CONFIRMANDO LA IGLESIA

Hechos 14:21-28

Después de anunciar la Buena Noticia en Derbe, donde se convirtieron muchos, Pablo y Bernabé se volvieron a Listra e Iconio, y después a Antioquía. En todos los lugares fortalecían las almas de los creyentes y los animaban a seguir fieles en la fe. «Tenemos que estar dispuestos a pasar lo que sea —les decían— para entrar en el Reino de Dios.» Luego nombraron ancianos responsables en las congregaciones, y después de orar y ayunar los encomendaron al Señor en Quien habían creído. Pasaron por Pisidia y llegaron a Panfilia. Después de predicar el Evangelio en Perge llegaron a la costa en Atalia, donde tomaron un barco para volver a Antioquía, que era donde los habían encomendado a la gracia de Dios para el trabajo que hicieron. Cuando llegaron, convocaron a toda la congregación e informaron de todas las cosas maravillosas que Dios había hecho con ellos, y de cómo les había abierto las puertas de la fe a los gentiles. Y se quedaron mucho tiempo con los creyentes.

En este pasaje vemos tres cosas notables de Pablo:

(i) Vemos su absoluta honradez con los que habían decidido hacerse cristianos. Les dijo con toda franqueza que tendrían que pasar mucho para entrar en el Reino de Dios. No les dio facilidades. Actuaba sobre la base de que Jesús «no había venido para hacer la vida fácil, sino para hacer grandes a los hombres.»

(ii) En el viaje de vuelta Pablo nombró ancianos responsables en todos los grupitos de nuevos cristianos. Así les mostró que estaba convencido de que el Evangelio hay que vivirlo en comunión. Como dijo uno de los hombres de Dios de la Iglesia Primitiva, «no se puede tener a Dios por Padre si no se tiene a la Iglesia por madre.» Y John Wesley decía: «Nadie puede ir al Cielo en solitario; tiene que encontrar amigos o hacérselos.» Desde el principio Pablo se proponía, no hacer cristianos individuales, sino incorporarlos en la comunión de la iglesia.

(iii) Pablo y Bernabé no pensaban que eran ellos los que habían hecho nada, sino Dios obrando con ellos. Se consideraban simplemente colaboradores de Dios. Después de la gran victoria de Agincourt, Enrique V de Inglaterra prohibió que se hicieran canciones de victoria y mandó que se diera a Dios toda la gloria. Para empezar a entender como es debido la obra del Señor tenemos que darnos cuenta de que no somos más que instrumentos, herramientas en las manos de Dios.

EL PROBLEMA CRUCIAL

La entrada de los gentiles en la Iglesia trajo un problema que había que resolver. El trasfondo mental de los judíos estaba basado en el hecho de pertenecer al pueblo escogido. De hecho, no sólo creían que los judíos eran propiedad particular de Dios, sino también que Dios era propiedad particular de los judíos. El problema que se planteaba era: Antes de que un gentil fuera admitido en la Iglesia Cristiana, ¿tenía que ser circuncidado y someterse a la Ley de Moisés? En otras palabras: ¿Tenía un gentil que hacerse judío para poder ser cristiano? ¿O podía ser admitido en la Iglesia como gentil?

Si se resolvía esa cuestión, todavía quedaba otra: Los judíos estrictos no podían tener ningún trato con los gentiles, ni hospedarlos ni ser sus huéspedes. En la medida de lo posible evitaban hasta tener una relación comercial con ellos. Entonces, si los gentiles eran admitidos en la Iglesia, ¿hasta qué punto podían los judíos y los gentiles participar juntos en la vida social ordinaria de la Iglesia?

Estos eran los problemas que había que resolver, y la solución no era fácil. Pero la Iglesia acabó por tomar la decisión de que no debía haber diferencias entre judíos y gentiles. El capítulo 15 de *Hechos* nos cuenta cómo se llegó a las decisiones del Concilio de Jerusalén que fueron el reconocimiento de la libertad de los gentiles.

EL PROBLEMA SE HACE AGUDO

Hechos 15:1-5

Unos cuantos hombres que bajaron de Judea trataron de convencer a los miembros gentiles de la comunidad cristiana de Antioquía de que tenían que circuncidarse como mandaba la Ley de Moisés para poder salvarse. Pablo y Bernabé no estaban de acuerdo con aquello en absoluto, y discutieron con ellos acaloradamente. Entonces se decidió que Pablo y Bernabé y algunos otros subieran a Jerusalén a tener una reunión con los apóstoles y los ancianos para discutir el asunto a fondo con ellos. La congregación se despidió de ellos y les proveyó de lo necesario para el viaje; y ellos pasaron por Fenicia y Samaria contando cómo se estaban convirtiendo los gentiles, y todos los miembros de las comunidades cristianas se quedaban encantados al oírlo.

Cuando llegaron a Jerusalén, les dieron la bienveni-

da todos los creyentes, apóstoles y ancianos, y ellos les dieron las buenas noticias de todo lo que Dios estaba haciendo con ellos. Entonces algunos de los fariseos que habían aceptado la fe se pusieron a decir que a los gentiles había que empezar por circuncidarlos, y luego decirles que tenían que cumplir la Ley de Moisés.

El hecho revolucionario de que se predicara el Evangelio a judíos y gentiles por igual se presentó de una manera espontánea en Antioquía, y los convertidos de ambos grupos convivieron como hermanos. Pero había algunos judíos para los que eso era inconcebible. No podían olvidar su privilegio exclusivo de ser el pueblo escogido. Estaban dispuestos a que los gentiles ingresaran en la Iglesia, pero con la condición de que primero se hicieran judíos. Si se hubiera impuesto su actitud, el Cristianismo no habría sido más que una secta del judaísmo. Algunos de aquellos judíos estrechos bajaron de Jerusalén a Antioquía, y trataron de convencer a los convertidos de que lo perderían todo si no aceptaban el judaísmo. Pablo y Bernabé se pusieron a discutir acaloradamente con ellos, pero no se veía la salida.

Sólo se podía hacer una cosa: había que apelar a Jerusalén, que era el cuartel general de la Iglesia, para que fallara la cuestión. El caso que presentaban Pablo y Bernabé era sencillamente lo que había sucedido, y estaban dispuestos a dejar que los hechos hablaran por sí mismos. Pero algunos de los fariseos que se habían hecho cristianos insistieron en que todos los convertidos tenían que circuncidarse y guardar la Ley.

El principio en cuestión era sencillo y absolutamente fundamental: ¿Era el Don de Dios para unos pocos selectos o para todo el mundo? Los que lo hemos recibido, ¿tenemos que considerarlo como un privilegio o como una responsabilidad? El problema puede que no se nos plantee ahora exactamente de la misma manera; pero todavía existen divisiones de clase, de nacionalidad y de color, y no digamos de tradiciones eclesiásticas. Sólo reconocemos el verdadero sentido del Evangelio cuando todos los muros de división se vienen abajo.

PEDRO PLANTEA EL CASO

Hechos 15:6-12

Los apóstoles y los ancianos celebraron una reunión para examinar la cuestión; y después de mucha discusión, Pedro se levantó para tomar la palabra:
—Hermanos: Todos vosotros sabéis que en los primeros días de la fe Dios me escogió como instrumento para que los gentiles escucharan el mensaje del Evangelio y lo aceptaran. Y Dios, que conoce los corazones, dio la señal de su aprobación al concederles el Espíritu Santo exactamente lo mismo que a nosotros. Él no estableció ninguna diferencia entre ellos y nosotros, porque fue por medio de la fe como purificó sus corazones. ¿Cómo es que ahora estáis tratando de hacer que Dios cambie de actitud al insistir en que los creyentes se sometan a un yugo que ni nosotros ni nuestros antepasados hemos sido capaces de sobrellevar? Lo cierto es que creemos que somos salvos gracias a la obra de Jesucristo, lo mismo que ellos.

A eso guardó silencio toda la asamblea, y todos se dispusieron a escuchar a Bernabé y a Pablo, que les refirieron la historia de todas las maravillosas demostraciones de poder divino que Dios había desplegado por medio de ellos entre los gentiles.

En respuesta a los judíos más estrictos, Pedro les recordó que él mismo había sido el instrumento de Dios para recibir a Cornelio en la Iglesia diez años antes. La prueba de que él había actuado rectamente fue que Dios les concedió el Espíritu Santo a los gentiles que se convirtieron, lo mismo que a ellos mismos en Pentecostés. Por lo que se refería a la Ley, serían ritualmente impuros; pero Dios les había limpiado el corazón por medio de su Espíritu. El intento de obedecer los múltiples y diversos mandamientos de la Ley para obtener la salvación

siempre había sido una batalla perdida que sumía a todos en
el fracaso. No había más que un camino: aceptar el Don gra-
tuito de la gracia de Dios en el acto de rendición de la fe.
Pedro llegó al corazón de la cuestión. En aquella discusión
se estaba debatiendo el principio más radical: ¿Puede alguien
merecer el favor de Dios? ¿O debe reconocer su propia inde-
fensión y estar dispuesto a aceptar con una fe humilde lo que
da inmerecidamente la gracia de Dios? «En efecto —diría el
partido de los judíos estrictos—: Religión quiere decir ganar
el favor de Dios guardando la Ley.» Pero Pedro dijo: «La
verdadera Religión consiste en acogernos, indefensos e indignos, a la gracia de Dios que se nos ofrece en Jesucristo.» Aquí
se encuentra implícitamente la diferencia entre la religión de
las obras y la religión de la gracia. Nadie alcanzará la paz hasta
que se dé cuenta de que no puede hacer nunca que Dios esté
en deuda con él, y que lo único que puede hacer es tomar lo
que Dios le ofrece en su gracia. La paradoja del Evangelio es
que el camino de la victoria pasa por la rendición; y el del
poder, por admitir nuestra absoluta impotencia.

EL LIDERATO DE SANTIAGO

Hechos 15:13-21

> *Cuando Bernabé y Pablo acabaron su informe, San-
> tiago tomó la palabra:*
> *—Hermanos, prestadme atención. Simón os ha refe-
> rido la primera ocasión en que Dios demostró su interés
> en los gentiles y su intención de tomar de ellos un pue-
> blo para Sí. Y esto está de acuerdo con lo que los
> profetas dijeron que sucedería. Ya conocéis el pasaje:
> «"Después de esto volveré a reconstruir el tabernáculo
> derruido de David, reedificaré sus ruinas y lo volveré
> a levantar, para que el resto de la humanidad busque
> al Señor, y todos los gentiles que ya me conocen de*

Nombre" — dice el Señor que hace saber todo esto con amplia antelación.» En vista de lo cual yo considero que no debemos imponerles cargas a los gentiles que se convierten, sino simplemente advertirles que no se involucren en nada que esté contaminado por el contacto con los ídolos, ni en la inmoralidad sexual, ni coman carne de animales que no se hayan desangrado debidamente. Si alguno de ellos a título personal quiere cumplir la Ley, por supuesto que puede hacerlo; para eso están las sinagogas en las que se proclama la Ley de Moisés todos los sábados.

Tenemos la impresión de que la aceptación de los gentiles estaba en la balanza hasta que habló Santiago. Era el moderador de la iglesia de Jerusalén. Su autoridad no dependía de un cargo oficial, sino de su carácter como hombre fuera de lo corriente. Se le conocía como «el hermano del Señor» *(Gálatas 1:19).* El Señor Resucitado se le había aparecido una vez a él solo *(1 Corintios 15:7).* Era uno de los pilares de la Iglesia *(Gálatas 1:19).* Se dice que tenía las rodillas tan encallecidas como las de un camello de pasar tanto tiempo en oración. Era un hombre tan bueno que le llamaban Santiago el Justo. Además, era un riguroso cumplidor de la Ley. Si tal hombre se ponía de parte de los gentiles, todo iría bien. Y eso fue lo que pasó, pronunciándose a favor de que los creyentes gentiles fueran admitidos en la Iglesia sin impedimento.

Pero entonces se planteó una cuestión social. ¿Cómo podría un judío estricto tener relación con un gentil? Para facilitar las cosas Santiago sugirió ciertas reglas que debían observar los gentiles:

(i) Tenían que abstenerse de lo que estuviera contaminado por los ídolos. Uno de los grandes problemas de la iglesia primitiva era el de la carne que había sido sacrificada a los ídolos. Pablo lo trata ampliamente en *1 Corintios 8 y 9.* Cuando alguien ofrecía un sacrificio en un templo pagano, lo corriente era que se quemara una pequeña porción de la carne. La mayor parte se le devolvía para que hiciera una fiesta con sus amigos, muchas veces en el templo mismo, y otras en su casa. Y otra parte se la quedaban los sacerdotes, y normalmente se vendía en las carnicerías. Ningún cristiano debía arriesgarse a la contaminación al comer esa carne, porque se había ofrecido a un ídolo.

(ii) Tenían que abstenerse de la inmoralidad sexual. Se ha dicho que la castidad es la única nueva virtud que trajo al mundo el Cristianismo. En un mundo impuro, los cristianos tenían que ser puros.

(iii) Tenían que abstenerse de carne de animales que hubieran sido estrangulados y de la sangre. Para los judíos la sangre era la vida, y la vida pertenecía sólo a Dios. Por tanto los judíos de todos los tiempos matan los animales desangrándolos completamente; y el que los gentiles no observaran esta regla era algo abominable para los judíos. Así es que se dispuso que los gentiles comieran solo carne que se hubiera preparado a la manera de los judíos.

Si no se observaban estas reglas, la relación entre judíos y gentiles podría haber resultado imposible; pero su cumplimiento eliminaba la última barrera. En la Iglesia se estableció el principio de que los judíos y los gentiles formaban un solo pueblo de Dios.

EL DECRETO SE PUBLICA

Hechos 15:22-35

> *Seguidamente, los apóstoles y los ancianos responsables, de acuerdo con toda la asamblea, decidieron nombrar representantes que fueran a Antioquía con Pablo y Bernabé; y eligieron a Judas, también llamado Barsabás, y a Silas, que eran personas representativas de la comunidad cristiana. Y les dieron un mensaje escrito para que lo llevaran, que decía: «De hermanos a her-*

manos, nosotros los apóstoles y ancianos responsables mandamos nuestros saludos a los miembros gentiles de las iglesias de Antioquía, Siria y Cilicia. Como hemos sabido que ciertas personas de aquí, que no fueron como representantes nuestros, os han inquietado e intranquilizado con sus afirmaciones, hemos tenido una reunión en la que hemos decidido escoger a unos para mandároslos con nuestros queridos Bernabé y Pablo, que han arriesgado la vida por la causa de nuestro Señor Jesucristo. Así es que os enviamos a Judas y Silas, que os dirán de palabra lo que pone esta carta. El Espíritu Santo y nosotros hemos decidido de común acuerdo no imponeros más cargas además de estas cosas necesarias: que no participéis de carne que haya sido parte de un sacrificio a un ídolo; que no uséis como alimento carne de animales que no hayan sido debidamente desangrados o que hayan sido estrangulados, y que os abstengáis de la inmoralidad sexual. Haréis bien en no participar de esas cosas. ¡Que os vaya bien!»

Cuando les prepararon lo necesario para el viaje, se pusieron en camino hacia Antioquía. Al llegar, convocaron una reunión de la congregación y les entregaron la carta. La leyeron y se alegraron mucho del ánimo que se les daba. Judas y Silas, que además eran profetas, dijeron muchas cosas para animar a la comunidad cristiana y exhortarla a que se mantuviera firme en la fe. Después de quedarse allí algún tiempo, la comunidad les preparó el viaje de vuelta a los que los habían enviado y les desearon muy buen viaje; pero Pablo y Bernabé se quedaron en Antioquía colaborando con otros muchos en la enseñanza y en el anuncio de la Buena Noticia del Evangelio del Señor.

En cuanto llegó a esa decisión, la Iglesia actuó con eficacia y con cortesía. Los términos de la decisión se exponían en una carta. Pero no enviaron ésta con un mensajero cualquiera, sino con Judas y Silas, que acompañaron a Pablo y Bernabé a Antioquía. Si Pablo y Bernabé hubieran vuelto solos, sus enemigos podrían haber dudado de la autenticidad del mensaje. Judas y Silas eran emisarios oficiales y garantes de la verdad de la decisión. La Iglesia hizo bien en mandar personas con la carta. Uno de los primeros escritores cristianos, Papías, reconocía que había aprendido más de la palabra viva y permanente que de muchas lecturas. Una carta puede sonar fríamente oficial; pero las palabras de Judas y Silas contribuían un calor amigable que podía faltar en la lectura de la carta. Son innumerables los problemas que se habrían podido evitar si se hubiera hecho una visita personal en vez de limitarse a enviar una carta a secas.

PABLO SE PONE EN CAMINO OTRA VEZ

Hechos 15:36-41

Al cabo de algún tiempo, Pablo le dijo a Bernabé:
—Vamos a visitar a las comunidades cristianas en los pueblos donde hemos predicado el Evangelio, a ver cómo les va.
Bernabé quería llevarse con ellos a Juan, también llamado Marcos; pero Pablo no consideraba sensato llevar al que había desertado en Panfilia negándose a ir con ellos a la Obra. Y hubo tal desavenencia entre ellos que se separaron, y Bernabé se embarcó con Marcos en dirección a Chipre, y Pablo escogió a Silas y se puso en camino con él después de que la comunidad cristiana los encomendara a la gracia del Señor, y visitaron a las congregaciones de Siria y Cilicia para consolidarlas.

Pablo era un aventurero «a lo divino», y no podía quedarse mucho tiempo en el mismo lugar. Así es que decidió echarse otra vez a la carretera; pero los preparativos del viaje acabaron en una desavenencia lamentable. Bernabé quería que llevaran a Juan Marcos, y Pablo no quería tener más que ver con el que había desertado en Panfilia. La diferencia que surgió entre ellos fue tan aguda que se separaron y no volvieron a trabajar juntos por lo que sabemos. Es imposible decir quién tenía razón; pero esto sí podemos decir: que Marcos fue inmensamente afortunado de tener a Bernabé como más que pariente, como amigo. Sabemos que Marcos acabó rehabilitándose. Tal vez fue Bernabé el que le devolvió la confianza en sí mismo y le ayudó a ser fiel. Es una bendición inapreciable el encontrarnos a alguien que confía en nosotros. Bernabé confió en Marcos, y Marcos no le defraudó.

EL SEGUNDO VIAJE MISIONERO

El relato del segundo viaje misionero de Pablo, que le ocupó unos tres años, se nos da en las secciones de *Hechos* que se extienden desde 15:36 hasta 18:23. Empezó en Antioquía. Al principio hizo una visita a las iglesias de Siria y Cilicia. Luego visitó otra vez las de la regiones de Derbe, Listra, Iconio y Antioquía de Pisidia. A este siguió un periodo cuando no veía claro adónde dirigirse, hasta que tuvo una visión en Tróade. De Tróade cruzó a Neápolis, y de allí fue a Filipos. Luego a Tesalónica y Berea. De allí fue a Atenas, y luego a Corinto, donde pasó unos dieciocho meses. En Corinto inició el viaje de vuelta a Jerusalén pasando por Éfeso, y desde Jerusalén volvió a Antioquía, su punto de partida. El gran avance consiste en que en este viaje la actividad de Pablo pasa de Asia Menor a lo que es ahora Europa.

UN HIJO EN LA FE

Hechos 16:1-5

> *Pablo llegó a Derbe y Listra. Allí había un creyente que se llamaba Timoteo, que era hijo de una cristiana judía y de padre griego. Todos los miembros de las comunidades cristianas de Listra e Iconio hablaban muy bien de él. Pablo quería llevarle con él; así es que cogió y le circuncidó, para no complicar su trabajo entre los judíos de aquella región, porque se sabía que era hijo de padre griego.*
>
> *Al ir pasando por los pueblos, les comunicaban las decisiones que habían hecho los apóstoles y los ancianos responsables de Jerusalén, y les decían que las tomaran por norma. Las congregaciones se iban consolidando en la fe, y crecían en número de día en día.*

Habían pasado cinco años desde que Pablo predicó en Derbe y Listra la vez anterior; pero cuando volvió se debió de alegrar mucho al conocer a un joven que había crecido en la iglesia y que había de serle muy querido. Era muy natural que Pablo estuviera buscando alguien que tomara el lugar de Marcos. Era consciente de la necesidad de entrenar a la nueva generación para la Obra; y encontró en el joven Timoteo precisamente la clase de hombre que quería. Al parecer presenta un problema el hecho de que le circuncidara, precisamente cuando acababa de ganar una batalla para que se considerara innecesaria la circuncisión. La razón era que Timoteo era judío por parte de madre. Eran los gentiles los que eran libres de las ceremonias propias de la manera de vivir de los judíos. Podemos imaginar la oposición de los judíos, cristianos o no, si Pablo fuera por ahí con un judío incircunciso, que se interpretaría como una prueba de que enseñaba que los judíos no tenían que circuncidarse, cosa que él nunca había dicho pero que le acusarían pronto, si no ya, de enseñar *(Hechos 21:21).*

El hecho de aceptar a Timoteo como judío en realidad demostraba lo emancipado que estaba Pablo de la manera judía de pensar. Timoteo era hijo de un matrimonio mixto que un judío estricto se negaría a reconocer como verdadero matrimonio. De hecho, si una joven o un joven judíos se casaban con gentiles, su propia familia los consideraba como muertos, hasta el punto de que algunas veces hasta se celebraba su funeral. Al aceptar al hijo de un tal matrimonio como hermano judío, Pablo daba señal de haber roto definitivamente con todas las barreras nacionales.

Timoteo era un chico que tenía una gran herencia. Su madre y su abuela habían sido creyentes *(2 Timoteo 1:5)*. En los días por venir, Pablo le usaría a menudo como mensajero *(1 Corintios 4:17; 1 Tesalonicenses 3:2-6)*. Estaba en Roma cuando Pablo estaba allí en la cárcel *(Filipenses 1:1; 2:19; Colosenses 1:1; Filemón 1)*. Timoteo tenía una relación muy especial con Pablo. Cuando Pablo escribe a los Corintios *(1 Corintios 4:17)* se refiere a él como su *hijo amado*. Cuando escribe a los Filipenses dice que no hay otro que esté tan cordialmente de acuerdo con él *(Filipenses 2:19, 20)*. Probablemente Pablo vio en Timoteo a su sucesor para cuando él acabara su carrera. Feliz sin duda el hombre al que se le concede ver el resultado de su labor como entrenador en uno que puede relevarle.

EL EVANGELIO LLEGA A EUROPA

Hechos 16:6-10

Seguidamente Pablo y sus compañeros recorrieron los distritos de Frigia y Galacia, porque el Espíritu les había impedido comunicar el Mensaje en Asia. Cuando llegaron a la frontera de Misia, intentaron pasar a Bitinia, pero el Espíritu de Jesús no se lo permitió. Así es que fueron bordeando Misia y bajaron a la costa en Tróade.

Allí tuvo Pablo una visión por la noche, en la que vio
a un macedonio que le estaba pidiendo: «¡Pasa a ayu-
darnos a Macedonia!» Después de aquella visión de
Pablo, en seguida nos pusimos a buscar la manera de
llegar a Macedonia, dando por seguro que Dios nos
llamaba a anunciar allí la Buena Noticia.

Durante cierto tiempo parecía que se le cerraban todas las puertas a Pablo. Debe de haberle parecido extraño que el Espíritu Santo le impidiera la entrada en la provincia romana de Asia; allí estaban Éfeso y todos los otros detinatarios de las cartas a las Siete Iglesias del Apocalipsis. Bitinia también se le cerró. ¿Cómo se lo hizo saber el Espíritu Santo? Puede que fuera por medio de un profeta; o en una visión; o con una convicción interior que no dejaba lugar a dudas. Pero también existe la posibilidad de que lo que le impidiera a Pablo viajar por esas provincias fuera una cuestión de salud, «el aguijón en su carne».

Lo que hace esto más probable es que en el versículo 10 nos encontramos de pronto y sin previo aviso con un pasaje «nosotros»: el relato se hace, no en tercera, sino en primera persona del plural. Eso quiere decir que Lucas estaba allí como testigo presencial y compañero de Pablo. ¿Por qué entra tan inesperadamente en escena? Lucas era médico, y es probable que Pablo necesitara sus servicios profesionales por haber caído enfermo y verse impedido para hacer los viajes que se había propuesto. Si esta sugerencia es correcta, quiere decir que Pablo tomó su debilidad y dolor como mensajeros de Dios.

La visión de un macedonio aportó la dirección que Pablo necesitaba. ¿Quién fue ese macedonio que Pablo vio en visión? Se ha sugerido que fue el mismo Lucas, que es probable que fuera de Macedonia. Algunos creen que no tenemos por qué preguntárnoslo, porque los sueños no tienen esa clase de interpretación; pero hay una teoría muy atractiva. Hubo un hombre que casi consiguió conquistar el mundo, y fue el macedonio Alejandro Magno. Todo en la situación parecía recordársele a

Pablo. El nombre completo de Tróade era Tróade Alexandrina. Al otro lado del mar estaba Filipos, que recibió ese nombre en recuerdo del padre de Alejandro. Un poco más allá estaba Tesalónica, que fue llamada así por la hermanastra de Alejandro. Todo el distrito estaba empapado de recuerdos de Alejandro; y Alejandro era el hombre que había dicho que su objetivo era «casar el Este con el Oeste» para hacer un mundo unido. Puede que Pablo tuviera una «visión» de Alejandro, el hombre que conquistó el mundo, y que esa visión le diera un nuevo impulso hacia la conquista de un mundo para Cristo.

LA PRIMERA CONVERSIÓN EN EUROPA

Hechos 16:11-15

Embarcamos en Tróade y navegamos directamente a Samotracia; y al día siguiente desembarcamos en Neápolis. Desde allí pasamos a Filipos, que es la ciudad más importante de la provincia de Macedonia, y es una colonia romana. Allí pasamos unos cuantos días.

El sábado salimos por la puerta de la ciudad y fuimos siguiendo la orilla del río donde esperábamos encontrar el sitio donde se reunían a orar los judíos. Cuando lo encontramos, nos sentamos y nos pusimos a hablar con las mujeres que habían venido a la reunión. Entre ellas había una tal Lidia, vendedora de tinte de púrpura, que era natural de la ciudad de Tiatira; que, aunque era gentil, creía en Dios.

Lidia estuvo escuchándonos, porque el Señor le había dado un corazón abierto e interesado en lo que Pablo tenía que decir. Recibió el bautismo con toda su parentela, y seguidamente nos insistió:

—Si estáis seguros de que soy una creyente sincera, aceptad mi hospitalidad.

Y no hubo manera de que nos negáramos.

Neápolis es la moderna Kavala, y era el puerto de Filipos. Filipos tenía una larga historia. En tiempos pasados se había llamado Crénides, que quiere decir «Las Fuentes»; pero Filipo de Macedonia, el padre de Alejandro Magno, la fortificó como avanzada contra los tracios y le dio su nombre. Había tenido minas de oro famosas, pero ya estaban agotadas en tiempos de Pablo. Más tarde fue el escenario de una batalla famosa, en la que Augusto se hizo con el Imperio Romano.

Filipos era una colonia romana, que era una dignidad que se concedía a los puntos estratégicos en los que Roma instalaba a grupos reducidos de veteranos que habían terminado el servicio de las armas. Vestían como romanos, hablaban latín y se gobernaban por el derecho romano estuvieran donde estuvieran. Estas avanzadas del imperio eran las que estaban más orgullosas de la ciudadanía romana.

En Filipos no había sinagoga; pero, donde los judíos no podían tener una sinagoga tenían algún lugar en el que se reunían para hacer el culto, por lo general a la orilla del río. Aquel sábado, Pablo y sus compañeros se dirigieron allí y hablaron con las mujeres que se habían reunido.

Lo más extraordinario del trabajo de Pablo en Filipos es la representación de la población que fue ganada para Cristo que iremos conociendo. La primera fue Lidia, que estaría en lo más alto de la escala social, porque era comerciante de tinte de púrpura, sustancia que había que obtener gota a gota de un cierto molusco y que era tan cara que la necesaria para teñir un kilo de lana costaría cincuenta mil pesetas. Lidia, la rica comerciante, fue la primera que fue ganada para Cristo en tierra europea. Y su primera reacción fue ofrecer su casa al grupo de Pablo. El Señor abrió el corazón de Lidia al Evangelio, y seguidamente ella le abrió su casa. Pablo incluye entre las cualidades del cristiano el ser dado a la hospitalidad *(Romanos 12:13);* y Pedro también insiste en este deber cuando dice a sus convertidos que practiquen la hospitalidad sin reservas *(1 Pedro 4:9).* Un hogar cristiano siempre tiene la puerta abierta a los necesitados, y más aún a los que son de la familia de la fe.

LA ESCLAVA POSEÍDA

Hechos 16:16-24

Cuando íbamos de camino al lugar de la reunión de oración, nos salió al encuentro una chica esclava que se creía que estaba inspirada por un espíritu de Apolo, y proporcionaba pingües ganancias a sus amos diciendo la buena ventura. No hacía más que seguirnos a Pablo y a los demás, dando voces:

—¡Estos son los siervos del Dios Altísimo, que nos anuncian el camino de Salvación!

Y así se pasó muchos días, hasta que Pablo ya no se pudo aguantar más y se dio la vuelta y dijo al espíritu:

—¡Te mando en el nombre de Jesucristo que salgas de ella!

Y salió al instante.

Pero cuando los amos de la muchacha se dieron cuenta de que ya no tenían esperanza de seguir ganando dinero, echaron mano a Pablo y Silas y los llevaron a la fuerza a la plaza del pueblo para entregarlos a la autoridad, acusándolos ante los magistrados:

—Estos tipos, que son judíos, están alborotando todo el pueblo, proponiendo unas ideas y una forma de vida inaceptables para nosotros que somos romanos.

La gente se puso de parte de los acusadores contra Pablo y Silas; y los magistrados dieron orden de que los desnudaran y los azotaran con varas. Después de una tremenda paliza, los echaron a la cárcel dándole órdenes estrictas al carcelero de que los pusiera a buen recaudo, cosa que cumplió metiéndolos en la celda del fondo con los pies en el cepo.

Si Lidia procedía de la clase más alta de la sociedad, esta chica esclava estaba en lo más bajo. Era lo que llamaban una *pitonisa*, es decir, una persona que podía dar oráculos para guiar las decisiones de los consultantes. Dicho de otra manera, era una pobre psicópata, pero el mundo antiguo tenía un respeto supersticioso a los tales. En cierta ocasión David se fingió loco para salvar la vida, y le salió bien *(1 Samuel 21:10-15);* y también se nos presenta el caso de la espiritista de Endor —llamada «pitonisa» en muchas traducciones, entre ellas la Reina-Valera antigua. En los tiempos de Pablo se decía que los dioses les habían quitado la razón a estas personas para poner en ellas su propia mente.

El caso es que esta muchacha había caído en manos de gente sin escrúpulos que usaba su desgracia en provecho propio. Cuando Pablo la libró del espíritu malo, en lugar de alegrarse de que ya estaba bien, se enfurecieron de que se les hubiera cerrado aquella fuente de ingresos. Y, como eran astutos, jugaron con el antisemitismo natural de la gente, y apelaron a su orgullo como ciudadanos de la colonia romana. Así fue como consiguieron el castigo y la detención crueles e injustos de Pablo y Silas. Porque no sólo los metieron en la cárcel, sino en el calabozo de más adentro y les pusieron en cepos, puede que no sólo los pies, sino también las manos y el cuello.

Lo trágico es que los arrestaron y maltrataron por hacer el bien. Siempre que el Evangelio ataca los intereses creados se producen problemas. Lo más peligroso es llegar al bolsillo de algunos. Todos debemos preguntarnos: «¿Vale la pena el dinero que estoy ganando? ¿La pena de quién? ¿Lo gano sirviéndome de mis semejantes o explotándolos?» A menudo el mayor obstáculo en el camino del avance del Evangelio es el egoísmo de la gente.

EL CARCELERO DE FILIPOS

Hechos 16:25-40

A la medianoche Pablo y Silas estaban orando y cantando himnos a Dios, y los otros presos los oían. Repentinamente se produjo un terremoto tan violento que sacudía los cimientos de la cárcel. Inmediatamente se abrieron de golpe todas las puertas de la cárcel, y las cadenas de todos los presos se soltaron de la pared. Cuando el carcelero se despertó sobresaltado y vio que las puertas estaban abiertas, desenvainó la espada dispuesto a suicidarse, porque creía que todos los presos se habían escapado.

—*¡No hagas eso —le gritó Pablo—, que todos estamos aquí!*

El carcelero pidió que le trajeran una luz, entró a toda prisa, todo tembloroso, y se postró a los pies de Pablo y Silas. Los sacó de la mazmorra, y les preguntó:

—*Señores, ¿qué es lo que tengo que hacer para estar a salvo?*

—*Entrégate al Señor Jesucristo, y os salvaréis tú y todos los tuyos —le contestaron. Y seguidamente les comunicaron el mensaje del Señor a él y a todos los suyos. Sin tiempo que perder, aunque era medianoche, el carcelero se hizo cargo de ellos y les lavó las heridas de la paliza. Luego se bautizaron él y toda su familia, y después los llevó a su casa y les preparó una comida, y toda la familia celebró con mucha alegría el haberse convertido.*

Cuando se hizo de día, los magistrados enviaron recado con unos alguaciles:

—*Pon en libertad a esos hombres.*

El carcelero se lo hizo saber a Pablo:

—*Los magistrados han dado orden de que se os pon-*

ga en libertad, así es que salid. ¡Ya podéis marcharos, y que os vaya muy bien!

—Nos azotan públicamente sin ser culpables de nada —respondió Pablo— y nos meten en la cárcel sin tener en cuenta que somos ciudadanos romanos, ¿y ahora nos van a despachar como si no hubiera pasado nada? ¡Que se lo han creído! ¡Decidles que vengan a sacarnos en persona!

Los alguaciles les llevaron el recado a los magistrados de lo que había dicho Pablo, y los magistrados se echaron a temblar cuando se enteraron de que se trataba de ciudadanos romanos. Así es que vinieron a presentar sus disculpas, los acompañaron en la salida de la cárcel y les pidieron que se marcharan de la ciudad. Pero ellos, cuando salieron de la cárcel se fueron a casa de Lidia, y no se marcharon hasta después de ver a los miembros de la comunidad cristiana y de hablar con ellos para darles ánimo.

Lidia pertenecía a la clase alta; la muchacha esclava, a la más baja, y el carcelero romano era de la clase media en la que había otros muchos funcionarios. En esos tres personajes tenemos una muestra de la sociedad de Filipos.

Vamos a fijarnos en *la escena* de este pasaje. Sucede en un distrito en el que los terremotos no eran infrecuentes. Las puertas se cerraban con una barra de madera que se encajaba en dos ranuras, lo mismo que las cadenas. El terremoto hizo que se soltaran las barras, así que las puertas se abrieron y las cadenas se soltaron. El carcelero estaba a punto de quitarse la vida, porque la ley romana decía que si se escapaba un preso el carcelero tenía que sufrir su condena.

Vamos a fijarnos en los *personajes*.

En primer lugar tenemos a Pablo. Notamos tres cosas en él: (i) Era capaz de ponerse a cantar himnos cuando estaba agarrotado en el cepo de una mazmorra a medianoche después de una paliza despiadada. Hay algo que no se le puede quitar a un cristiano, y es Dios y la presencia de Jesucristo. Estando con Dios se es libre hasta en una prisión, y hay luz hasta a medianoche. (ii) Estaba dispuesto a abrirle la puerta de la salvación hasta al carcelero que le había colocado en el cepo en la celda más inhóspita. Pablo era incapaz de guardar rencor. Podía predicarle el Evangelio al que le había asegurado en el cepo. (iii) Sabía mantener su dignidad. Reclamaba sus derechos como ciudadano romano. El azotar a un ciudadano romano era un crimen que se castigaba con la muerte. Pero Pablo no reclamaba sus derechos para sí mismo, sino para los cristianos que dejaba en Filipos. Quería que se viera que no carecían de amigos influyentes.

En segundo lugar, tenemos al carcelero. Es interesante que dio muestras de la autenticidad de su conversión bien pronto. En cuanto conoció a Cristo lavó las heridas del látigo que tenían los presos en la espalda, y les sirvió de comer. Si la fe no nos hace compasivos y amables, no es sincera. A menos que un supuesto cambio de corazón se manifieste en un cambio de obras, es falso.

EN TESALÓNICA

Hechos 17:1-9

> *Siguiendo la carretera que pasaba por Anfípolis y Apolonia llegaron a Tesalónica, donde sí había sinagoga. Pablo siguió su costumbre de empezar por la sinagoga, y allí estuvo discutiendo con los judíos tres sábados seguidos acerca de las Escrituras, explicando y citando pasajes que demostraban que el Mesías tenía que sufrir y volver a la vida después de haber muerto. Y les decía:*
> *—Y este Jesús del Que os estoy hablando es el Mesías.*
> *Algunos de ellos se convencieron y se asociaron a Pablo y Silas; entre ellos había muchos griegos que, sin*

haber llegado a hacerse judíos, asistían al culto de la sinagoga, y las mujeres de muchos de los hombres importantes de la ciudad.

Los judíos estaban resentidos del éxito de Pablo y Silas, y se buscaron unos cuantos gamberros que amotinaran los bajos fondos para alborotar la ciudad. Asaltaron la casa de Jasón buscando a Pablo y Silas para presentarlos a una asamblea popular; y como no pudieron encontrarlos, trajeron a la fuerza a Jasón y a algunos otros miembros de la comunidad cristiana a los magistrados, gritando:

—¡Los que están trayendo el caos a todo el mundo civilizado han llegado también aquí, y Jasón les ha ofrecido hospitalidad! ¡Su conducta está en total desacuerdo con los decretos del César, porque pretenden que su rey es un tal Jesús!

Tanto la multitud como los magistrados se alarmaron al oírlo, y les hicieron pagar una fianza a Jasón y a los otros antes de dejarlos en libertad.

La llegada del Evangelio a Tesalónica fue un acontecimiento de primera magnitud. La gran calzada romana que iba del Adriático al Oriente Medio se llamaba la Vía Egnatia, y la calle principal de Tesalónica era parte de ella. Si la Iglesia se establecía en Tesalónica, podía extenderse al Este y al Oeste por aquella carretera, convirtiéndola en el camino del avance del Reino de Dios.

El primer versículo de este capítulo es un ejemplo extraordinario de economía verbal. Parece que habla de una agradable excursión cuando, en realidad, Filipos estaba a 50 kilómetros de Anfípolis, ésta a 45 de Apolonia, y Apolonia a 55 de Tesalónica. Es decir, que se despacha un viaje de 150 kilómetros en una frase.

Como era su costumbre, Pablo empezó la labor en la sinagoga. El mayor éxito lo obtuvo no tanto entre los judíos como entre los gentiles «temerosos de Dios». Esto enfureció a los judíos, que consideraban a estos gentiles como su coto privado, y aquí estaba Pablo robándoselos ante sus propios ojos. Los judíos llegaron al colmo de la bajeza para detener a Pablo. Primero, utilizaron a la chusma. Luego, después de arrastrar a Jasón y sus amigos a los magistrados, acusaron a los misioneros cristianos de predicar la insurrección política. Sabían que era una mentira, pero la vistieron en términos muy sugestivos. «¡Los que están trayendo el caos a todo el mundo civilizado han llegado también aquí!» A los judíos no les cabía la menor duda de que el Evangelio era algo poderosamente *efectivo*. A T. R. Glover le encantaba citar a un niño que decía que el Nuevo Testamento acaba en *Revolution* —en vez de *Revelation,* que quiere decir Apocalipsis. Cuando el Evangelio se pone en acción de verdad tiene que causar una revolución, tanto en la vida individual como social.

EN BEREA

Hechos 17:10-15

Los miembros de la comunidad cristiana enviaron a Pablo y Silas inmediatamente a Berea a cubierto de la noche.

Cuando llegaron, se dirigieron a la sinagoga, donde encontraron judíos más generosos en sus simpatías que los de Tesalónica, porque escucharon con mucho interés el Evangelio y se pusieron a examinar las Escrituras diariamente para comprobar si era verdad lo que les decía Pablo. Muchos de los judíos hicieron la decisión de creer, y con ellos un número considerable de mujeres griegas de buena posición, y de hombres también.

Cuando los judíos de Tesalónica se enteraron de que Pablo estaba predicando el Evangelio también en Berea, se personaron allí y se pusieron a soliviantar a la multitud para que se alborotara y amotinara. La comu-

nidad cristiana mandó inmediatamente a Pablo camino
de la costa, mientras que Silas y Timoteo se quedaron
en Berea. Los que salieron con Pablo le acompañaron
hasta Atenas, donde le dejaron, después de recibir ins-
trucciones para que Silas y Timoteo se reunieran con él
lo más pronto posible.

Berea estaba a 95 kilómetros al Oeste de Tesalónica. En este breve pasaje sobresalen tres cosas:

(i) Se hace hincapié en la base escritural de la predicación de Pablo: hizo que los de Berea se pusieran a escudriñar las Escrituras. Los judíos estaban seguros de que Jesús no podía ser el Mesías porque había muerto crucificado, y la Ley decía que esa era una muerte maldita *(Deuteronomio 21:23)*. Sin duda Pablo dirigiría a los de Berea a pasajes como *Isaías 53* para que vieran que Jesús murió conforme a las Escrituras.

(ii) Vemos de nuevo el odio envenenado de los judíos, que no sólo se opusieron a Pablo en Tesalónica sino que le persiguieron hasta Berea. Lo trágico del caso es que seguramente creían que estaban haciendo la voluntad de Dios al tratar de silenciar a Pablo. Es terrible cuando alguien identifica sus ideas con la voluntad de Dios en vez de someterlas a esa voluntad.

(iii) Vemos de nuevo el valor de Pablo. Había estado preso en Filipos; tuvo que huir de Tesalónica por la noche porque estaba en peligro de muerte, y ahora tiene que huir otra vez de Berea para salvar la vida. Otros habrían abandonado una empresa en la que se estaba constantemente en peligro de la cárcel o de la muerte. Cuando le preguntaron a David Livingstone hasta dónde estaba dispuesto a ir, contestó: «A cualquier parte, *siempre que sea hacia adelante.*» A Pablo tampoco se le ocurrió nunca la idea de volver atrás.

SOLO EN ATENAS

Hechos 17:16-21

Mientras Pablo estaba esperando a Silas y Timoteo en Atenas, ardía de indignación al contemplar la ciudad en las garras de la idolatría. Estuvo discutiendo en la sinagoga con los judíos y con los gentiles que no habían llegado a hacerse judíos pero tomaban parte en el culto de la sinagoga; y todos los días se iba a la plaza de la ciudad a hablar con los que se encontraba. Entre ellos había unos filósofos epicúreos y estoicos que se decían:

—¿De qué estará hablando este palabrero ignorante?

—Parece que es un predicador de dioses extranjeros —contestaban otros, porque Pablo les predicaba el Evangelio de Jesús y de la Resurrección. El caso es que se le llevaron al Areópago y le preguntaron:

—¿Se puede saber en qué consiste esta doctrina nueva y peregrina de que hablas? Porque algunas de las cosas que dices nos parecen muy raras, y querríamos saber lo que quieren decir.

Y es que todos los de Atenas, tanto los nacidos allí como los venidos de fuera, se pasan la vida no haciendo más que escuchar o hablar de las últimas novedades.

Después de huir de Berea, Pablo se encontró solo en Atenas. Pero, solo o acompañado, Pablo nunca dejaba de predicar a Cristo. Atenas hacía tiempo que había dejado atrás su edad de oro, pero seguía siendo la más famosa ciudad universitaria del mundo, a la que acudían de todas partes los buscadores de la sabiduría. Era también una ciudad de muchos dioses. Se decía que había más imágenes de dioses en Atenas que en todo el resto de Grecia, y que en Atenas era más fácil encontrar a un dios que a un hombre. En su gran plaza la gente se reunía a hablar, que era lo único que se hacía en Atenas. Pablo no tendría dificultad en encontrar gente con quien hablar, y los filósofos pronto le descubrieron.

(i) Estaban los *epicúreos*. (*a*) Creían que todo sucede por azar. (*b*) Que todo acaba en la muerte. (*c*) Que los dioses vivían en otro mundo y no se preocupaban de este. (*d*) Que el fin principal del ser humano es el placer. Con esto no querían decir el placer animal o material, porque el placer supremo es el que no conlleva sufrimiento.

(ii) Y estaban los *estoicos*. (*a*) Creían que todo es dios; que dios es un espíritu de fuego, que ha perdido su identidad en la materia, pero que está en todas las cosas. Lo que daba la vida a los humanos era esa chispita del espíritu que moraba en ellos y que cuando morían volvía a Dios. (*b*) Creían que todo lo que sucede es la voluntad de Dios, y por tanto hay que aceptarlo sin resentimiento. (*c*) Que cada cierto tiempo el mundo se desintegraba en una conflagración y empezaba de nuevo otro ciclo de acontecimientos.

Llevaron a Pablo al Areópago —que quiere decir en griego «La Colina de Marte». Era el nombre de la colina y del tribunal selecto que se reunía en ella, compuesto por unos treinta miembros, que juzgaba los casos de homicidio y se ocupaba de las cuestiones de moralidad pública. Allí, en la ciudad más culta del mundo y ante el tribunal más exclusivo, Pablo tenía que exponer su fe. A otro le habría aterrado la perspectiva; pero Pablo no se avergonzaba nunca del Evangelio de Jesucristo. Para él, aquella era una nueva oportunidad que Dios le concedía de ser testigo de Cristo.

EL SERMÓN DE LOS FILÓSOFOS

Hechos 17:22-31

Pablo se puso en pie en medio del tribunal del Areópago, y empezó a hablar:
—Atenienses: No puedo por menos de notar que, en general, sois un pueblo muy religioso. Andando por la ciudad y contemplando vuestros lugares y objetos de culto, me encontré entre otros con un altar en el que había esta inscripción: «A UN DIOS DESCONOCIDO». Pues de Ése, al que dais culto aunque no le conocéis, he venido a hablaros: el Dios que ha hecho el mundo y todo lo que hay en él es el Señor del Cielo y de la Tierra. No vive en templos hechos por los hombres, ni hay nada que podamos hacer con nuestras manos para servirle, como si tuviera necesidad de nosotros. Él es Quien da a todos la vida, el aliento y absolutamente todo. Es Él Quien ha creado todas las naciones de la humanidad de un principio común, y les ha dado sus patrias en todo el mundo. Es Él Quien determina los períodos en los que surge y desaparece cada nación, y Quien les fija las fronteras dentro de las que han de vivir. Los ha creado para que busquen a Dios con la esperanza de encontrarle palpando en las sombras de su ignorancia; porque no cabe duda de que Él está cerca de cada uno de nosotros. «En Él vivimos, y nos movemos y somos» —como han dicho algunos de vuestros poetas; y también—: «Somos sus hijos.» Y como hijos de Dios, no debemos pensar que la Divinidad es como una imagen de oro, o plata, o piedra, esculpida por arte y diseño humanos. Dios ha cerrado los ojos a la locura de aquel tiempo en el que la humanidad no sabía nada, y ahora manda a todos que se arrepientan; porque ha fijado un Día del Juicio justo que ha de llegarle al mundo por medio del Hombre que ha designado para ello. Ese

Hombre es Jesús, y Dios ha dado la prueba definitiva
para todo el género humano al hacer volver a Jesús a
la vida después de haber muerto.

Había muchos altares de dioses desconocidos en Atenas.
Hacía seiscientos años hubo una peste terrible que no se podía
detener de ninguna manera. Un poeta cretense, Epiménides,
propuso un plan: que soltaran desde el Areópago un rebaño de
ovejas blancas y negras, y donde se acostara cada una la sacrificaran al dios más cercano; y si no había ningún altar cerca,
que la sacrificaran «A un dios desconocido.» De esa situación
partió Pablo. Hay una serie de pasos en su sermón:

(i) Dios no es hecho, sino Hacedor; y el Que lo ha hecho
todo no puede ser adorado con cosas hechas por los hombres.
Es un hecho que los hombres adoran muchas veces lo que ellos
mismos han hecho. Si el dios de uno es aquello a lo que dedica
todo su tiempo, su energía y su pensamiento, muchos adoran
cosas hechas por los hombres.

(ii) Dios es el Señor de la Historia. Él estaba presente en
el surgimiento y en la desaparición de las naciones del pasado,
y su mano dirige el timón del presente.

(iii) Dios ha hecho a los hombres de tal manera que
Le anhelan instintivamente y Le buscan a tientas en la
oscuridad.

(iv) Los días de ir a tientas y de la ignorancia han pasado.
Cuando los seres humanos tenían que buscar en la sombra no
podían conocer a Dios, y Él disculpaba sus necedades y errores;
pero ahora, en Cristo, ha venido la plenitud del conocimiento
de Dios y se ha terminado el tiempo de las disculpas.

(v) El Día del Juicio se acerca. La vida no es una marcha
hacia la extinción como decían los epicúreos, ni hacia la ab-
sorción en la divinidad como decían los estoicos, sino un
caminar hacia el tribunal de Dios en el que Jesucristo es el Juez.

(vi) La prueba de la Soberanía de Cristo está en la Resurrección. No se trata de aceptar a «un dios desconocido», sino al
Cristo Resucitado que nos presenta el Evangelio.

LA REACCIÓN DE LOS ATENIENSES

Hechos 17:32-34

> *Cuando oyeron lo de la Resurrección de los muertos, algunos se rieron de que se trajera tal cosa al tribunal; pero otros dijeron:*
> *—Nos gustaría que nos hablaras de eso otra vez.*
> *En ese punto de la discusión, Pablo se marchó del tribunal. Hubo algunos que se relacionaron con él y que hicieron la decisión de ser creyentes; entre ellos Dionisio, que era miembro del Tribunal del Areópago, una mujer que se llamaba Dámaris y algunos otros.*

Parecería que, en general, Pablo tuvo menos éxito en Atenas que en ningún otro sitio. Era típico de los atenienses que lo único que querían era hablar; no querían actuar, ni casi llegar a ninguna conclusión. Les atraían las acrobacias mentales y el estímulo del paseo intelectual sin compromiso.

Hubo tres reacciones principales: (*a*) Algunos se burlaron. Les divertía la apasionada seriedad de aquel extraño judío. Se puede reducir la vida a un chiste; pero los que lo hagan se darán cuenta tarde de que lo que tomaron por comedia termina en tragedia. (*b*) Algunos aplazaron la decisión. El día más peligroso es cuando uno se da cuenta de lo fácil que es dejar las cosas para mañana. (*c*) Algunos creyeron. El prudente se da cuenta de que es de locos rechazar lo que Dios ofrece generosamente.

Se dan los nombres de dos convertidos. Uno fue Dionisio el Areopagita. Como ya se ha dicho, el Areópago estaba formado por no más de treinta personas; así que Dionisio debe de haber formado parte de la aristocracia intelectual de Atenas. La otra persona que se convirtió fue Dámaris. La posición de una mujer en Atenas era muy restringida. Es dudoso que una mujer respetable se encontrara en la plaza del mercado, y menos en el Areópago. Es probable que se tratara de una conversión de una vida de vergüenza a una vida gloriosa y auténtica. Aquí tendríamos otro ejemplo de cómo llega la invitación del Evangelio a todas las clases y condiciones de hombres y mujeres.

PREDICANDO EN CORINTO

Su posición geográfica hacía de Corinto una ciudad clave de Grecia. Grecia está casi dividida por el mar en dos partes. A un lado está el Golfo de Arenas con su puerto **Cencreas**, y al otro el Golfo de Corinto con su puerto Laqueo. Entre los dos hay una lengua de tierra de menos de ocho kilómetros de ancho, y en ese istmo estaba Corinto. Todo el tráfico terrestre de Norte a Sur de Grecia tenía que pasar inevitablemente por Corinto, que por eso le llamaban «El Puente de Grecia». El viaje por mar pasando por la extremidad Sur de Grecia era muy peligroso. El cabo más al Sur era el cabo Malea, y el rodearlo era proverbialmente malo. Los griegos tenían un proverbio: «Si vas a rodear Malea, haz el testamento.» Por consiguiente, el comercio de Este a Oeste del Mediterráneo también pasaba por Corinto, usando una pista de acarreo por la que los barcos se deslizaban de un lado al otro del istmo. Por eso Corinto era «el mercado de Grecia».

Pero Corinto era mucho más que un gran centro comercial. Era la sede de los Juegos Ístmicos, que eran los más importantes después de los Olímpicos.

Corinto tenía fama de ser una ciudad malvada. Los griegos habían acuñado el verbo «corintiarse» para indicar una vida de toda clase de excesos y vicios. Si salía un corintio a escena en una comedia, era un borracho. La colina de la Acrópolis que dominaba la ciudad era, además de una fortaleza, un templo de Afrodita. En sus «mejores» días había en el templo un millar de sacerdotisas de Afrodita que eran en realidad «prostitutas sagradas» que, por las tardes, bajaban a las calles de la ciudad para practicar su «sacerdocio». Se había hecho proverbial que «No todo el mundo puede pagarse un viaje a Corinto.»

Esta era la ciudad en la que Pablo vivió y trabajó y obtuvo algunos de sus mayores triunfos. Escribiendo a los corintios hizo una lista de toda clase de maldad: «¿Es que no sabéis que las malas personas no pueden llegar a poseer el Reino de Dios que se nos ha prometido? No os engañéis, que ni los viciosos sexuales, ni los idólatras, ni los adúlteros, ni los que practican la homosexualidad, ni los ladrones, ni los avaros, ni los borrachos, ni los sucios de lengua, ni los estafadores van a heredar el Reino de Dios.» Y entonces viene la frase triunfal: «*¡Eso es lo que erais algunos de vosotros!* Pero ya os habéis despojado de las inmundicias, y consagrado a Dios, y tenéis una nueva relación con Él mediante el Nombre de Jesús y el Espíritu de nuestro Dios» *(1 Corintios 6:9-11)*. La iniquidad de Corinto era la oportunidad para Cristo.

EN LA PEOR DE LAS CIUDADES

Hechos 18:1-11

Después, Pablo salió de Atenas y se fue a Corinto. Allí conoció a un judío que se llamaba Aquila, que procedía del Ponto pero había llegado recientemente de Italia en compañía de su mujer, Priscila. Habían tenido que salir de Italia porque Claudio había promulgado la orden de expulsión de todos los judíos. Pablo fue a visitarlos; y como tenía el mismo oficio que ellos, fabricantes de tiendas de campaña, se quedó a trabajar con ellos.

Todos los sábados hablaba del Evangelio en la sinagoga para convencer a judíos y griegos. Cuando llegaron de Macedonia Silas y Timoteo, Pablo se dedicó a la predicación a pleno tiempo, insistiéndoles a los judíos en que Jesús era el Mesías. Cuando se lo rebatían, más con insultos que con razonamientos, Pablo se sacudía la ropa, como hacían los judíos para librarse de la contaminación pagana, y les decía:

—*La culpa de lo que os suceda es sólo vuestra. Yo me lavo las manos. Desde ahora me dedicaré a los gentiles.*

Y eso hizo. Se mudó a la casa de un tal Ticio Justo, que creía en Dios aunque no era judío, y que vivía al lado de la sinagoga. Crispo, el presidente de la sinagoga, se convirtió al Evangelio con todos los suyos; y lo mismo sucedió con muchos corintios que escucharon a Pablo y se convirtieron y bautizaron. De noche, el Señor le dijo a Pablo en una visión:

—*¡No tengas miedo! Sigue hablando sin parar, que Yo estoy contigo y nadie intentará hacerte daño; y además hay muchas personas en esta ciudad con las que puedo contar.*

Pablo se quedó con ellos un año y seis meses dedicado a la labor de instruirlos en la Palabra de Dios.

Aquí tenemos una muestra de la clase de vida que hacía Pablo. Era un rabino, y la norma era que los rabinos tenían que tener un trabajo secular. No debían cobrar por predicar y enseñar, así es que tenían que ganarse la vida de otra manera. Los judíos honraban el trabajo. «Ama el trabajo —decían—. El que no le enseña un oficio a su hijo le hace un ladrón.» «El estudio de la Ley es excelente acompañado de un trabajo secular; porque la práctica de ambos hace que el hombre se olvide de la iniquidad; pero la mucha Ley sin trabajo acaba por fracasar y causar iniquidad.» Así es que sabemos de rabinos que practicaban toda clase de oficios. Eso quería decir que nunca se convertían en intelectuales distantes, sino que siempre sabían lo que era la vida de los trabajadores.

Pablo se nos describe como fabricante de tiendas de campaña. Tarso, su ciudad natal, estaba en Cilicia, en cuya provincia se criaban unas cabras de pelo muy apreciado, del que se hacía un paño o lona que se llamaba *cilicium*, cilicio, que se usaba para hacer lonas y cortinas. Es probable que ese fuera el oficio de Pablo, aunque la palabra griega quiere decir mucho más; como, por ejemplo, curtidor o trabajador de la piel. Y Pablo debe de haber sido un buen artesano, que siempre presumía de no haberle sido carga a nadie *(1 Tesalonicenses 2:9; 2 Tesalonicenses 3:8; 2 Corintios 11:9)*. Pero es probable que, cuando vinieron Silas y Timoteo, trajeron ayuda, tal vez de la iglesia de Filipos que tanto quería a Pablo, y eso le permitió dedicarse a la predicación a pleno tiempo. Fue en el año 49 d.C. cuando Claudio desterró de Roma a todos los judíos, y sería por entonces cuando Aquila y Priscila vinieron a Corinto.

Cuando Pablo más lo necesitaba, Dios le habló. Debe de haberse sentido agobiado a veces por la tarea que le esperaba en Corinto. Era hombre intensamente emotivo, y a menudo tendría sus luchas. Pero cuando Dios le da a uno una tarea, le da también el poder para realizarla. Pablo encontró el valor y las fuerzas en la presencia de Dios.

LA JUSTICIA ROMANA IMPARCIAL

Hechos 18:12-17

> *Cuando Galión era procónsul de Acaya, los judíos organizaron el ataque a Pablo y le llevaron al tribunal de Galión, diciendo:*
> *—Este tipo está intentando convencer a la gente para que dé culto a Dios de una manera que no es conforme con la ley.*
> *Cuando Pablo iba a hablar, Galión les dijo a los judíos:*
> *—Oídme, judíos: Si este fuera un asunto de crimen o de fraude sería razonable que os prestara atención; pero si es una cuestión de discusión acerca de palabras y nombres y acerca de vuestra ley particular, resolvedlo vosotros, porque yo no me quiero meter en esas cosas.*
> *Y los hizo salir a la fuerza de la sala. Entonces los*

judíos se apoderaron de Sóstenes, el presidente de la
sinagoga, y le dieron una paliza delante mismo del
tribunal de Galión; pero éste siguió manteniéndose al
margen del asunto.

Como de costumbre, los judíos hicieron todo lo posible para crearle problemas a Pablo. Es probable que fuera cuando Galión acababa de hacerse cargo como procónsul cuando los judíos intentaron obligarle a actuar contra los cristianos, tratando de influenciarle antes de que se instalara del todo. Galión era famoso por su amabilidad. Séneca, su hermano, dijo de él: «Hasta los que quieren a mi hermano Galión a más no poder, no le quieren bastante.» Y también: «Nadie ha sido nunca tan bueno con nadie como Galión lo es con todo el mundo.» Los judíos querían aprovecharse de Galión, pero él era un romano imparcial. Se daba cuenta de que Pablo y sus amigos no habían cometido ningún delito, y de que los judíos estaban tratando de utilizarle a él para sus fines. A los lados de la mesa del tribunal estaban los guardias armados de porras, y Galión les dio orden de desalojar la sala. La versión Reina-Valera traduce el final del versículo 17: «...a Galión nada se le daba de ello», que se suele tomar como que no mostró ningún interés; pero su verdadero sentido es que era absolutamente imparcial y se negaba a que le influenciaran.

En este pasaje vemos el valor indiscutible de una vida cristiana. Galión sabía que Pablo y sus amigos eran sin tacha.

El que quiera saber algo más del cordobés Galión, puede encontrar una semblanza interesante, simpática y bien documentada en el artículo de Luis de Usoz y Río, incluido en la Antología de sus obras que publicó Pleroma en 1986, titulado «Un Español en la Biblia y lo que puede enseñarnos».

LA VUELTA A ANTIOQUÍA

Hechos 18:18-23

> *Pablo se quedó todavía en Corinto por un tiempo considerable, pasado el cual se despidió de los miembros de la comunidad cristiana y se embarcó en dirección a Siria en compañía de Priscila y Aquila. Al llegar a Cencreas se cortó el pelo, porque había hecho voto de nazareo. Cuando llegaron a Éfeso, los dejó y fue solo a la sinagoga a hablar con los judíos. Le pidieron que se quedara más tiempo con ellos, pero él dijo que no, aunque al despedirse añadió:*
> *—Ya volveré otra vez por aquí, si Dios quiere.*
> *Y se marchó de Éfeso en barco.*
> *Desembarcó en Cesarea, y de allí subió a Jerusalén, a saludar a la congregación. Luego bajó a Antioquía. Y después de pasar allí algún tiempo, hizo otro viaje recorriendo sistemáticamente las regiones de Galacia y de Frigia para confirmar en la fe a los creyentes.*

Pablo volvió al punto de partida. Empezó su recorrido en Cencreas, el puerto de Corinto, desde donde fue a Éfeso. Luego fue a Cesarea, desde donde se dirigió a Jerusalén para saludar a la congregación, lo que quiere decir que iría a ver a los responsables de la iglesia de Jerusalén; después volvió a su punto de partida, que había sido Antioquía.

En Cencreas se afeitó la cabeza, porque había cumplido un voto. Cuando un judío quería dar gracias a Dios por alguna bendición, hacía el voto de nazareo *(Números 6:1-21)*. Si cumplía ese voto del todo, no comía carne ni bebía vino y se dejaba crecer el pelo treinta días, al final de los cuales hacía ciertas ofrendas en el Templo, se afeitaba la cabeza y quemaba el pelo en el altar como ofrenda a Dios. Sin duda Pablo estaba pensando en la bondad de Dios para con él en Corinto, y había hecho el voto para mostrarle su gratitud.

EL TERCER VIAJE MISIONERO

La historia del tercer viaje misionero de Pablo empieza en *Hechos 18:23*. Lo primero fue ir por Galacia y Frigia confirmando a los hermanos. Luego pasó a Éfeso, donde se quedó casi tres años. De allí volvió a Macedonia; luego cruzó a Tróade y continuó hacia Mileto, Tiro, Cesarea y Jerusalén.

APOLOS ENTRA EN ESCENA

Hechos 18:24-28

Por entonces fue cuando llegó a Éfeso un cierto judío que se llamaba Apolos y era de Alejandría. Era muy elocuente, y conocía las Escrituras a fondo. Había recibido enseñanza acerca del Camino del Señor. Era un entusiasta, y hablaba y enseñaba con exactitud la vida de Jesús; pero el único bautismo que conocía era el de Juan. Se puso a hablar con libertad y sin miedo en la sinagoga; pero cuando le oyeron Priscila y Aquila, le tomaron aparte y le explicaron el Camino de Dios más a fondo.

Como Apolos quería cruzar a Acaya, la comunidad cristiana le animó a hacerlo, y escribieron a los creyentes de allí para que le recibieran bien. Una vez en Acaya, fue de gran ayuda a los que se habían convertido por la gracia de Dios, porque se le daba muy bien rebatir a los judíos en discusiones públicas demostrando por las Escrituras que Jesús era el Mesías.

El Evangelio se describe aquí como el Camino del Señor. Uno de los nombres que se le dan en *Hechos* es el Camino *(9:2; 19:9, 23; 22:4: 24:14, 22);* lo que nos hace ver que el Evangelio es más que una doctrina: es una manera de vivir.

Apolo venía de Alejandría, donde había como un millón de

judíos. Tan importantes eran allí que dos de los cinco barrios en los que se dividía la ciudad eran judíos. Alejandría era una ciudad muy culta. Los judíos alejandrinos creían que el Antiguo Testamento había que interpretarlo alegóricamente; es decir, que, además de un sentido histórico, tenía un sentido espiritual. Por eso Apolos sería de tal ayuda para convencer a los judíos: porque sabría encontrar a Cristo en todo el Antiguo Testamento, y demostrarles que el Antiguo Testamento anunciaba la venida de Cristo.

A pesar de todo eso, había algo que no sabía Apolos: no conocía más bautismo que el de Juan. Cuando lleguemos al próximo pasaje nos daremos cuenta de lo que eso quería decir; pero ya podemos decir que Apolos vería la necesidad de arrepentimiento y de reconocer a Jesús como el Mesías, pero no sabría la Buena Noticia de que Jesús es el Salvador de todo el género humano, y que es el Espíritu Santo Quien nos aplica esa Salvación aceptada por la fe. Sabía que Jesús había dejado a sus seguidores una tarea, pero no sabía cómo los ayudaba a cumplirla. Priscila y Aquila le instruyeron más completamente; y el resultado fue que Apolos, que ya conocía a Jesús como una gran figura histórica, llegó a conocerle como una presencia viva. Como predicador crecería incalculablemente.

EN ÉFESO

Hechos 19 trata principalmente de las actividades de Pablo en Éfeso. Allí se detuvo más que en ningún otro sitio, casi tres años.

(i) Éfeso era el mercado de Asia Menor. En aquel tiempo, el comercio seguía la ruta de los ríos. Éfeso estaba en la desembocadura del Caístro, y por tanto controlaba la riqueza del interior de Asia Menor. *Apocalipsis 18:12s* nos da una descripción del comercio de Éfeso, ciudad que se conocía como «El Tesoro de Asia» y alguien ha llamado «La Feria de las Vanidades de Asia Menor».

(ii) Era donde se instalaba el tribunal del gobernador romano para juzgar los casos importantes en días señalados. Conocía por tanto la dignidad, la pompa y el poder romanos.

(iii) Era donde se celebraban los Juegos Panjónicos, que todo el país venía a presenciar. El ser presidente y organizador de estos juegos era uno de los honores más codiciados. Los que habían alcanzado esa dignidad se llamaban *asiarcas,* término que se usa en *19:31.*

(iv) Éfeso era el refugio de los criminales. El templo de Diana tenía derecho de asilo; es decir, que cualquier criminal que llegaba al área alrededor del templo estaba a salvo. Por tanto, era inevitable que Éfeso se convirtiera en el hogar de los criminales del mundo antiguo.

(v) Era un centro de superstición pagana. Era famoso por los amuletos que se conocían como «las fórmulas efesias», que garantizaban la seguridad en un viaje, tener hijos a los estériles, éxito en el amor y en los negocios. Había personas que venían de muy lejos para comprar esos pergaminos mágicos que luego llevaban como amuletos.

(vi) La mayor gloria de Éfeso era el templo de Artemisa, a la que los romanos llamaban Diana. Este templo era una de las Siete Maravillas del Mundo. Tenía 425 pies de largo por 220 de ancho y 60 de alto. Tenía 127 pilares, cada uno regalo de un rey, de reluciente mármol pario, 36 de ellos con incrustaciones y adornos de oro. El altar mayor había sido esculpido por Praxiteles, el más famoso de los escultores griegos. La imagen de Artemisa no era precisamente hermo-sa; era negra, achaparrada, con muchos senos que representaban la fertilidad; era tan antigua que nadie sabía de dónde había venido ni de qué material estaba hecha. Se decía que había caído del cielo.

UN CRISTIANISMO INCOMPLETO

Hechos 19:1-7

Mientras Apolos estaba en Corinto, Pablo fue a Éfeso por tierra. Allí conoció a un grupo de creyentes, a los que preguntó:
—¿Recibisteis el Espíritu Santo cuando os convertisteis?
—No —le respondieron—; ni siquiera sabemos qué es eso del Espíritu Santo.
—¿Qué clase de bautismo recibisteis? —les preguntó otra vez.
—El de Juan —le respondieron.
—El bautismo de Juan —les explicó Pablo— era una señal de arrepentimiento. Pero Juan le dijo a la gente que tenían que creer en el Que venía detrás de él, es decir, en Jesús.
Cuando oyeron el Evangelio completo fueron bautizados en el nombre del Señor Jesús, y Pablo les impuso las manos y el Espíritu Santo vino sobre ellos, y se pusieron a hablar en otras lenguas y a profetizar. Eran unas doce personas.

Pablo se encontró en Éfeso con unos creyentes que se habían quedado a la mitad del camino. Parece ser que habían sido seguidores de Juan el Bautista, pero no habían conocido a Cristo. Habían recibido el bautismo de Juan, pero ni siquiera habían oído hablar del Espíritu Santo en el sentido cristiano.

¿Qué diferencia había entre el bautismo de Juan y el bautismo en el nombre de Jesús? Los relatos acerca de Juan *(Mateo 3:7-12; Lucas 3:3-11)* revelan una diferencia fundamental entre su predicación y la de Jesús. La predicación de Juan era el anuncio del juicio de Dios, mientras que la de Jesús era la Buena Noticia de la Salvación. La predicación de Juan era una etapa del camino. Él mismo sabía que tenía que señalar a Uno Que estaba por venir *(Mateo 3:11; Lucas 3:16)*.

La predicación de Juan era la primera etapa de las dos que componen la vida espiritual. La primera es el darnos cuenta de nuestra condición natural y de que merecemos la condenación de Dios. Esta convicción lleva consigo un esfuerzo para mejorar, que fracasa inevitablemente porque sólo se apoya en nuestras fuerzas. La segunda es cuando llegamos a ver que la gracia de Jesucristo nos ofrece la Salvación de la condenación. Esta etapa conlleva el descubrimiento de que nuestros esfuerzos por mejorar reciben la ayuda de la obra del Espíritu Santo, Que nos permite hacer lo que no podíamos hacer solos.

Estos creyentes incompletos conocían la condenación y el deber moral de mejorar; pero no conocían la gracia de Cristo y la ayuda del Espíritu Santo. Su religión era una lucha infructuosa; no los conducía a un estado de paz.

Este incidente nos muestra una gran verdad: que sin el Espíritu Santo no existe el Evangelio completo. Aunque reconozcamos el error de nuestro camino y nos arrepintamos y queramos cambiar, sólo podremos cambiar con la ayuda del Espíritu Santo Que Dios nos da como adelanto de todo lo que Cristo ha ganado para nosotros y nos ofrece en el Evangelio.

LAS OBRAS DE DIOS

Hechos 19:8-12

> *Pablo fue también a la sinagoga, y se pasó tres meses discutiendo valientemente para convencer a los judíos de la realidad del Reino de Dios y para que se decidieran a aceptarlo. Pero algunos que estaban empeñados en no creer se pusieron a burlarse del Camino delante de toda la congregación; y entonces Pablo se marchó, llevándose consigo a los que habían creído y estaban aprendiendo más, y continuó los debates a diario en la*

academia de un tal Tirano. Así siguió durante dos años, con el resultado de que todos los judíos y prosélitos griegos que vivían en la provincia de Asia tuvieron oportunidad de escuchar el Evangelio. Dios usaba a Pablo para hacer milagros extraordinarios, de tal manera que hasta los pañuelos y los delantales que habían estado en contacto con la piel de Pablo se los llevaban a los enfermos y se curaban, y los poseídos quedaban liberados.

Cuando resultó imposible el trabajo en la sinagoga a causa de la sucia oposición de algunos, Pablo se mudó a la academia de un filósofo que se llamaba Tirano. Un manuscrito griego aporta un detalle que suena a testimonio presencial. Dice que Pablo daba conferencias en esa academia de 11 de la mañana a 4 de la tarde, y podemos suponer que sería porque a otras horas del día Tirano usaba sus locales. En las ciudades de Jonia se interrumpía el trabajo a las 11 de la mañana y no se continuaba hasta media tarde a causa del calor. Se dice que habría más gente durmiento en Éfeso a la 1 de la tarde que a la 1 de la noche. Lo que Pablo haría sería trabajar en su oficio las mismas horas que todo el mundo y predicar al mediodía. Esto nos presenta dos cosas: lo dispuesto que estaba Pablo a predicar, y lo interesados que estaban los oyentes. El único tiempo de que disponían era cuando todos los demás iban a comer y a dormir la siesta, y lo usaban responsablemente. Esto nos avergüenza de nuestras discusiones acerca de las horas inconvenientes para las reuniones de estudio bíblico y oración.

En este tiempo pasaban cosas maravillosas. Lo que hemos traducido como *pañuelos* se los ponían los trabajadores en la frente para que no les cayera el sudor; y los *delantales* eran como unas fajas con las que se ceñían los trabajadores y los esclavos. Es muy significativo que no se nos dice que Pablo hiciera milagros, sino que Dios los hacía por medio de Pablo. Dios, ha dicho alguien, siempre está buscando manos para usarlas. No podemos hacer milagros con nuestras manos, pero Dios sí.

LA PUNTILLA A LA SUPERSTICIÓN

Hechos 19:13-20

> *Algunos de los exorcistas judíos itinerantes se atrevieron a invocar el nombre del Señor Jesús para expulsar a los demonios, usándolo como una fórmula de encantamiento:*
> *—¡Os conjuramos por Jesús, el que predica Pablo!*
> *Había siete hijos de un tal Esceva, que era una de las familias sacerdotales importantes, que lo hacían; pero una vez, el espíritu malo les contestó:*
> *—¡Sé quién es Jesús, y también sé de Pablo! Pero, ¿quiénes sois vosotros?*
> *Y el poseído se lanzó contra ellos, y los dominó y pudo más que ellos, hasta tal punto que tuvieron que salir huyendo de la casa desnudos y heridos.*
> *Cuando supieron la cosa todos los judíos y los griegos que vivían en Éfeso se llenaron de miedo, y el nombre del Señor Jesús se tuvo por una cosa extraordinaria. Muchos de ellos aceptaron el Evangelio, y vinieron a confesar los errores que habían practicado y a revelar los secretos de sus encantamientos. Muchos de los que habían practicado la brujería trajeron sus libros y los quemaron públicamente. Cuando se calculó su precio, se dijo que llegaba a más de las cincuenta mil piezas de plata.*
> *Así iba extendiéndose el Evangelio poderosamente y haciéndose maravillosamente eficaz.*

Este es un cuadro lleno de color local de la escena de Éfeso. En aquel tiempo todo el mundo creía que las enfermedades, sobre todo las mentales, las causaban espíritus malos que se introducían en el cuerpo. El exorcismo era una práctica reconocida. Si el exorcista sabía el nombre de un espíritu más poderoso que el que había hecho su residencia en aquella pobre persona, se podía mandar al intruso que saliera en el nombre del más poderoso. Estas prácticas no han desaparecido del todo en este «siglo de las luces». La mente humana es sumamente misteriosa todavía, y hasta prácticas supersticiosas tienen a veces resultados por la misericordia de Dios.

Cuando algunos charlatanes trataron de usar el nombre de Jesús, empezaron a suceder cosas alarmantes. El resultado final fue que muchos de los farsantes, y hasta es posible que de los sinceramente equivocados, comprendieron su error. Nada muestra tan claramente la realidad del cambio como el hecho de que, en el Éfeso presa de la superstición, estuvieran dispuestos a quemar los libros y amuletos que les habían resultado tan rentables. Nos dan ejemplo con su rompimiento total aun de aquellas cosas con las que se ganaban la vida. No cabe duda de que muchos de nosotros odiamos nuestros pecados pero, o no podemos dejarlos, o lo hacemos con vacilaciones y nostalgia. Hay casos en los que hace falta un corte radical.

EL PROPÓSITO DE PABLO

Hechos 19:21s

> *Después de estos sucesos, el Espíritu Santo guió a Pablo a trazar el plan de un viaje por Macedonia y Acaya para terminar en Jerusalén.*
> *—Después de ir allí —se dijo—, debo visitar también Roma.*
> *Envió por delante a Macedonia a dos de sus colaboradores, Timoteo y Erasto, mientras él se quedaba todavía por algún tiempo en Asia.*

Lucas nos insinúa aquí brevemente algo que encontramos ampliado en las cartas de Pablo. Nos dice que Pablo se propuso ir a Jerusalén. Allí la iglesia era muy pobre, y Pablo se había hecho el plan de recoger una colecta en todas las iglesias gentiles para ayudarla. Encontramos referencias a esta colecta en *1 Corintios 16:1ss; 2 Corintios 8* y *9,* y *Romanos 15:25s.* Pablo siguió adelante con este proyecto por dos razones. La primera, porque quería subrayar la unidad de la Iglesia de la manera más práctica. Quería demostrar que todos pertenecían al Cuerpo de Cristo, y que cuando una parte del Cuerpo sufre, el resto debe ayudar. En otras palabras: quería sacarlos de un interés exclusivamente congregacional y darles una visión de la Iglesia universal de la que formaban parte. Y en segundo lugar, quería darles una lección de caridad cristiana. Sin duda sabían de las privaciones de la iglesia de Jerusalén, y lo sentían. Pablo quería enseñarles que ese sentimiento se tenía que traducir en obras. Estas dos lecciones son hoy tan válidas y necesarias como entonces y siempre.

EL ALBOROTO DE ÉFESO

Hechos 19:23-41

Por aquel tiempo el Camino se vio involucrado en una violenta conmoción. Había un tal Demetrio, que era platero y hacía modelos de plata del templo de Artemisa con lo cual proporcionaba pingües ganacias a los artífices. Este Demetrio convocó una reunión de todos los del gremio y similares, y les dijo:

—Camaradas, todos sabéis muy bien que nuestras ganancias dependen de este negocio. Y estáis viendo y oyendo con vuestros propios ojos y oídos que el tipo ese, Pablo, no sólo en Éfeso sino prácticamente por toda Asia, está comiéndole el coco a mucha gente para que cambie totalmente de ideas, porque dice que los dioses que se hacen con las manos ni son dioses ni son nada. Y esto no sólo supone un grave peligro de que se desacredite nuestro negocio, sino también de que el templo de la gran diosa Artemisa pierda importancia, y que la

que venera Asia y todo el mundo civilizado sea despojada de su majestad.

Cuando oyeron aquello se pusieron frenéticos, y empezaron a gritar:

—¡Viva la gran Artemisa de los efesios!

La confusión se extendió por toda la ciudad. Prendieron a Gayo y Aristarco, compañeros macedonios de Pablo, y los arrastraron hasta el teatro romano de la ciudad. Pablo quería salir a presentarse a la multitud, pero los hermanos no le dejaron. Algunos de los asiarcas que eran sus amigos también le mandaron recado de que no se arriesgara de ninguna manera a salir al teatro. Mientras tanto, la gente estaba en completa confusión, porque unos decían una cosa y otros otra, y la mayor parte no sabían a qué carta quedarse ni para qué habían ido allí.

Algunos de la concurrencia sospecharon que todo aquel jaleo tenía que ser cosa de Alejandro, porque los judíos le estaban empujando para que saliera. Alejandro quería hablar a la gente en su propia defensa, así es que hizo señas para que se callaran. Pero cuando se dieron cuenta de que era judío, se pasaron casi dos horas gritando desaforadamente a una:

—¡Viva la gran Artemisa de los efesios!

Cuando el secretario de la ciudad consiguió calmar a la multitud, dijo:

—¡Efesios! ¿Quién es el que no sabe que la ciudad de Éfeso es la guardiana del templo de la gran Artemisa y de su gran imagen que cayó del cielo? Eso no lo niega nadie. Así que calmaos y no hagáis insensateces. Habéis traído aquí a estos hombres que no son culpables ni de sacrilegio ni de blasfemar de nuestra diosa. Si Demetrio y compañía tienen algo que alegar contra alguien, para eso están las audiencias y los procónsules. ¡Que se querellen allí! Y en cuanto a todos vosotros, si tenéis

algo que reclamar, que se decida en asamblea legalmente constituida; porque estamos corriendo peligro de que se nos acuse de alterar el orden público por lo que ha pasado aquí hasta ahora, porque no hay razón que podamos dar de todo este jaleo.
Y con estas palabras despidió a la multitud.

Este relato tan emocionante arroja mucha luz sobre sus personajes. En primer lugar, Demetrio y los plateros. El problema era que aquello les llegaba a lo más sensible: el bolsillo. Es verdad que aseguraban que les importaba el honor de Artemisa; pero lo que más les preocupaba eran sus ingresos. Los turistas que visitaban Éfeso querían llevarse un *souvenir* a sus casas, algo así como los templecillos de plata que eran reproducciones del gran templo de Artemisa. El Evangelio estaba avanzando tanto que ponía en peligro aquel negocio.

En segundo lugar, tenemos al personaje que la versión Reina-Valera llama «el escribano», y que era más que eso: guardaba los libros de registro, confeccionaba el orden del día de las asambleas, y estaba a cargo de la correspondencia oficial. Le preocupaba el peligro de un tumulto. Roma era comprensiva con todo menos con los desórdenes. El que se produjera un disturbio en una ciudad romana podía ser causa de que los magistrados responsables perdieran el puesto. Es verdad que aquel personaje salvó a Pablo y a sus compañeros, pero lo hizo para salvar su propio pellejo.

Y en tercer lugar, tenemos a Pablo. Quería dar la cara ante la multitud, pero no le dejaron. Era un hombre que no conocía el miedo. Para los plateros y el secretario lo primero era su propia seguridad; pero para Pablo eso era lo último.

HACIA JERUSALÉN

Hechos 20:1-6

Cuando se calmó el alboroto, Pablo mandó llamar a los creyentes para darles ánimo. Luego se despidió de ellos con un abrazo y se puso en camino para Macedonia. Recorrió todas aquellas regiones dedicando tiempo a hablar con los hermanos para animarlos, y prosiguió su viaje hacia Grecia. Allí se detuvo tres meses; pero, en vista de que los judíos estaban preparándole una emboscada para cuando se embarcara para Siria, decidió volverse por Macedonia. Le acompañaban Sópatro de Berea, Aristarco y Segundo de Tesalónica, Gayo de Derbe y Timoteo; y Tíquico y Trófimo, de Asia. Todos estos se nos adelantaron y nos esperaron en Tróade, y nosotros nos embarcamos en Filipos después de la semana de Pascua y los alcanzamos en Tróade, donde pasamos otra semana.

Ya hemos visto que Pablo se había propuesto hacer una colecta de todas las iglesias para la de Jerusalén, e hizo aquel viaje y pasó por Macedonia para recibir sus ofrendas. Aquí tenemos otro ejemplo de lo mucho que ignoramos y nunca sabremos de la vida de Pablo. El segundo versículo nos dice que después de recorrer todas aquellas regiones llegó a Grecia. Probablemente fue entonces cuando visitó Iliria *(Romanos 15:19)*. En pocas palabras se nos resumen los viajes y aventuras de todo un año.

El versículo 3 nos dice que, cuando Pablo estaba a punto de embarcarse en Grecia para Siria, se descubrió el plan de un atentado de los judíos contra él, por lo que cambió de ruta y se fue por tierra. Es muy probable que lo que sucedió fuera lo siguiente: era frecuente que zarparan barcos judíos de puertos extranjeros para Siria, para los peregrinos que iban a pasar la Pascua en Jerusalén; y es probable que Pablo hubiera pensado ir en uno de esos barcos. Allí hubiera sido la cosa más fácil del mundo para los fanáticos judíos hacer desaparecer a Pablo por la borda y que nunca se supiera más de él. Pablo iba siempre con la vida en las manos.

En el versículo 4 tenemos la lista de los compañeros de viaje de Pablo. Estos hombres deben de haber sido los delegados de las diferentes iglesias para llevar sus ofrendas a Jerusalén. Estaban demostrando en aquellos primeros tiempos que la Iglesia es una unidad, y la necesidad de una parte es la oportunidad para las otras *(2 Corintios 8:13-15)*.

En el versículo 5 la narración cambia de la tercera persona a la primera de plural, lo que quiere decir que Lucas vuelve a estar presente, y que lo que tenemos delante es el relato de un testigo ocular. Lucas nos dice que salieron de Filipos «pasados los días de los panes sin levadura» (R-V), que empezaban el día de la Pascua y duraban una semana, en la que los judíos tomaban pan cocido sin levadura en recuerdo de la salida de Egipto. Esa semana era la primera después del equinoccio de primavera, como es ahora la Semana Santa.

EL JOVEN QUE SE DURMIÓ

Hechos 20:7-12

> *El sábado por la tarde nos reunimos para una cena congregacional. Pablo, que tenía que marcharse al día siguiente, se puso a hablar a los presentes y se así estuvieron hasta la medianoche. Había muchas teas en el piso de arriba donde estábamos reunidos. Un chico que se llamaba Eutico estaba sentado en el alféizar de la ventana; y mientras Pablo seguía hablando se fue quedando dormido hasta que le venció el sueño y se cayó desde el tercer piso, y cuando le levantaron estaba muerto. Pablo bajó y le apretó con sus brazos y se echó sobre él, mientras decía:*

—*Que se tranquilicen todos, que está vivo.*
Más tarde volvió Pablo al piso de arriba y participó
de la cena con los demás. Siguió hablando con ellos
hasta la madrugada, y luego se marchó. En cuanto al
chico, se le llevaron vivo, con gran alivio de todos.

Esta historia real tiene todas las de ser el relato de un testigo
presencial, y es uno de los primeros que tenemos de un culto
cristiano.
En la Iglesia primitiva había dos actos íntimamente relacio-
nados. Uno era lo que llamaban la Fiesta del Amor, en la que
todos participaban, y que era una comida congregacional, probablemente la única comida decente que muchos pobres y
esclavos harían en toda la semana. Los hermanos comían juntos
en amor y armonía. El otro acto era la Cena del Señor, que se
celebraba durante la Fiesta del Amor o a continuación. Es
posible que hayamos perdido algo de gran valor al prescindir
en muchas iglesias de la comida congregacional. Era una expresión excelente del ambiente familiar de la iglesia.
Todo esto sucedió por la noche, probablemente porque era
el único tiempo en que podían estar presentes los esclavos y
los trabajadores; y eso explica también el problema de Eutico.
Estaba oscuro, y hacía calor bajo el bajo techo del piso de
arriba. Las muchas lámparas, probablemente teas, formaban
una atmósfera pesada. Eutico, sin duda, había estado trabajando todo el día antes de venir a la reunión, y estaba cansado.
Se sentó en el alféizar de la ventana buscando el aire fresco;
pero, claro, entonces las ventanas no tenían cristales ni rejas.
El cansado Eutico, dominado por la atmósfera recargada, su-
cumbió al sueño y cayó al patio exterior. No tenemos por qué
suponer que Pablo se hubiera enrollado más de la cuenta;
probablemente había otros que tomaban parte, y se dialogaba.
Cuando algunos de los presentes bajaron por la escalera exterior y se encontraron con que el chico no reaccionaba, no se
podrían contener, y se pondrían a lamentar y llorar a la manera
oriental. Pero Pablo les dijo que se controlaran, porque todavía

estaba vivo. Lo que se nos dice que Pablo hizo al apretarle contra su propio cuerpo o echarse sobre él nos recuerda la escena del profeta Elías con el hijo de la viuda en *1 Reyes 17:21*. Pablo no subiría inmediatamente con la mayoría, sino se quedaría para asegurarse de que Eutico se había recuperado totalmente de la caída.

Hay una afmósfera muy simpática en este sencillo cuadro. Nos da la impresión de una reunión de familia, más que de un culto de ahora en la iglesia. Es posible que los cultos hayan ganado en solemnidad; pero, ¿no habrá sido a costa de perder la atmósfera de familia?

LAS ETAPAS DEL CAMINO

Hechos 20:13-16

> Los del equipo de Pablo nos adelantamos y zarpamos para Aso, donde tenía que embarcarse Pablo con nosotros. Ese era su plan porque quería ir hasta allí por tierra. Cuando se reunió con nosotros en Aso, le recibimos a bordo y seguimos para Mitilene. Al día siguiente nos encontrábamos frente a Quíos; al otro día fuimos costeando frente a Samos, y al otro desembarcamos en Mileto, porque Pablo había decidido pasar de largo Éfeso para no entretenerse en Asia y llegar lo más pronto posible a Jerusalén, donde pensaba encontrarse para Pentecostés.

Como Lucas estaba con Pablo, podemos seguir el viaje casi de día a día y paso a paso. Aso estaba a 35 kilómetros de Tróade por tierra y a 50 por mar, porque había que rodear el cabo Lectum arrostrando los fuertes vientos dominantes del Nordeste. Pablo tenía tiempo de sobra para hacer el viaje a pie y que le recogieran en Aso. Tal vez quería estar solo para templar su espíritu para los días por delante. Mitilene estaba en la isla de Lesbos, Quío en Samos y Mileto a 40 kilómetros al Sur de Éfeso en la desembocadura del río Meandro.

Ya hemos visto que Pablo hubiera querido estar en Jerusalén para la Pascua y que fue la conspiración de los judíos lo que se lo impidió. Pentecostés era siete semanas después, y Pablo quería llegar para esa gran fiesta. Aunque Pablo no estaba sujeto a la Ley de Israel, probablemente las fiestas ancestrales le eran muy queridas, como posiblemente a los cristianos judíos. Pablo era el apóstol de los gentiles, y los judíos le odiaban; pero en su corazón no había nada más que amor hacia ellos.

Muchas iglesias siguen recordando y celebrando estas fiestas, pero no ya por su sentido del Antiguo Testamento, sino por su cumplimiento en el Nuevo: la redención del Pueblo de Dios de la cautividad del pecado mediante la Pasión y Resurrección del Cordero de Dios que vino a llevar el pecado del mundo, y la promulgación del Nuevo Pacto con la venida del Espíritu Santo y el nacimiento de la Iglesia Cristiana.

UNA DESPEDIDA TRISTE

Hechos 20:17-38

Desde Mileto, Pablo mandó recado a los ancianos responsables de la iglesia de Éfeso para que vinieran a verle. Cuando se reunieron, Pablo les dijo:
—Vosotros me sois testigos de la clase de vida que he llevado todo el tiempo que he estado con vosotros desde el primer día que puse los pies en Asia. Vosotros sabéis cómo he servido al Señor, con toda sencillez y con mucho sufrimiento en medio de todas las adversidades que he tenido que arrostrar por las asechanzas de los judíos. Y sabéis también que no he dejado de deciros nada de lo que era para vuestro bien, y de impartiros enseñanzas tanto públicamente como de casa en casa.

Vosotros sabéis que no he hecho más que insistir a judíos y a gentiles en la necesidad de volver a Dios con verdadero arrepentimiento y de aceptar por la fe a Jesús como Señor. Ahora vuelvo a Jerusalén porque el Espíritu no me permite hacer otra cosa. No sé lo que me va a suceder allí. Lo único que sé es que, en todos los pueblos por los que paso, el Espíritu Santo no me deja la menor duda de que allí me esperan cárceles y problemas. Pero yo no pienso que mi vida tiene la menor importancia ni la considero de ningún valor, con tal que pueda terminar la carrera y cumplir la tarea que me ha asignado el Señor Jesús, que es dar testimonio de que la Buena Nueva de la gracia de Dios es verdad. Ahora sé que no me vais a volver a ver ninguno de vosotros, entre los que he estado predicando el Reino. Y quiero que conste en acta que no me considero responsable de que se pierda ningún alma, porque no me he resistido a anunciaros el plan de Dios en su totalidad. Tened cuidado de vuestra propia vida espiritual, y también del rebaño del que os ha puesto a cargo el Espíritu Santo. Consagraos totalmente como pastores que sois de la Iglesia de Dios, que Él ha adquirido para Sí al precio de la sangre del Que es suyo propio. Porque sé que después de mi marcha se introducirán entre vosotros lobos salvajes que no tendrán compasión del rebaño, y hasta de entre vuestros mismos miembros surgirán algunos que predicarán una versión pervertida de la verdad con el propósito de seducir a los creyentes para que dejen de ser fieles y los sigan a ellos. Por eso tenéis que estar en guardia sin dejaros vencer por el sueño. Por eso, supongo que lo recordáis, me he pasado tres años sin dejar de daros con lágrimas a cada uno de vosotros el consejo que os mantuvo fieles. Ahora os dejo al cuidado de Dios y del Mensaje de su gracia, Que es el Que os puede edificar y haceros participar de la bendición de todos los que están consagrados a Él. Yo no me he querido quedar con el dinero ni con las alhajas de nadie. De sobra sabéis que me he ganado la vida con estas manos no sólo para mí sino para mis compañeros. Siempre os he dado ejemplo de que hay que trabajar para ayudar a los necesitados. Debemos recordar siempre las palabras del Señor Jesús y no olvidarnos de que fue Él Quien dijo: «Es más feliz el que da que el que recibe.» Después de hablarles, Pablo se puso de rodillas para orar con todos ellos. Todos los presentes lloraron conmovidos y no se cansaban de abrazar y besar a Pablo con mucho amor. Lo que más les dolió fue que les dijera que no le iban a volver a ver. Y después le acompañaron al barco.

No podemos hacer un análisis completo de un discurso de despedida tan emotivo, pero hay cosas que resaltan en él.

Lo primero es que Pablo dice ciertas cosas acerca de sí mismo: (i) *Había hablado sin miedo.* Les había comunicado todo el plan de Dios sin buscar ni la admiración ni el favor de nadie. (ii) *Había vivido independientemente.* Había cubierto sus necesidades y las de sus compañeros con su trabajo, y aun había podido ayudar a los necesitados. (iii) *Había afrontado el futuro con nobleza.* Era cautivo del Espíritu Santo, y en esa confianza se arriesgaba a lo que el futuro le tuviera reservado.

Pablo exhorta a sus amigos. (i) Les recuerda *su deber.* Eran los encargados del rebaño de Dios. Esa no era una obligación que ellos habían elegido, sino para la que habían sido elegidos. Los siervos del Buen Pastor tienen que ser buenos pastores del rebaño. (ii) Les recuerda *los peligros.* El contagio del mundo siempre amenaza. Donde está la verdad, la falsedad ataca. Tendrían una guerra constante para mantener intacta la fe y la iglesia pura.

En toda la escena se respira un afecto tan profundo como puede albergar el corazón humano. Ese sentimiento debe estar presente en todas las iglesias; porque cuando muere el amor la obra de Cristo no puede más que secarse.

SIN VUELTA ATRÁS

Hechos 21:1-16

Cuando conseguimos separarnos de ellos y hacernos a la vela, navegamos derechamente a Cos, y al día siguiente a Rodas, y de allí a Pátara. Allí encontramos un barco que estaba a punto de zarpar para hacer la travesía a Fenicia, y nos embarcamos y zarpamos. Avistamos Chipre a babor y seguimos hacia Siria, arribando por último a Tiro, donde el barco tenía que descargar.

Allí encontramos a los creyentes locales y nos quedamos con ellos una semana. Movidos por el Espíritu Santo le decían a Pablo que no siguiera el viaje hacia Jerusalén. Cuando se nos acabó el tiempo disponible salimos para continuar el viaje. Todos los creyentes nos acompañaron hasta las afueras de la ciudad con sus mujeres y niños. En la playa nos pusimos de rodillas para orar. Luego nos abrazamos, y nosotros nos embarcamos y ellos se volvieron a sus casas.

Una vez terminado nuestro viaje por mar de Tiro a Tolemaida, saludamos a la comunidad cristiana allí y nos quedamos con ellos hasta el día siguiente, cuando partimos para Cesarea. Allí nos dirigimos a la casa del evangelista Felipe, que era uno de los Siete, donde nos alojamos. Tenía cuatro hijas solteras que eran profetisas.

Cuando estábamos allí con ellos unos días, bajó de Judea un profeta que se llamaba Agabo. Éste se dirigió a nosotros, tomó el cinto de Pablo, se ató las manos y los pies con él, y dijo:

—El mensaje del Espíritu Santo es que así será como atarán los judíos al varón cuyo es este cinto, y le entregarán en manos de los paganos.

Cuando lo oímos, tanto nosotros como los creyentes locales nos pusimos a pedirle a Pablo que no subiera a Jerusalén; pero él nos replicó:

*— ¿A santo de qué os ponéis a llorar y a estrujarme
el corazón? ¡Estoy listo, no sólo a que me metan en la
cárcel, sino a que me maten en Jerusalén por pertenecer
al Señor Jesús!*

*Como vimos que no había manera de convencerle, no
pudimos más que decir:*

— ¡Que sea lo que Dios quiera!

*Cuando se nos acabó el tiempo en Cesarea, después
de hacer los preparativos, emprendimos el viaje de subi-
da a Jerusalén. Vinieron con nosotros algunos de los
miembros de la comunidad de Cesarea para acompa-
ñarnos a casa de un tal Mnasón, de Chipre, que era de
los primeros cristianos, donde nos íbamos a hospedar.*

El relato se acelera, y se cierne una atmósfera de tormenta
amenazadora al acercarse Pablo a Jerusalén. Dos cosas sobresalen aquí: (i) La inquebrantable decisión de Pablo de seguir
adelante sin importarle lo que le pudiera esperar. Nada podía
ser más definitivo que la advertencia de los discípulos de Tiro
y la de Agabo en Cesarea; pero nada iba a desviar a Pablo de
su plan. En uno de los asedios de la Guerra Civil española,
algunos de la guarnición querían rendirse; pero uno de los
camaradas dijo: «Prefiero morir de pie a vivir de rodillas.» Así
era Pablo. (ii) Tenemos el dato maravilloso de que, dondequiera que fuera, Pablo encontraba una comunidad cristiana encan-
tada de recibirle. Si era verdad en los días de Pablo, no lo es
menos en los nuestros. Una de las grandes ventajas de pertenecer a la iglesia es el hecho de que, no importa dónde vaya uno,
puede estar seguro de encontrar una comunidad de personas
como él que le reciban con amor. El que pertenece a la familia
de la fe encuentra amigos en todo el mundo.

Agabo es un tipo interesante. Los profetas de Israel tenían
la costumbre de dramatizar el mensaje cuando las palabras
podían ser insuficientes. Encontramos algunos ejemplos en
*Isaías 20:3, 4; Jeremías 13:1-11; 27:2; Ezequiel 4; 5:1-4; 1
Reyes 11:29-31.*

COMPROMISO EN JERUSALÉN

Hechos 21:17-26

> *Cuando llegamos a Jerusalén, la comunidad cristiana nos recibió con alegría, y al día siguiente Pablo nos llevó a hacerle una visita a Santiago. Allí estaban todos los ancianos responsables. Después de saludarlos, Pablo les contó detalladamente todo lo que Dios había hecho entre los gentiles por medio de su ministerio. Cuando lo oyeron, dieron gloria a Dios y le dijeron:*
> *—Hermano, ya ves cuántos miles de judíos han aceptado a Cristo, y todos siguen siendo fieles cumplidores de la Ley. Pero por aquí han corrido rumores de que aconsejas a los judíos que viven entre los gentiles que renieguen de Moisés, y que dejen de circuncidar a sus hijos y de seguir nuestras costumbres ancestrales. ¿Qué crees que podemos hacer? Porque se van a enterar de que has llegado a Jerusalén. Tenemos una sugerencia que hacerte, que te rogamos tengas en cuenta. Hay aquí cuatro que han hecho un voto voluntario: llévatelos, y únete a ellos en sus purificaciones rituales, pagando sus gastos; así podrán cumplir el voto afeitándose la cabeza. Así se dará cuenta todo el mundo de que los rumores que han oído acerca de ti son infundados y que, por el contrario, tú también guardas la Ley y te riges por ella. En cuanto a los gentiles que se han convertido, ya les hemos comunicado por escrito nuestra decisión de que se deben abstener de carne de animales sacrificados a los ídolos, o de los que no hayan sido debidamente desangrados o hayan muerto estrangulados, y que se guarden de la inmoralidad sexual.*
> *Y así lo hizo Pablo: se llevó a aquellos hombres, y al día siguiente se sometió a los ritos de purificación con ellos, y luego entraron en el Templo para dar cuenta de la fecha en que se cumpliría el tiempo de la purificación y se harían los sacrificios de rigor por cada uno de ellos.*

Cuando Pablo llegó a Jerusalén, le planteó un problema a la iglesia. Los responsables le recibieron bien, y reconocieron que Dios había obrado por medio de él; pero habían circulado rumores de que Pablo animaba a los judíos del extranjero a abjurar de su fe tradicional, cosa que él no había hecho. Era verdad que enseñaba que la Ley de Israel no se les podía aplicar *a los gentiles*; pero nunca había hecho nada para apartar *a los judíos* de las costumbres de sus antepasados.

A los responsables se les ocurrió algo para que Pablo demostrara públicamente su ortodoxia. Cuatro hombres estaban a la mitad de cumplir un voto de nazareos, que se hacía para dar gracias a Dios por algún favor especial. Suponía no comer carne ni beber vino ni cortarse el pelo en treinta días. Parece que, por lo menos en algunos casos, había que pasar los últimos siete días en el recinto del Templo, y al final había que hacer ciertas ofrendas: un cordero de un año como ofrenda por el pecado, un carnero como ofrenda de paz, una cesta de panes sin levadura, tortas de harina con aceite y una ofrenda de carne y de bebida. Por último tenían que afeitarse el pelo y quemarlo en el altar con el sacrificio. Está claro que era un voto caro: tenían que dejar de trabajar y comprar todos los elementos del sacrificio. Estaba por encima de las posibilidades de muchos que querrían hacerlo, y por eso era una obra meritoria el costear los gastos de otra persona. Eso es lo que le pidieron a Pablo que hiciera con aquellos cuatro, y él estuvo dispuesto. De esta manera demostraría ante todo el mundo que era un fiel cumplidor de la Ley.

No nos cabe duda de que aquello le resultaría desagradable. Pero ahí está su grandeza: en subordinar sus propios deseos y puntos de vista al bien de los demás. Hay casos en los que llegar a un compromiso no es señal de debilidad, sino de fuerza.

UNA DENUNCIA MALICIOSA

Hechos 21:27-36

Cuando estaba para cumplirse la semana que requería la purificación, unos judíos de Asia vieron a Pablo en el Templo y alborotaron a toda la gente que estaba allí y le echaron mano a Pablo mientras gritaban:
—¡A mí los israelitas! ¡Este tipo es el que anda enseñando por todas partes cosas en contra del pueblo de Dios y de la Ley y del Templo! ¡Y además ha metido a paganos en el lugar santo para profanarlo!

Le acusaron de eso porque le habían visto por la ciudad en compañía del efesio Trófimo, y supusieron que Pablo le había introducido en el Templo. En consecuencia, toda la ciudad se alteró, y hubo una gran aglomeración de gente. Agarraron a Pablo y le sacaron a rastras del Templo, cerrando tras sí las puertas.

Estaban a punto de lincharle cuando informaron al oficial al frente de la compañía de guardia que se había levantado toda la ciudad de Jerusalén. Inmediatamente formó a unos soldados y centuriones y se lanzaron calle abajo al lugar del conflicto. Cuando los vio la multitud dejaron de apalear a Pablo. El oficial se le acercó, le detuvo y mandó que le aseguraran con dos cadenas, mientras preguntaba:
—¿Quién es, y qué es lo que ha hecho?

Entre la gente, unos gritaban una cosa y otros otra; y como no podía saber de qué se trataba a causa del jaleo, mandó que llevaran a Pablo al cuartel. Al llegar a la escalinata, la gente había dejado a Pablo en tal estado que los soldados tuvieron que llevarle a cuestas, mientras la multitud los seguía gritando:
—¡Muera!

El que Pablo accediera a la sugerencia de los responsables de la Iglesia de Jerusalén acabó en un desastre. Era el tiempo de Pentecostés, y había una gran aglomeración de judíos de todas partes; entre ellos, unos de Asia, que sin duda sabían lo eficaz que había sido allí el trabajo de Pablo, le habían visto por la ciudad con Trófimo, a quien probablemente conocían. Otros enemigos de Pablo sin duda tuvieron también tiempo para preparar su ataque, ya que la cuestión del voto había hecho que Pablo estuviera con frecuencia en el Templo. La falsa acusación de que Pablo había introducido a un pagano en el Templo nos da la impresión de no haber sido improvisada en el momento, sino urdida con cuidado y premeditación.

Trófimo era un gentil, y el que entrara un gentil en el Templo era una cosa terrible. Los gentiles podían entrar en el Atrio de los Gentiles; pero entre ese y el Atrio de las Mujeres había una barrera con carteles que anunciaban: «Ningún extranjero puede pasar la balaustrada o la reja que rodea el Templo bajo pena de muerte.» Hasta los romanos tomaban esto tan en serio que este era el único crimen por el que consentían que los judíos dictaran y aplicaran la sentencia de muerte.

Los judíos de Asia, y probablemente otros, pasaron a acusar a Pablo de violar la Ley, insultar al pueblo escogido y profanar el Templo, y provocaron su linchamiento. En el extremo noroccidental del área del Templo estaba la Torre Antonia, que había construido Herodes el Grande. En las grandes fiestas, cuando la atmósfera estaba más inflamable, había una guardia de una cohorte de mil soldados. Roma consideraba cualquier alteración del orden público un pecado imperdonable, tanto para el populacho que lo protagonizaba como para el comandante que lo consentía. El comandante se enteró de que algo estaba pasando, y se lanzó con sus tropas al lugar del conflicto. Para seguridad de Pablo le arrestó y le encadenó por los brazos a dos soldados. En aquel jaleo el comandante no pudo sacar una idea clara de la chusma exaltada, y los soldados tuvieron que llevar a Pablo al cuartel en volandas por la actitud amenazadora de la multitud, o tal vez por el estado en que Pablo se encontraba después de aquella tremenda paliza. De las muchas veces que Pablo había estado en peligro de muerte, aquella fue en la que se encontró más cerca del fin, y fue la intervención de la imparcial justicia romana la que le salvó la vida.

ARROSTRANDO LA FURIA DEL POPULACHO

Hechos 21:37-40

> *Cuando estaban a punto de meter a Pablo en el cuartel, le dijo al comandante:*
> *—¿Me dejas que te diga una cosa?*
> *—¡Pero sabes hablar griego! —contestó el comandante—. ¿Es que no eres tú el egipcio que empezó una revuelta hace algún tiempo y que se llevó al desierto a cuatro mil terroristas?*
> *—Yo soy judío, natural de la distinguida ciudad de Tarso, en Cilicia —le contestó—. ¿Me dejas que le hable a la gente?*
> *El comandante le dio permiso, y Pablo salió a las gradas e hizo un gesto con la mano para que le escucharan. Cuando se callaron, Pablo se dirigió a ellos en hebreo.*

La Torre Antonia se comunicaba con los atrios exteriores del Templo por dos escalinatas en los lados del Norte y del Oeste. Cuando ya estaban a punto de entrar en la torre, Pablo hizo una extraña petición: le pidió al comandante que le dejara hablar al populacho enfurecido. De nuevo vemos a Pablo siguiendo su táctica de mirar a la chusma a la cara.

El comandante se sorprendió de oír hablar en griego culto al que iba a linchar la multitud. Allá por el año 54 d.C., un egipcio había guiado a un grupo de desesperados al monte de los Olivos con la promesa de que iba a hacer caer ante sí los muros de la ciudad. Los romanos se habían encargado eficaz y rápidamente de los seguidores, pero el egipcio se les había escapado; y el comandante pensó que Pablo era el revolucionario egipcio, que había vuelto. Sus seguidores habían sido *sicarios* —es decir, portadores de dagas—, violentos nacionalistas que practicaban el asesinato. Llevaban las dagas escondidas bajo la ropa, se mezclaban entre la multitud y atacaban cuando podían. Pero cuando Pablo se identificó, el comandante comprendió que, fuera quien fuera, Pablo no era un vulgar revolucionario; así es que le dejó hablar.

Cuando Pablo se dispuso a dirigirse a la multitud, hizo un gesto para pedir silencio y, como por arte de magia, la rugiente multitud guardó silencio. No hay nada en el Nuevo Testamento que nos presente la fuerza de la personalidad de Pablo más realmente que este silencio que impuso a la chusma que había estado a punto de lincharle. En aquel momento, toda su persona irradiaba el poder de Dios.

LA DEFENSA DE LA EXPERIENCIA

Hechos 22:1-10

—*¡Hermanos y padres: Prestadme atención y dadme oportunidad de defenderme ante vosotros!* —empezó a decirles Pablo, y la gente guardó silencio al oírle hablar en hebreo—. *Yo soy judío, nacido en Tarso de Cilicia pero criado en esta ciudad y educado en la escuela de Gamaliel con todo el rigor que requiere nuestra Ley ancestral, y tomo tan en serio como vosotros las cosas de Dios. He sido perseguidor del Camino hasta tal punto que hubiera querido acabar con todos los que lo siguen; he cargado de cadenas y metido en la cárcel tanto a hombres como a mujeres, de lo cual pueden dar testimonio el Sumo Sacerdote y todos los ancianos del Sanedrín, que me dieron cartas de presentación para los hermanos judíos de Damasco, adonde me dirigí para traer a todos* *los del Camino que hubiera allí para castigarlos en Jerusalén. Pero cuando estaba llegando al final de mi viaje, hacia el mediodía y cerca de Damasco, de pronto me rodeó una luz intensísima del cielo que me hizo caer a tierra. Y entonces oí una voz que me decía: «¡Saulo, Saulo, ¿por qué me persigues?» Y yo le dije: «¿Quién eres Tú, Señor?» Y me dijo: «Yo soy el Jesús de Nazaret al Que tú estás persiguiendo.» Mis compañeros de viaje vieron la luz, pero no oyeron la voz que me hablaba a mí. «¿Qué tengo que hacer ahora, Señor?», le pregunté; y me contestó: «Levántate, entra en Damasco y allí se te dirá lo que te corresponde hacer.»*

La defensa de Pablo ante la multitud sedienta de su sangre no consistió en razonamientos, sino en la exposición de su experiencia personal; y eso es algo que no se puede discutir. Esta defensa es una paradoja; Pablo hace hincapié en dos cosas:

(i) Su identidad con los que le estaban escuchando. Pablo era judío, y nunca lo olvidaba *(2 Corintios 11:22; Filipenses 3:4s)*. Era de Tarso, una gran ciudad y uno de los grandes puertos del Mediterráneo en la desembocadura del río Cidno, y el final de la carretera que venía del lejano Éufrates a través de toda Asia Menor. Era una de las grandes ciudades universitarias del mundo antiguo. Pablo era un rabino, educado «a los pies» —es decir, en la escuela— de aquel Gamaliel que había sido «la gloria de la Ley» y que había muerto hacía cosa de cinco años. Había sido perseguidor del nuevo Camino movido por su celo por la religión tradicional de Israel. En todo esto Pablo estaba completamente identificado con su audiencia de aquel día.

(ii) Hace hincapié en lo que le distingue de su audiencia. La diferencia fundamental era que Pablo veía a Cristo como el Salvador de toda la humanidad, y a Dios como el Que ama a todos los hombres. Su audiencia creía que Dios no amaba más que al pueblo judío. Querían monopolizar los privilegios de Dios exclusivamente para ellos, y consideraban blasfemo al que quisiera extenderlos a los demás pueblos. La diferencia era que Pablo se había encontrado con Jesús cara a cara.

Pablo estaba identificado con los que le escuchaban en un sentido, pero en otro estaba diametralmente separado de ellos. Así sucede con todos los cristianos: vivimos en el mundo, pero Dios nos ha separado y consagrado para una tarea especial.

PABLO PROSIGUE CON SU BIOGRAFÍA

Hechos 22:11-21

—El resplandor de aquella luz me había dejado ciego, así es que mis compañeros me tuvieron que llevar de la mano hasta Damasco. Allí, un cierto Ananías que era un fiel cumplidor de la Ley y a quien apreciaban mucho todos los judíos que residían en Damasco, vino adonde yo estaba y se puso a mi lado. «Hermano Saulo» —me dijo—, «¡recibe otra vez la vista!» Y en aquel momento recuperé la vista y le pude ver. Y me dijo: «El Dios de nuestros padres te ha elegido para que conozcas su voluntad y veas y oigas al Justo, porque vas a ser su testigo ante los hombres de lo que has visto y oído. Así que, ¡no te detengas! ¡Invoca su Nombre, bautízate y queda limpio de tus pecados!» Cuando volví a Jerusalén, una vez estaba yo orando en el Templo cuando tuve un éxtasis. Vi a Jesús, y le oí decirme: «¡Date prisa, sal de Jerusalén lo más rápido posible, porque no van a creer lo que les digas de Mí!» Y yo le dije: «Señor, ellos saben que yo iba por ahí de sinagoga en sinagoga prendiendo y apaleando a los que creían en Ti; y saben que, cuando matamos a tu mártir Esteban, yo estaba presente y completamente de acuerdo con todo, guardando la ropa de los que le mataron.» Entonces me dijo: «¡Ve, porque te voy a mandar lejos a los gentiles!»

Una vez más Pablo hace hincapié en su identidad con su audiencia. Cuando llegó a Damasco, el que le instruyó fue un tal Ananías, fiel cumplidor de la Ley, reconocido por todos los judíos como hombre íntegro. Pablo insiste en que él no proclama la abolición de la Ley sino su cumplimiento en Jesucristo. Aquí tenemos uno de los relatos telescópicos de Lucas: si leemos este pasaje con *Hechos 9* y *Gálatas 1* comprobamos que realmente fue tres años después cuando Pablo fue a Jerusalén, después de su visita a Arabia y de testificar en Damasco.

En *Hechos 9* se nos dijo que Pablo había salido de Jerusalén porque su vida corría peligro a manos de los enfurecidos judíos, y aquí se nos dice que fue como resultado de una visión. No tiene por qué haber contradicción; lo más probable es que se ve la situación desde dos puntos de vista diferentes. Lo que Pablo deja bien claro es que él no quería apartarse de los judíos. Cuando Dios se lo dijo, él se resistió diciendo que el recuerdo de su pasado no podría por menos de hacer su cambio más impresionante para los judíos; pero Dios le dijo que los judíos no le querrían escuchar, y que tenía que ir a los gentiles.

Hay aquí una cierta melancolía. Como pasó con su Maestro, a Pablo tampoco le recibieron los suyos *(Juan 1:11)*. Es como si dijera: «Yo tenía un regalo de valor incalculable para vosotros, pero no lo quisisteis recibir; así que se lo ofrecí a los gentiles.»

El versículo 14 es un resumen no sólo de la vida de Pablo sino de la de cualquier cristiano. Tiene tres partes: (i) *Conocer la voluntad de Dios*. Este es el primer objetivo del cristiano: conocer y obedecer la voluntad de Dios. (ii) *Ver al Justo*. Es el objetivo de todo cristiano el caminar diariamente con el Señor Resucitado. (iii) *Oír la voz de Dios*. Se decía del famoso predicador John Brown of Haddington —el antepasado escocés de la familia Fliedner, de tan bendita memoria en España— que a menudo, cuando estaba predicando, se paraba como para escuchar una voz. El cristiano está siempre escuchando la voz de Dios entre los muchos ecos del mundo para saber adónde ir y qué hacer.

SE ENDURECE LA OPOSICIÓN

Hechos 22:22-30

> *Los judíos estuvieron dispuestos a escuchar a Pablo hasta que mencionó a los gentiles; entonces se pusieron a gritar:*
> *—¡Fuera! ¡Fuera! ¡Ese tipo no merece vivir!*
> *Como seguían chillando y sacudiéndose la ropa y tirando tierra al aire, el comandante mandó que metieran a Pablo en el cuarto de la guardia y que le dieran de palos hasta que hablara y se pudiera saber por qué gritaban contra él de esa manera. Cuando le estaban sujetando con correas, Pablo le preguntó al centurión que estaba a cargo de la cosa:*
> *—¿Es legal azotar a un ciudadano romano, y además sin haberle juzgado?*
> *Cuando el centurión oyó aquello, fue a informar al comandante y le dijo:*
> *—¿Pero qué es lo que vas a hacer? ¡Este hombre es ciudadano romano!*
> *El comandante se presentó, y le preguntó a Pablo:*
> *—¿Es cierto que eres ciudadano romano? —Y, como Pablo le dijo que sí, continuó diciéndole—: Yo tuve que pagar una fortuna para que me concedieran la ciudadanía romana.*
> *—Pues yo la tengo de nacimiento —le contestó Pablo.*
> *E inmediatamente se retiraron los que le iban a dar tormento; y hasta el comandante se quedó preocupado por las consecuencias que le podía traer el haber encadenado a un ciudadano romano.*
> *Al día siguiente, queriendo el comandante cerciorarse de la acusación que tenían los judíos contra Pablo, le sacó de la prisión y mandó que se reunieran los principales sacerdotes y todo el Sanedrín, y bajó a Pablo para presentarle ante ellos.*

Fue la mención de los gentiles lo que inflamó al populacho otra vez. No es que los judíos objetaran a que se predicara a los gentiles; a lo que objetaban era a que se les ofrecieran privilegios antes de que se circuncidaran y sometieran a la Ley. Si Pablo hubiera predicado a los gentiles que se convirtieran al judaísmo, no habría habido problemas; fue porque les ofreció las bendiciones de la Era Mesiánica por lo que se enfurecieron los judíos. Y mostraron su disconformidad de la manera más primitiva: chillando, y sacudiéndose o rasgándose la ropa, y armando una polvareda, que era lo típico entonces en Oriente y es posible que siga siéndolo en otros lugares también.

El comandante no sabría arameo, y no se habría enterado de lo que había dicho Pablo; pero una cosa sí sabía: que de ninguna manera podía consentir una alteración del orden público, y que tenía que castigar en el acto al que la causara. Por eso mandó que le dieran una paliza a Pablo para tomarle declaración. Eso no era un castigo, sino la manera más rápida y eficaz de obtener una confesión, aunque, desgraciadamente, con ese método no es fácil distinguir al culpable del inocente. En esos casos se solía usar un látigo de cuero con incrustaciones de hueso o plomo. Pocos lo podían soportar conservando su sano juicio, y muchos perecían.

Entonces Pablo habló. Cicerón había dicho: «Es una injuria atar a un ciudadano romano; es un crimen azotarle; matarle es tan malo como asesinar a un padre.» Así es que Pablo afirmó que era ciudadano romano. El comandante se quedó aterrado, porque se dio cuenta de que había estado a punto de hacer algo que le habría acarreado el despido, y hasta tal vez la ejecución. Así es que le soltó las ligaduras a Pablo, y decidió preparar una confrontación con el Sanedrín para resolver la cuestión.

Hubo casos en los que Pablo hizo valer sus derechos, pero nunca con un fin egoísta. Sabía que no había terminado su tarea. Cuando consideró que había llegado al final de su carrera, aceptó con alegría morir por Cristo; pero antes, Pablo era demasiado inteligente para dejar escapar la oportunidad de seguir sirviendo a Cristo.

LA ESTRATEGIA DE PABLO

Hechos 23:1-10

Pablo clavó su mirada en los miembros del Sanedrín y empezó a decirles:
—Hermanos: A lo largo de toda mi vida me he comportado con limpia conciencia delante de Dios.
En ese momento, el sumo sacerdote Ananías les dijo a los que estaban al lado de Pablo que le dieran un golpe en la boca.
—¡Dios te lo pague en la misma moneda, pared enjalbegada! —reaccionó Pablo—. ¿Estás ahí sentado para juzgarme según la Ley, y quebrantas la Ley mandando que me golpeen?
—¿Es que vas a insultar al Sumo Sacerdote de Dios?
—le gritaron a Pablo los que estaban cerca; y él contestó:
—Hermanos, no sabía que era el Sumo Sacerdote, o no le habría hablado así; porque la Escritura dice: «No insultes de ninguna manera al jefe del pueblo.»
Al darse cuenta de que la mitad de los miembros del Sanedrín eran saduceos y la otra mitad fariseos, levantó la voz para que todos le oyeran:
—¡Hermanos: Yo soy fariseo, como todos mis mayores; y se me está juzgando por la esperanza de la Resurrección de los muertos!
Al decir eso, se armó tal jaleo entre los fariseos y los saduceos que se dividió la reunión en dos bandos; y es que los saduceos dicen que no hay tales cosas como la Resurrección, los ángeles o los espíritus, mientras que los fariseos sí creen en todo eso. Total: que se enzarzaron en una discusión de miedo.
Algunos expertos en la Ley que pertenecían al partido de los fariseos se pusieron a protestar enérgicamente:
—¡Nosotros no encontramos ningún delito en este

hombre! ¿Qué sabemos si le habrá hablado algún es-
píritu o algún ángel?
 La discusión se puso tan violenta que el comandante
tuvo miedo de que descuartizaran a Pablo; así es que
mandó a la guardia para llevársele de la reunión al
cuartel.

Pablo hizo gala de cierto desenfado ante el Sanedrín: se
daba cuenta de que estaba quemando las naves. Sus primeras
palabras ya eran un desafío: el dirigirse a ellos llamándolos
hermanos era ponerse en el mismo nivel que el tribunal, porque
la manera normal de dirigirse al Sanedrín era: «Gobernadores
del pueblo y ancianos de Israel», como hizo Pedro *(Hechos
4:8)*. Cuando el Sumo Sacerdote mandó que le pegaran a Pablo,
estaba quebrantando la ley, que decía: «El que le da una bofetada a un israelita, es como si se la diera a la misma gloria de
Dios.» Así es que Pablo le devolvió la bofetada llamándole
pared enjalbegada. El tocar donde había un cadáver era con-
traer impureza ritual, y de ahí la costumbre de pintar de blanco
las tumbas para que no las tocaran sin darse cuenta. Así es que
Pablo le llamó al Sumo Sacerdote, con frase que había usado
Jesús refiriéndose a los escribas y fariseos hipócritas, «sepulcro
blanqueado» *(Mateo 23:27)*.
 Es verdad que era un delito el insultar a un gobernador de
Israel *(Éxodo 22:28)*. Pablo sabía de sobra que Ananías era el
Sumo Sacerdote; pero todo el mundo sabía que era glotón,
ladrón, avaro y traidor a su pueblo al servicio de Roma. Lo que
Pablo quería decir era: «Ese que está sentado ahí... ¡Yo no
creía que un tipo tan indeseable podía ser sumo sacerdote en
Israel!» Y a continuación, Pablo hizo una declaración que sabía
que pondría al Sanedrín a la greña, —¡aunque no tendrían pelo!
En el Sanedrín había fariseos y saduceos, que eran diametralmente opuestos en muchas cosas. Los fariseos creían en todos
los detalles de la Ley oral, con peligro a veces de olvidar el
verdadero espíritu de la Ley *(Marcos 7:3-13);* los saduceos no
aceptaban más que la Ley escrita, la Torá o Pentateuco. Los

fariseos creían en la predestinación, y los saduceos en el libre albedrío. Los fariseos creían en los ángeles y los espíritus, y los saduceos no. Y, sobre todo, los fariseos creían en la Resurrección de los muertos, y los saduceos no.

Así es que Pablo declaró: «¡Hermanos: Yo soy fariseo, como todos mis mayores; y se me está juzgando por la esperanza de la Resurrección de los muertos!» E inmediatamente el Sanedrín se dividió en dos bandos; y en la violenta discusión que se produjo, Pablo corría peligro de que le despedazaran. El comandante tuvo que rescatarle llevándosele otra vez al cuartel.

SE DESCUBRE UN COMPLOT

Hechos 23:11-24

La noche siguiente vino el Señor y se puso al lado de Pablo.

—¡Ten valor! —le dijo—. Como has sido mi testigo en Jerusalén, así hace falta que lo seas también en Roma.

Cuando se hizo de día, más de cuarenta judíos tramaron un complot: se juramentaron bajo maldición a no comer ni beber hasta matar a Pablo. Se presentaron a los principales sacerdotes y a los ancianos, y les dijeron:

—Nos hemos juramentado para no comer ni beber hasta matar a Pablo. Así es que, lo que queremos que hagáis vosotros y el Sanedrín es que le digáis al comandante que os proponéis hacer una investigación más a fondo del caso de Pablo, para lo que necesitáis que se le haga comparecer ante vosotros. Estamos listos para que no llegue vivo al tribunal.

Un sobrino de Pablo se enteró de la emboscada que le habían tendido, y fue al cuartel a comunicárselo a Pablo, quien llamó a uno de los centuriones y le dijo:

—Lleva a este joven al comandante, que tiene algo importante que decirle.

Así lo hizo el centurión, y le dijo al comandante:

—El preso Pablo me llamó para pedirme que te trajera a este joven que, al parecer, tiene algo que decirte.

El comandante tomó al joven del brazo y se le llevó aparte. Una vez a solas, le preguntó:

—¿De qué me tienes que informar?

—De que los judíos se han puesto de acuerdo para pedirte que les mandes a Pablo al Sanedrín mañana, haciendo como que van a investigar el caso más a fondo. No te dejes convencer, porque más de cuarenta se han juramentado para no comer ni beber hasta que hayan matado a Pablo, y le tienen preparada una emboscada. Ya lo tienen todo listo, y sólo están esperando que les asegures que les vas a conceder su petición.

El comandante despidió al joven con órdenes terminantes de no decirle a nadie que había informado a las autoridades. Luego llamó a dos de sus centuriones y les dijo:

—Preparad para que salgan a las 9 de la noche para Cesarea una compañía de doscientos de infantería con setenta de caballería y otros doscientos lanceros.

También les dijo que prepararan una montura para llevar a Pablo al gobernador Félix con la máxima seguridad.

Aquí vemos dos cosas: (*a*) La primera es hasta qué punto estaban dispuestos a llegar los judíos para eliminar a Pablo. En ciertas circunstancias, los judíos consideraban justificado el asesinato. Si una persona era un peligro público para la moral o para la vida, era legítimo eliminarla. Así es que cuarenta hombres se juramentaron invocando sobre ellos una maldición si no lo cumplían. Eso era lo que llamaban en hebreo *jêrem* y en griego *anáthêma;* cuando alguien hacía un voto de estos decía: «Así me haga Dios y aun me añada —especificando las desgracias que vendrían sobre él— si no hago lo que he jurado.» Estos hombres hicieron el voto de no comer ni beber hasta matar a Pablo, invocando la maldición de Dios si no lo cumplían. Afortunadamente el sobrino de Pablo delató la conspiración. (*b*) En segundo lugar, vemos hasta dónde estaba dispuesta a llegar la administración romana para que se hiciera justicia. Pablo era un preso; pero era ciudadano romano, y por tanto el comandante romano destacó a un pequeño ejército para hacerle llegar sano y salvo al gobernador romano de Cesarea. Es curioso el contraste que se nota entre el odio fanático de los judíos —el pueblo escogido de Dios— y la justicia imparcial de los romanos —un pueblo pagano.

LA CARTA DEL COMANDANTE

Hechos 23:25-35

> *El comandante escribió una carta en los siguientes términos:*
> *«Claudio Lilias, a Su Excelencia el gobernador Félix: ¡Salud! Los judíos se habían apoderado de este hombre, y le habrían matado si yo no hubiera intervenido con la tropa para rescatarle, porque me enteré de que es ciudadano romano. Queriendo saber de lo que le acusaban, le llevé al Sanedrín; y descubrí que la acusación se refiere a cuestiones de la ley judía, y que no le acusaban de nada que mereciera la muerte o la cárcel. Se me ha informado de que los judíos estaban conspirando contra su vida; por tanto, le envío a V.E. He comunicado a sus acusadores que expongan ante V.E. sus cargos.»*
> *Los soldados de infantería se hicieron cargo de Pablo y le llevaron de noche a Antípatris como se les había mandado. Al día siguiente le dejaron a cargo de los de caballería, y ellos se volvieron al cuartel. Cuando lle-*

garon a Cesarea, le entregaron la carta al gobernador,
juntamente con Pablo. Cuando el gobernador leyó la
carta, le preguntó a Pablo de qué provincia era; y al
enterarse de que era de Cilicia, le dijo:
—Ya me ocuparé de tu caso cuando lleguen tus
acusadores.
Y dio orden de que custodiaran a Pablo en el cuartel
general de Herodes.

La sede del gobierno romano no estaba en Jerusalén, sino
en Cesarea. La residencia del gobernador era lo que se llamaba
el pretorio, y el de Cesarea era un palacio que había construido
Herodes el Grande. El comandante de Jerusalén, Claudio Lisias, escribió una buena carta oficial —en la que, ¡naturalmente!, omitió «el detalle» de haber encadenado y pensado azotar
a ese ciudadano romano—, y se la mandó al gobernador con
el detenido y una escolta considerable. Jerusalén estaba a 90
kilómetros de Cesarea, y Antípatris a unos 40. Hasta Antípatris,
el país era peligroso y habitado por judíos; después era abierto
y llano, no ofrecía peligro de emboscadas y estaba habitado
sobre todo por gentiles. Por eso se volvió a Jerusalén la mayor
parte de la escolta al llegar a Antípatris, dejando a Pablo al
cuidado de los de caballería.

El gobernador al que entregaron a Pablo era Félix, famoso
por su infamia. Hacía cinco años que era gobernador de Judea,
y otros dos antes había estado en Samaria. Todavía le quedaban
dos años antes de que le echaran de su puesto. Había empezado
su vida como esclavo. Su hermano Palas era el favorito de
Nerón, y gracias a la influencia de su hermano Félix había
llegado a ser liberto, y luego gobernador. Fue el primer esclavo
de la historia que llegó a ser gobernador de una provincia romana —¡no tanto como había llegado a ser José en Egipto!—. El
historiador latino Tácito dijo de él: «Ejercía las prerrogativas
de un rey con el espíritu de un esclavo.» Se había casado
sucesivamente con tres princesas: el nombre de la primera no
se conoce; la segunda era nieta de Antonio y Cleopatra, y la

tercera era Drusila, hija de Herodes Agripa I, una víbora capaz de contratar asesinos para acabar con sus más fieles protectores. ¡Hizo falta una erupción del Vesubio para acabar con ella! Tal era el gobernador ante quien tuvo que presentarse Pablo, y tal la pareja ante la que haría su defensa, entre otros invitados.

EL ADULADOR Y LA FALSA ACUSACIÓN

Hechos 24:1-9

A los cinco días se presentó el sumo sacerdote Ananías con un grupo de ancianos y un cierto abogado que se llamaba Tértulo, y presentaron ante el gobernador los cargos que hacían contra Pablo. Cuando le hicieron comparecer, Tértulo hizo las veces de fiscal, y empezó:

—Excelentísimo Señor Félix: Estamos en deuda con V.E. por la prolongada paz que disfrutamos, y recibimos con todo agradecimiento la serie de reformas de todo tipo que en todo lugar la previsión de V.E. ha iniciado para bien de esta nación. Para no molestar a V.E. por un tiempo excesivo, ruego a V.E. nos conceda su atención en su clemencia. Hemos descubierto que este hombre es un alborotador indeseable. Ejerce una influencia inquietante entre todos los judíos de todo el mundo. Es el cabecilla de la secta de los nazarenos. Hasta ha intentado profanar el recinto del Templo. Nosotros le arrestamos, y teníamos intención de juzgarle según nuestra ley; pero se presentó el comandante Lisias con una fuerza considerable, y nos le arrebató de las manos, y ha dado orden a los acusadores de este hombre que se presenten ante V.E., que podrá juzgar y descubrir por sí mismo al examinarle los hechos concernientes a todos los crímenes de los que le acusamos.

Los judíos corroboraron el ataque, y alegaron que todas las acusaciones eran ciertas.

Tértulo inició su intervención con una adulación verdaderamente nauseabunda en la que cada palabra era incierta, como tanto él como Félix sabían muy bien. Y pasó a exponer otros extremos igualmente falsos. Pretendía que los judíos habían arrestado a Pablo, cuando la escena del Templo más se había parecido a un linchamiento que a una detención. La acusación que formulaba contra Pablo también era calculadamente inexacta, y constaba de tres cargos.

(i) Pablo era un provocador de problemas y un indeseable. Le definía como uno de esos terroristas que siempre estaban inflamando al populacho para que se rebelara. Tértulo sabía muy bien que lo único que no consentía la tolerante Roma eran los disturbios civiles, porque cualquier chispa podía prender una conflagración. Tértulo sabía que estaba diciendo una mentira, pero era una acusación que tenía que surtir efecto.

(ii) Pablo era el cabecilla de la secta de los nazarenos. Eso le relacionaba con los movimientos mesiánicos; y los romanos sabían los excesos que podían provocar y la histeria colectiva que podían inspirar los falsos mesías, cosas que no se podían saldar sin derramamiento de sangre. Roma no podía tomar a la ligera una acusación así. Tértulo sabía que era mentira, pero que no podía por menos de resultar eficaz.

(iii) Pablo quería profanar el Templo. Los sacerdotes eran saduceos, el partido colaboracionista; profanar el Templo era violar los derechos y las leyes de los sacerdotes, y los romanos —esperaba Tértulo— se pondrían de parte del partido prorromano. La acusación era de lo más peligrosa: una serie de medias verdades y de hechos tergiversados.

LA DEFENSA DE PABLO

Hechos 24:10-21

Seguidamente, el gobernador le indicó a Pablo que podía hablar; y Pablo tomó la palabra:
—Como sé que eres el cabeza legal de esta nación

desde hace muchos años, emprendo mi defensa con confianza. Puedes comprobar fácilmente el hecho de que no hace más que doce días que subí a Jerusalén para dar culto a Dios. No se me encontró discutiendo con nadie en el recinto del Templo, ni reuniendo gente, ni en las sinagogas ni en la ciudad. Mis acusadores no pueden aportar ninguna prueba en confirmación de los cargos que me hacen ahora. Esto sí reconozco ante ti: que yo soy fiel al Dios de nuestros antepasados según enseña el Camino que ellos llaman «herejía»; pero que no por eso me aparto lo más mínimo de todo lo que establece la Ley y está escrito en los Profetas, sino que tengo la misma esperanza en Dios que tienen ellos de que habrá una Resurrección tanto de los buenos como de los malos. Por eso yo también hago todo lo posible por tener la conciencia tranquila tanto en mi relación con Dios como con mis semejantes. —Y prosiguió—: Hacía varios años que no estaba en Jerusalén. He venido esta vez para traerle algunos regalos a mi pueblo y para ofrecer sacrificios a Dios. Cuando estaba haciéndolo se me echaron encima en el recinto del Templo. Yo había cumplido todo el ritual de las purificaciones. No era el centro de ninguna aglomeración, ni se había producido ningún disturbio. El problema lo causaron unos judíos de Asia, que son los que deberían estar aquí ante tu tribunal para hacer las acusaciones que tengan en contra de mí. Faltando aquellos, estos que están aquí deberían aclarar de qué crimen me encontraron culpable cuando comparecí ante el Sanedrín, como no fuera el que yo mismo declaré públicamente ante la asamblea: «Que por lo que se me está juzgando en vuestro tribunal hoy es por la Resurrección de los muertos.»

La defensa de Pablo es la de uno que tiene la conciencia tranquila y se limita a exponer sencillamente los hechos. Le habían arrestado precisamente cuando traía las ofrendas de las iglesias a los necesitados de Jerusalén y estaba cumpliendo rigurosamente la Ley de Israel. Una de las grandes cosas de Pablo es que habla en su defensa con fuerza y también con una veta de indignación, pero nunca compadeciéndose a sí mismo o con amargura, lo que hubiera sido perfectamente natural en un hombre cuyas acciones más nobles habían sido tergiversadas tan cruelmente.

HABLÁNDOLE CLARO
A UN GOBERNADOR CULPABLE

Hechos 24:22-27

Félix estaba muy bien informado sobre los hechos del Camino; pero dejó la cosa para más adelante, y dijo:
—Cuando baje el comandante Lisias investigaré el caso.
Seguidamente le dio órdenes al centurión para que siguiera vigilando a Pablo aunque dándole una cierta medida de libertad, y que no se les impidiera a sus amigos prestarle ayuda.
Al cabo de unos días vino Félix con su mujer Drusila, que era judía. Mandó traer a Pablo, y le estuvo escuchando hablar acerca de la fe en Jesucristo. Pero cuando Pablo pasó a hablar acerca de la integridad, el dominio propio y el juicio venidero, Félix se alarmó y le dijo a Pablo:
—Dejemos ahora ese asunto. Ya te mandaré llamar cuando tenga tiempo.
Y es que el gobernador tenía esperanzas de que Pablo le pagara su libertad. Por eso le mandaba llamar muchas veces para hablar con él. Así estuvo la cosa durante dos años, al final de los cuales Félix fue sustituido por Porcio Festo, y dejó a Pablo en la cárcel para congraciarse con los judíos.

Félix no fue cruel con Pablo, pero algunas de las cosas que le dijo Pablo le dejaron aterrado. Su mujer Drusila era hija de Herodes Agripa I. Había estado casada con Aziz, rey de Emesa; pero Félix, con la ayuda de un mago que se llamaba Átomo, había seducido a Drusila y la había convencido para que se casara con él. No nos sorprende que tuviera miedo cuando Pablo le expuso la moralidad elevada que Dios demanda.

Pablo estuvo preso en Cesarea dos años. Félix se pasó de la raya tanto y tantas veces que le depusieron. Había una discusión interminable sobre si Cesarea era una ciudad judía o griega, y los judíos y los griegos estaban a la greña por esa cuestión. Hubo un enfrentamiento violento en el que los judíos llevaban las de ganar cuando Félix mandó tropas en defensa de los gentiles. Miles de judíos murieron, y las tropas, con el consentimiento y aun beneplácito de Félix, saquearon y expoliaron las casas de los judíos más ricos de la ciudad. Los judíos entonces hicieron lo que todas las provincias tenían derecho a hacer: dieron parte del asunto a Roma. Por eso fue por lo que Félix dejó preso a Pablo, aunque estaba convencido de que debía ponerle en libertad. Estaba tratando de congraciarse con los judíos; pero no le sirvió de nada. Se le sustituyó en el gobierno, y se salvó de la ejecución gracias a la influencia de su hermano Palas.

LA APELACIÓN AL CÉSAR

Hechos 25:1-12

Tres días después de tomar posesión como goberna-dor de la provincia, Festo subió de Cesarea a Jerusalén. Los principales sacerdotes y los más representativos de los judíos aportaron información contra Pablo y le pi-dieron a Festo, como un gran favor, que hiciera compa-recer a Pablo en Jerusalén. Lo que se proponían en realidad era prepararle una emboscada y matarle en la carretera. Festo les contestó que Pablo estaba bajo custodia en Cesarea, y que él mismo tenía intención de trasladarse allí pronto.

—Lo mejor que pueden hacer vuestras autoridades —les dijo Festo— es bajar conmigo a Cesarea a presentar su denuncia contra ese hombre por los crímenes que haya cometido.

Festo no pasó más que ocho o diez días en Jerusalén, y luego bajó a Cesarea. Al día siguiente asumió su puesto en el tribunal y mandó que trajeran a Pablo. Cuando se presentó Pablo, los judíos que habían bajado de Jerusalén le cercaron y se pusieron a acusarle de muchos delitos graves que no podían probar de ninguna manera. Pablo se limitó a decir:

—Yo no he cometido ningún crimen contra la Ley judía, ni contra el Templo, ni contra el César.

Festo quería congraciarse con los judíos, así que le dijo a Pablo:

—¿Estás dispuesto a ir a Jerusalén para que te juzguen allí de estas acusaciones en mi presencia?

—Mi caso no se tiene que juzgar más que en el tribunal del César. Soy inocente de todo crimen contra los judíos, como sabes muy bien. Si soy un delincuente y he hecho algo que merezca la pena de muerte, no estoy tratando de evadirme; pero si son sin fundamento las acusaciones que presentan contra mí, no hay derecho a que se me entregue a los judíos. ¡Apelo al César!

—Al César has apelado, y al César irás —dijo Festo después de consultar con su consejo.

Festo no era un tipo como Félix. Sabemos muy poco de él, pero lo bastante para tenerle por hombre justo y recto. Murió a los dos años de haberse hecho cargo del puesto, pero no dejó un nombre manchado. Los judíos trataron de aprovecharse de él y de convencerle para que enviara a Pablo a Jerusalén, porque habían vuelto a las andadas de hacer un complot para matar a Pablo cuando fuera de camino. Pero Festo era romano y tenía sentido de la justicia; así es que les dijo que bajaran a Cesarea a presentar sus denuncias. De la respuesta de Pablo podemos deducir las acusaciones maliciosas que le estaban haciendo; le acusaban de herejía, sacrilegio y sedición. La primera sería cierta desde su punto de vista, aunque no tenía ningún sentido ante la ley romana; pero las otras dos eran mentiras deliberadas.

Festo no tenía ganas de enfrentarse con los judíos al principio de su gobierno, así es que les ofreció un compromiso. ¿Estaba dispuesto Pablo —le preguntó— a ir a Jerusalén para que le juzgaran allí estando él presente para garantizar el juego limpio? Pero Pablo sabía muy bien que no podía esperar ningún juego limpio en Jerusalén, y tomó su decisión: cuando un ciudadano romano tenía la impresión de que no se le hacía justicia en un tribunal provincial, podía apelar directamente al Emperador. Sólo si se trataba de un asesino, pirata o bandido al que hubieran pillado con las manos en la masa se podía anular la apelación. En todos los demás casos se tenía que mandar al acusado o demandante a Roma para que el Emperador dictara la sentencia personalmente. Cuando Pablo pronunció la frase decisiva: «¡Apelo al César!», a Festo no le quedaba otra salida; y Pablo, en circunstancias muy diferentes de las que probablemente había imaginado, había dado el primer paso hacia Roma.

FESTO Y AGRIPA

Hechos 25:13-21

Al cabo de unos días, el rey Agripa y Berenice vinieron a Cesarea a hacerle una visita de cumplido a Festo, y se quedaron allí algún tiempo. Festo aprovechó para consultarle al rey el caso de Pablo, y le dijo:
—Tengo aquí a un preso que Félix ha dejado pendiente de sentencia. Cuando estuve en Jerusalén, los

principales sacerdotes judíos y los ancianos me presentaron la denuncia y pidieron que le condenara. Yo les dije que no era la norma romana el sentenciar a ningún acusado antes de darle oportunidad de tener un cara a cara con sus acusadores y defenderse de las denuncias que se presentaban contra él. Cuando vinieron, yo no diferí el asunto: al día siguiente ocupé mi puesto en el tribunal y mandé que trajeran al preso. Cuando tomaron la palabra, no le acusaron de ninguno de los crímenes que yo había esperado. Lo que tenían en contra de él eran cosas de su propia religión, y acerca de un tal Jesús, que ya ha muerto pero que Pablo asegura que está vivo. Yo no sabía por dónde tirar para iniciar una investigación sobre tales cuestiones; así es que le pregunté si estaba dispuesto a ir a Jerusalén para que le juzgaran allí de esas cosas, pero Pablo apeló para que se le tenga bajo custodia hasta que el Emperador decida su caso. Y eso es lo que he hecho: he mandado que siga preso hasta que le pueda remitir su caso al César.

Agripa era el rey de una pequeña porción de Palestina que incluía Galilea y Perea; pero sabía muy bien que se lo debía a los romanos, que eran los que le habían instalado allí y podían quitarle con la misma facilidad. Por tanto, solía hacer una visita de cortesía al gobernador romano cuando éste llegaba a la provincia. Berenice era la hermana de Drusila, mujer de Félix, y también del mismo Agripa. Sabiendo que Agripa conocía a fondo las cuestiones de fe y costumbres de los judíos, Festo decidió discutir con él el caso de Pablo. Le presentó a Agripa un resumen imparcial de la situación hasta aquel momento; de esa manera le preparó la escena a Pablo para defenderse y dar su testimonio ante el rey. Jesús había dicho: «Os harán comparecer ante gobernadores y reyes por vuestra relación conmigo» *(Mateo 10:18)*. La difícil profecía se estaba cumpliendo; e igualmente se haría realidad la promesa de ayuda *(Mateo 10:19)*.

FESTO BUSCA DATOS PARA SU INFORME

Hechos 25:22-27

—*Me gustaría conocer personalmente a ese hombre* —*le dijo Agripa a Festo.*
—*Pues mañana mismo* —*le contestó Festo.*
Al día siguiente llegaron Agripa y Berenice con mucha pompa, y entraron en la sala de la audiencia con los más altos jefes del ejército y las fuerzas vivas de la ciudad. Seguidamente trajeron a Pablo a la orden de Festo, que dijo entonces al rey Agripa y a toda la audiencia:
—*El que estáis viendo es el hombre que toda la nación judía ha demandado tanto en Jerusalén como aquí, vociferando insistentemente que no merece seguir viviendo. Por lo que yo veo, no ha hecho nada que merezca la pena capital; pero, como él mismo ha apelado al César, yo he decidido mandárselo. No tengo hechos claros para informar por escrito acerca de él a su señoría imperial; por tanto, le he traído a vuestra presencia, y especialmente a la tuya, rey Agripa, para que se haga una investigación preliminar y yo pueda tener algunos datos informativos que incluir en mi informe; porque me parece fuera de lugar remitirle una persona al Emperador sin tener claro de qué se la acusa.*

Festo se encontraba en una situación incómoda. Según la ley romana, si un ciudadano romano apelaba al César y se le mandaba a Roma, tenía que ser con un informe escrito del caso y de las acusaciones que se le hacían. El problema de Festo era que, por lo que él podía ver, no había un claro delito; y por eso preparó aquella audiencia.

Esta es una de las escenas más dramáticas de todo el Nuevo Testamento. Agripa y Berenice se presentaron con toda su pompa. Seguramente se habían puesto las ropas regias de púrpura y el aro de oro a manera de corona en la cabeza. Sin duda Festo también se había puesto la túnica escarlata que un gobernador guardaba para las ocasiones oficiales. Estaría presente el séquito de Agripa, y probablemente también asistirían los personajes más representativos de los judíos. Cerca de Festo estarían los capitanes de las cinco cohortes estacionadas en Cesarea; y al fondo estaría una falanje prieta de corpulentos legionarios romanos en atuendo de ceremonia.

A esa escena se incorporó Pablo, el pequeño tejedor judío, encadenado por las muñecas; y sin embargo, desde el momento en que toma la palabra, ocupa el centro de la escena. Hay personas que irradian autoridad. Julián Duguid nos cuenta que una vez cruzó el Atlántico en el mismo buque que Sir Wilfred Grenfell. Grenfell no tenía una figura especialmente impresionante; pero Duguid cuenta que, siempre que Grenfell entraba en una de las habitaciones, no hacía falta volver la cabeza para saber que había entrado, porque de él emanaba una ola de poder. Cuando una persona tiene a Cristo en el corazón y Dios a su mano derecha, tiene el secreto del poder. ¿De quién ha de tener miedo?

LA DEFENSA DE UN HOMBRE CAMBIADO

Hechos 26:1-11

> *Agripa inició la sesión diciendo a Pablo:*
> *—Tienes nuestro permiso para dar tu versión de los hechos.*
> *Pablo extendió el brazo en señal de saludo y para pedir atención, y empezó su defensa:*
> *—Considero un privilegio, rey Agripa, el poder defenderme hoy ante ti de todas las acusaciones que han presentado contra mí los judíos. Y aún más afortunado me considero por el hecho de que tú eres un experto en todas las costumbres y cuestiones judías. Por tanto, te*

*ruego que me escuches con paciencia. Todos los judíos
conocen de sobra la clase de vida que he llevado desde
mi juventud, porque he vivido todo el tiempo entre los
de mi nación en Jerusalén. Así es que me conocen de
tiempo. Si estuvieran dispuestos, podrían presentar
evidencia de que mi vida era la de un fariseo modelo,
obediente a los principios de la denominación más
estricta de nuestra religión. ¡Y ahora resulta que se me
está juzgando aquí hoy porque mi esperanza está puesta
en que Dios cumplirá la promesa que hizo a nuestros
antepasados! Pero esa y no otra es la esperanza que las
diez tribus de Israel se esfuerzan por alcanzar, dando
culto a Dios con constante devoción día y noche. Por
albergar esta esperanza, Majestad, se me acusa, ¡y mis
acusadores son judíos! ¿Es que se considera increíble
que Dios resucite a los muertos? Yo estaba convencido
de que era mi deber hacer todo lo que pudiera en contra
de Jesús el Nazareno. Y lo hice primero en Jerusalén:
metí en la cárcel a muchos del pueblo de Dios con la
debida autorización de los principales sacerdotes.
Cuando condenaban a muerte a los seguidores de Jesús,
yo daba mi voto en su contra. Fui de sinagoga en sinagoga castigándolos a ver si los obligaba a maldecir
el nombre de Jesús. En mi loca furia llevé la campaña
de persecución hasta a ciudades fuera de Palestina.*

Una de las cosas extraordinarias que encontramos en las
personas del Nuevo Testamento es que no tenían miedo de
confesar lo que habían sido antes. Aquí, en presencia del Rey,
Pablo confiesa abiertamente que en el pasado había hecho todo
lo posible para acabar con todos los cristianos.

Hubo un famoso evangelista llamado Brownlow North. En
su juventud había llevado una vida que era todo menos cristiana. Un día, precisamente antes de subirse al púlpito en una
iglesia de Aberdeen, recibió una carta. En ella se le decía que
el que la había escrito tenía pruebas de algo indigno que

Brownlow North había hecho antes de convertirse; y añadía que el que había escrito la carta tenía intención de interrumpir el culto y contarle a la congregación aquel pecado si él predicaba. Brownlow subió al púlpito con la carta; se la leyó a la congregación; contó a lo que se refería, y entonces les dijo que Cristo le había cambiado y podía cambiarlos también a ellos. Usó la evidencia de su vergüenza como prueba de la gracia de Cristo.

Denney solía decir que la gran prueba del Evangelio es que hace buenos a los malos. Los cristianos auténticos nunca tienen miedo de señalarse a sí mismos como ejemplos vivos del poder de Cristo. Es verdad que no podemos cambiarnos a nosotros mismos; pero es también gloriosamente cierto que, lo que nosotros no podemos hacer, Cristo lo puede hacer por nosotros.

En este pasaje Pablo insiste en que el centro de su mensaje es la Resurrección. Su testimonio no es acerca de uno que ha vivido y muerto, sino de uno que está gloriosamente presente y vivo para siempre. Para Pablo todos los días eran el Día de la Resurrección.

ENTREGARSE PARA SERVIR

Hechos 26:12-18

Como parte de todo lo dicho —siguió diciendo Pablo— iba yo a Damasco con la autorización y comisión de los principales sacerdotes. Y al mediodía en la carretera, Majestad, vi una luz de los cielos más fuerte que el Sol, que nos rodeó de resplandor a mí y a mis compañeros de viaje. Todos caímos al suelo. Y yo oí una voz que me decía en lengua hebrea: «Saulo, Saulo, ¿por qué me estás persiguiendo? ¡Sólo te haces daño a ti mismo coceando contra el aguijón!» Yo le pregunté: «¿Quién eres, Señor?» Y el Señor me contestó: «¡Soy el mismo

Jesús al que tú estás persiguiendo! ¡Venga, ponte en pie!
Me he aparecido a ti porque te he escogido para que
seas mi siervo, y para que le digas a la gente lo que has
visto y lo que vas a ver de Mí. Yo te libraré de tu pueblo
y de los gentiles; porque es a los gentiles a los que te
voy a mandar para que les abras los ojos para que se
conviertan de la oscuridad a la Luz y del dominio de
Satanás al de Dios, para que reciban el perdón de sus
pecados y entren a participar de la bendición de todos
los que han llegado a ser el pueblo consagrado a Dios
al creer en Mí.»

Este pasaje está lleno de cosas interesantes:

(i) La palabra griega *apóstolos* quiere decir literalmente *uno que es enviado*. Por ejemplo: un embajador es un *apóstolos* o apóstol. Es interesante saber que un enviado del Sanedrín era técnicamente un *apóstolos* del Sanedrín. Esto quiere decir que Pablo empezó aquel viaje como apóstol del Sanedrín y lo acabó como apóstol de Cristo.

(ii) Pablo iba de camino *al mediodía*. A menos que un viajero tuviera mucha prisa, al mediodía descansaba a causa del calor. Aquí vemos lo empeñado que estaba Pablo en su misión de persecución. No cabe duda de que estaba tratando de aliviar por medio de la acción violenta las dudas que había en su corazón.

(iii) El Señor Resucitado le dijo a Pablo que no hacía más que hacerse daño a sí mismo coceando contra el aguijón. Cuando se uncía al yugo un novillo por primera vez, trataba de soltarse a fuerza de cocear. Si estaba uncido a un arado que se manejaba con una sola mano, el que lo guiaba llevaba en la otra un palo largo con un aguijón en el extremo que mantenía cerca de las patas del buey para que se pinchara cada vez que coceara. Si estaba uncido a un carro, éste tenía una barra con aguijones con los que se pinchaba el buey cada vez que coceaba. El novillo tenía que acabar por someterse, y eso es lo que le sucedió a Pablo.

Los versículos 17 y 18 contienen un resumen perfecto de lo que Cristo hace por nosotros. (*a*) *Nos abre los ojos.* Cuando Cristo entra en nuestra vida, nos permite ver lo que no habíamos visto nunca. (*b*) *Nos convierte de la oscuridad a la Luz.* Antes de conocer a Cristo es como si estuviéramos orientados al revés y andando en la oscuridad, y cuando le conocemos vamos caminando hacia la Luz y vemos el camino perfectamente. (*c*) *Nos traslada del dominio de Satanás al de Dios.* Antes el mal nos tenía esclavizados, pero ahora el poder triunfante de Dios nos permite vivir una vida de bondad, victoriosa y libre. (*d*) *Nos concede el perdón de nuestros pecados y la entrada a participar de la bendición de todos los que han llegado a ser el pueblo consagrado a Dios al creer en Jesucristo.* En cuanto al pasado, ha sido quebrantado el poder del pecado; en cuanto al futuro, tenemos una vida nueva y limpia.

LA TAREA ASUMIDA

Hechos 26:19-23

> —*Así que yo, rey Agripa* —*siguió diciendo Pablo*—, *no desobedecí a la visión celestial, sino empecé a presentar el mensaje del arrepentimiento, y de la conversión a Dios para vivir de acuerdo con ese arrepentimiento, primeramente a los de Damasco, y luego a los de Jerusalén, y luego por toda Judea, y luego a los gentiles. Por eso me echaron mano los judíos en el recinto del Templo y trataron de matarme. Dios me otorgó su ayuda. Hoy sigo confesando mi fe a toda la gente desde la cumbre hasta el fondo de la sociedad. No digo nada que no esté de acuerdo con lo que los Profetas y Moisés dijeron que sucedería; es decir: que el Mesías había de sufrir y que, como sería el primero que resucitara, traería el mensaje de la luz al pueblo judío y a los gentiles.*

Aquí tenemos un resumen vivo de la sustancia del mensaje que Pablo predicaba:

(i) Llamaba al *arrepentimiento*. La palabra griega para *arrepentimiento* quiere decir literalmente *cambiar de mentalidad*. Arrepentirnos quiere decir darnos cuenta de que la clase de vida que estamos viviendo es equivocada, y que tenemos que adoptar una escala de valores totalmente distinta. Con ese fin, el arrepentimiento supone dos cosas: *dolor de corazón* por lo que hemos sido, y *decisión* de cambiar por la gracia de Dios.

(ii) Llamada a *volvernos hacia Dios*. A menudo estamos de espaldas a Dios; puede que sea porque no le tenemos en cuenta, o porque nos hemos ido a posta a los países lejanos del alma. Pero, sea por lo que sea, el Evangelio nos llama a aceptar que Dios, a Quien no teníamos en cuenta, sea nuestro todo.

(iii) Llamada a *vivir de acuerdo con el arrepentimiento*. La prueba de un arrepentimiento y una conversión a Dios verdaderamente genuinos es una nueva manera de vivir. Esta no es meramente la reacción de alguien cuya vida está gobernada por una nueva serie de *leyes;* sino que es el resultado del *amor*. La persona que ha llegado a conocer el amor de Dios que vemos en Jesucristo sabe que el pecado no es quebrantar la ley de Dios, sino el corazón de Dios.

UN REY IMPRESIONADO

Hechos 26:24-32

Cuando Pablo llegó a ese punto en su defensa, Festo le interrumpió diciéndole en alta voz:

—¡Estás loco de remate, Pablo! ¡De tanto estudiar has perdido el juicio!

—No estoy loco, excelentísimo Festo. Al contrario: estoy diciendo cosas que son ciertas y sanas. El Rey sabe de todo esto, y ante él no tengo por qué andarme con rodeos. No creo que le ha resultado peregrino nada de

*lo que he dicho, porque estas cosas no han sucedido en
ningún rincón escondido. Rey Agripa, ¿a que es cierto
que crees en los Profetas? ¡Yo sé que sí!*
   *—¡Crees que no te costaría mucho hacerme cristiano!
—le replicó Agripa. Y Pablo le contestó:*
   *—¡Ojalá, me costara mucho o poco tiempo, no sólo
tú sino todos los que me estáis escuchando hoy, llegárais
a ser como yo... por supuesto, sin estas cadenas!*
   *A eso el Rey se levantó, y lo mismo hicieron el Go-
bernador y Berenice y todos los demás. Al salir, iban
discutiendo el caso y diciéndose:*
   *—Este hombre no ha hecho nada que merezca la pena
de muerte o de cárcel.*
   *—Bien podría ponérsele en libertad —le dijo Agripa
a Festo— si no hubiera apelado al César.*

Lo interesante de este pasaje no es tanto lo que se dice como
el ambiente que se percibe. Pablo era un preso. En aquel
momento llevaría cadenas, a las que él mismo hace referencia.
Y sin embargo tenemos la impresión de que es el personaje
central de la escena. Festo no le habla como a un criminal. Sin
duda conocía el *curriculum vitae* de Pablo como rabino; probablemente había visto su habitación llena de los extraños
manuscritos y rollos que eran los primeros documentos de la
Iglesia. En cuanto a Agripa, al escuchar a Pablo, parecía ser
él el que estaba siendo juzgado. Aquella perpleja compañía no
puede ver por qué tiene que ser juzgado Pablo en Roma o en
ningún otro sitio. Hay una autoridad en Pablo que le coloca
por encima de todos los demás de aquella asamblea. La palabra
griega para el poder de Dios es *dynamis,* de donde deriva la
española e internacional *dinamita.* El que tiene al Señor Resucitado a su lado no tiene por qué temer a nada ni a nadie.

EMPIEZA EL ÚLTIMO VIAJE

Hechos 27:1-8

Cuando se decidió que habíamos de emprender el viaje a Italia por mar, confiaron a Pablo y algunos otros presos a la custodia del centurión Julio, del Regimiento Imperial. Nos embarcamos en una nave matriculada en el puerto de Adramiteo que iba a tocar los puertos de la costa de Asia, y nos hicimos a la vela. Nos acompañaba Aristarco, macedonio de Tesalónica. Al otro día llegamos a Sidón. Julio trataba a Pablo con cortesía, y le permitió visitar a los amigos y disfrutar de su hospitalidad. Nos hicimos a la mar otra vez y costeamos Chipre a sotavento, porque teníamos el viento en contra. Luego salimos al mar abierto frente a la costa de Cilicia y Panfilia, y arribamos a Mira de Licia. Allí encontró el centurión una nave de Alejandría con rumbo a Italia, y nos embarcamos. Navegamos muchos días lentamente, y llegamos a duras penas frente a Cnido. Como no podíamos avanzar porque llevábamos el viento de proa, navegamos al abrigo de Creta rebasando el cabo Salmón. Costeando con dificultad llegamos por fin a un lugar que se llama Buenos Puertos, cerca de la ciudad de Lasea.

Pablo se embarca en el que fue tal vez su último viaje. Dos cosas deben de haberle dado ánimo: (*a*) Una fue la amabilidad de un extraño, el centurión romano Julio, que trató a Pablo todo el viaje con más que cortesía, con consideración. Se nos dice que pertenecía a la cohorte Augusta, que sería probablemente un cuerpo especial de oficiales que hacía de enlace entre el Emperador y las provincias. En ese caso Julio habrá sido un hombre de mucha experiencia y con una hoja de servicio excelente. Puede que al encontrarse Pablo y Julio cara a cara, se reconocieran mutuamente como hombres de valor. (*b*) La otra cosa que animaría a Pablo sería la lealtad de Aristarco. Se ha sugerido que no había más que una manera para acompañar a Pablo en su último viaje, y era enrolándose como esclavo suyo. Es probable que Aristarco lo hiciera para no separarse de Pablo. En *Colosenses 4:10* Pablo le llama «Mi compañero de prisiones». La lealtad no puede llegar a más.

La navegación empezó costeando hasta Sidón. El siguiente puerto que tocaron fue Mira, y la cosa se iba poniendo difícil. El viento dominante en esa época del año era el del Oeste, y sólo arribaron allí pasando por sotavento de Chipre y luego siguiendo una ruta bordeando por la costa. En Mira encontraron una nave alejandrina que se dirigía a Roma. Sería probablemente un carguero de trigo, porque Egipto era el granero de Italia. Si seguimos el viaje en un mapa nos daremos cuenta de que tuvieron que dar un rodeo considerable, probablemente porque los fuertes vientos del Oeste hacían imposible una navegación más directa. Después de muchos días de luchar con el viento se metieron al abrigo de Creta y llegaron a un lugar que se llamaba Buenos Puertos.

PELIGROS EN EL MAR

Hechos 27:9-20

Como habíamos perdido tanto tiempo era peligroso seguir la navegación, porque estábamos a finales de septiembre, pasado el Ayuno. Pablo les aconsejaba:

—Hombres, preveo que la navegación va a resultar un desastre y a causarnos grandes pérdidas, no sólo materiales sino hasta humanas.

Pero el centurión daba más crédito a lo que decían el piloto y el patrón que a Pablo. Y, como el puerto no ofrecía facilidades para invernar, se decidió por mayoría zarpar de allí, a ver si se podía llegar a Fénix, que es un puerto de Creta abierto a los vientos del Nordeste y el Sudeste, para invernar.

Cuando se levantó una leve brisa del Sur les pareció que ya tenían lo que querían, así es que levaron anclas y fueron costeando Creta. Pero al poco tiempo se desencadenó un verdadero huracán que soplaba del Nordeste, que arrebató la nave, ya que no se podía mantener la proa al viento. Así que tuvimos que rendirnos y dejarnos llevar a la deriva. Arrastrados al abrigo de un islote que se llama Cauda nos vimos negros para recuperar el esquife. Cuando lo izaron a bordo usaron el cordaje para reforzar el casco. Tenían miedo de encallar en la arena de la Sirte, así que arriaron las velas y nos quedamos a la deriva. El día siguiente seguíamos a merced de la furiosa tempestad, así es que empezaron a alijar; y al tercer día tiramos por la borda con nuestras propias manos los aparejos de la nave que quedaban. Nos pasamos muchos días sin ver ni el sol ni las estrellas y seguía rugiendo la tempestad; de modo que ya íbamos perdiendo la esperanza de salir con vida.

No cabe la menor duda que Pablo era el viajero más experimentado de todos los que iban en aquella nave. El Ayuno que se menciona es el del Día de la Expiación de los judíos, que cae en el equinoccio de otoño. Según la práctica marinera de aquel tiempo, era peligroso navegar después de septiembre, e imposible en noviembre. Hay que recordar siempre que los barcos antiguos no tenían sextante ni brújula, ni por tanto forma de orientarse en la niebla. Pablo aconsejó que invernaran donde se encontraban, en Buenos Puertos. Como hemos visto, la nave era probablemente un carguero alejandrino de cereales. El propietario probablemente habría sido contratado para llevar un cargamento de trigo a Roma. El centurión, que sería el oficial de más categoría a bordo, tendría la última palabra. Es significativo que Pablo, que no era más que un preso, pudo expresar su opinión. Pero Buenos Puertos no estaba cerca de ninguna ciudad grande donde pudiera invernar la tripulación; así es que el centurión desestimó el consejo de Pablo y adoptó el del piloto y el patrón de seguir navegando a lo largo de la costa hasta Fénix, que era un puerto más amplio.

Un inesperado viento del Sur parecía confirmar el plan; pero pronto los asaltó el viento del Nordeste. Era una tempestad, y el peligro era que, si no podían controlar la nave, darían inevitablemente en las arenas de la Sirte del Norte de África que fueron el cementerio de muchos barcos. Para entonces ya habían podido recuperar el esquife, que habría ido remolcado detrás, y subirlo a bordo, no fuera que se anegara de agua o que se estrellara contra el barco. Empezaron a tirar por la borda todo lo prescindible para aligerar la nave. Como no podían ver ni el Sol ni las estrellas, no sabían dónde estaban, y el miedo a caer en las arenas de la Sirte los atenazaba hasta el punto de hacerles perder toda esperanza.

¡ÁNIMO!

Hechos 27:21-26

Cuando llevaban mucho tiempo sin comer, Pablo los reunió a su alrededor y les dijo:

—Hombres, teníais que haberme hecho caso y no haber zarpado de Creta, y nos habríamos ahorrado este desastre y pérdida. Pero, hasta estando las cosas como están, seguid mi consejo y animaos; porque no vais a perder la vida ninguno, aunque la nave no se va a poder salvar. Os lo aseguro porque anoche ha estado conmigo un ángel del Dios al que pertenezco y sirvo, y me ha dicho: «No tengas miedo, Pablo, que vas a presentarte ante el César, y Dios te ha concedido que no pierda la vida ninguno de tus compañeros de viaje.» ¡Así que, ánimo, amigos! Porque yo tengo confianza en Dios y sé que todo saldrá exactamente como se me ha dicho. Pero tenemos que dar en una isla.

La situación en que se encontraba la nave era ya desesperada. Los cargueros de grano no eran pequeños; podían tener hasta 50 metros de eslora por 12 de manga y 10 de puntal, pero en la tempestad tenían graves desventajas. Eran lo mismo en la proa que en la popa, salvo que la popa tenía la forma de un cuello de ganso. No tenían el timón como los barcos modernos, sino como dos grandes paletas a los dos lados de la popa. Eran por tanto difíciles de manejar. Además, no tenían más que un mástil, en el que se ponía una gran vela cuadrada hecha de lona o de pieles cosidas. Con una vela así no podían navegar con el viento en contra. Y lo peor de todo era que el único mástil y la gran vela sometían al armazón del barco a tal tensión en una tempestad que a menudo se producía un naufragio. Por eso reforzaron la nave, cosa que harían pasando guindalezas por debajo del casco y tensándolas con los cabrestantes de manera que el barco parecería un paquete atado.

Se puede comprender el peligro en que se encontraban. Entonces sucedió algo sorprendente: Pablo se hizo cargo de la situación; el preso actuó de capitán del barco, porque era el único al que le quedaba valor.

Se cuenta que en uno de los viajes de Sir Humphrey Gilbert la tripulación del barco estaba aterrada; creían que estaban saliendo de este mundo en las nieblas y las tormentas de mares desconocidos. Le pidieron que volviera atrás, pero él no quiso. «Estoy tan cerca de Dios en la mar —dijo— como en tierra.» El hombre de Dios no pierde el valor cuando el temor invade el corazón de todos los demás.

ESPERANDO EL DÍA

Hechos 27:27-38

> *Llevábamos catorce días a la deriva por el mar Adriático cuando, a medianoche, los marineros tuvieron la impresión de que nos encontrábamos cerca de tierra.*

Echaron la sonda, y hallaron veinte brazas; un poco más adelante volvieron a echarla, y daba quince brazas. Lo que se temían era que diéramos en escollos; así que echaron cuatro anclas por la popa mientras esperaban con ansia que se hiciera de día.

Entonces los marineros lo que querían era abandonar la nave, y echaron el esquife al mar pretendiendo que iban a largar las anclas de proa. Pero Pablo les dijo al centurión y a los soldados:

—Si estos no se quedan en la nave, no tenéis esperanza de salir con vida vosotros.

Entonces los soldados cortaron las amarras del esquife y le dejaron perderse. Y, justo antes del amanecer, Pablo se puso a animar a todos a que tomaran alimento, diciéndoles:

—Ya lleváis catorce días sin descansar ni comer nada, así es que os lo pido por vuestra salud: tomad algo de alimento, que es esencial para sobrevivir; porque os aseguro que no se va a perder ni un pelo de la cabeza de nadie.

Y diciendo esto, cogió un pan, dio gracias a Dios delante de todos, lo partió en trozos y empezó a comer. Esto les dio ánimo a los demás, y tomaron alimento. Éramos doscientos setenta y seis los que íbamos a bordo; y después de comer todo lo que quisieron, aligeraron la nave tirando el trigo al mar.

Para entonces ya habían perdido del todo el control de la nave. Iba a la deriva, de costado, por el Adriático; no sabían dónde estaban. En la oscuridad oyeron el batir de las olas en alguna costa distante; echaron las anclas de popa para reducir la velocidad de la nave para evitar estrellarse contra las rocas que no podían ver. Fue entonces cuando Pablo asumió el mando. Los marineros querían abandonar la nave en el esquife, que era absurdamente insuficiente para las doscientas setenta y seis personas de a bordo; pero Pablo les estropeó el plan: la compañía tenía que hundirse o nadar unida. A continuación viene un episodio muy humano y sugestivo: Pablo insiste en que coman. Era un hombre inspirado por Dios, pero era también un hombre intensamente práctico. No le cabía la menor duda de que Dios haría su parte, pero también sabía que ellos tenían que cumplir la suya. Pablo no era uno de esos tipos «tan espirituales que no sirven para nada práctico.» Sabía muy bien que los hambrientos no son eficaces; así es que reunió a la compañía del barco a su alrededor, y los hizo comer.

Al leer el relato nos parece como si se hubiera producido la calma en medio de la tempestad. El hombre de Dios se las ha arreglado para hacer que los demás estén seguros de que Dios está a cargo de la cosa. Las personas más útiles del mundo son las que, estando tranquilas, comunican a los demás el secreto de la confianza. Así era Pablo; y todo seguidor de Cristo debe mantenerse firme cuando todos los demás vacilan.

ESCAPE DE LO PROFUNDO

Hechos 27:39-44

Cuando se hizo de día, no reconocían la tierra, pero se fijaron en una ensenada con playa donde se propusieron intentar varar la nave. Así que cortaron las anclas y las dejaron en el fondo, lo mismo que las amarras del timón, e izaron al viento la vela de proa enfilando a la playa. Pero dieron con un bajío y encallaron. La proa se quedó hincada, y la popa se iba abriendo con la fuerza de las olas. Los soldados propusieron matar a los presos por si se escapaban nadando; pero el centurión lo impidió para salvarle la vida a Pablo, y mandó que se tiraran al mar y fueran a tierra los que supieran nadar, y los demás que procuráramos llegar a la orilla en tablas o cosas de la nave. Así fue como todos llegaron a tierra a salvo.

De nuevo se revela el buen carácter del centurión romano. Los soldados querían matar a los presos para impedir que huyeran. No se les podía reprochar; porque era la ley romana que, si un preso escapaba, la guardia tenía que sufrir el castigo que mereciera el fugitivo. Pero el centurión se interpuso y les salvó la vida a Pablo y a los demás presos. Así que esta tremenda historia acaba con una frase que es un suspiro de alivio: «Así fue como todos llegaron a tierra a salvo.» Gracias a Pablo.

BIENVENIDOS A MALTA

Hechos 28:1-6

Cuando llegamos a tierra a salvo nos enteramos de que aquella isla se llamaba Malta. Los nativos dieron muestras de una amabilidad fuera de lo corriente. Como se había puesto a llover y hacía frío, encendieron una hoguera y nos invitaron a acercarnos.

Pablo había recogido un manojo de ramas secas y lo echó al fuego; pero al calor salió una víbora y se le enganchó en la mano. Cuando los nativos la vieron colgándole de la mano se dijeron entre sí:

—No cabe duda de que ese hombre es un asesino; porque, aunque ha escapado del mar, la justicia no le deja vivir.

Pero Pablo se sacudió el animal en el fuego, y eso fue todo. La gente estaba esperando que empezara a hincharse o que cayera muerto de repente, y estuvieron observándole un buen rato; pero al ver que no le pasaba nada, cambiaron de parecer y empezaron a decir que era un dios.

El mar arrojó a las costas de Malta a Pablo y todos sus compañeros de viaje. La antigua versión de la Biblia Reina-Valera (1909) parece un poco descortés con los malteses al llamarlos *bárbaros*. Es verdad que en griego se los llama *barbaroi* (versículos 2 y 4); pero para los griegos los bárbaros eran simplemente los que hablaban *bar-bar,* es decir, una lengua ininteligible, y no la bella lengua griega. La revisión de 1960 se acerca más al sentido original al llamarlos *los naturales,* o, como hemos puesto aquí, *los nativos.*

Este pasaje nos ilumina el carácter de Pablo desde diversos ángulos. (*a*) Por una parte, nos da el detalle cordial y sencillo de que era un hombre que no podía estar sin hacer nada; así es que se puso a recoger leña para ayudar a mantener la fogata. Una vez más comprobamos que las visiones y experiencias espirituales no le habían hecho perder el sentido práctico; y más todavía: que aunque era un gran hombre no se le caían los anillos por ayudar en cosas pequeñas.

Se cuenta de Booker Washington que recorrió cientos de kilómetros en su juventud para ir a una de las pocas universidades de los Estados Unidos que admitían a estudiantes negros. Cuando llegó, le dijeron que las clases estaban completas. Se ofreció para los trabajos más humildes, y le aceptaron; y cumplió sus tareas tan fielmente que no mucho después le aceptaron como estudiante, y con el tiempo llegó a ser el mayor investigador y administrador de su pueblo. Sólo los que son interiormente mezquinos rechazan las tareas humildes.

(*b*) Además, vemos a Pablo como un hombre sosegado y tranquilo. En uno de sus manojos de ramas secas iba dormida una víbora, que se despertó al calor de la lumbre y se le enganchó en una mano. No parece que Pablo se la sacudiera antes de que le picara e inoculara su veneno mortal; pero en cualquier caso, resolvió el problema como si no hubiera pasado nada. Los malteses lo consideraron un milagro; pero Pablo lo tomó con la mayor naturalidad.

AYUDA Y SANIDAD

Hechos 28:7-10

> *Las tierras de alrededor eran propiedad del principal magistrado de la isla que se llamaba Publio, que nos recibió amablemente y nos dio hospitalidad tres días. Y sucedió que el padre de Publio estaba en cama, enfermo de una fiebre constante y de disentería. Pablo fue a hacerle una visita, oró por él imponiéndole las manos, y se puso bien. Cuando se supo lo que había ocurrido, otras personas de la isla que estaban enfermas acudieron también y fueron curadas. El resultado fue que nos colmaron de honores, y nos proveyeron de todo lo que podíamos necesitar cuando zarpamos de allí.*

Parece que el jefe de la isla de Malta era un título, y Publio es probable que fuera el representante de Roma en aquella parte de la isla. Su padre estaba enfermo, y Pablo pudo ejercer el don de sanidad y devolverle la salud. Pero el versículo 9 ofrece una posibilidad interesante: dice que los demás que estaban enfermos vinieron y *fueron sanados*. La palabra que se usa quiere decir *recibir tratamiento médico;* y hay estudiosos que creen que esto puede querer decir, no sólo que vinieron a Pablo, sino también a Lucas, que los ayudó como profesional de la medicina. En este caso, esta pasaje nos daría la primera descripción que tenemos de *un médico misionero*.

Hay aquí un detalle impresionante. Pablo hacía uso del don de sanidad para devolver a otros la salud, y sin embargo él tenía que seguir sufriendo siempre el aguijón en su carne. Muchas personas han ayudado a otras con un don del que ellas mismas no podían disfrutar. Beethoven, por ejemplo, dio al mundo la música inmortal que él mismo no podía escuchar, porque era sordo. Es una de las maravillas de la gracia que tales personas no se vuelven amargadas, y se contentan con ser para los demás canales de una bendición que ellas mismas no pueden disfrutar.

ASÍ LLEGAMOS A ROMA

Hechos 28:11-15

> *A los tres meses nos embarcamos en una nave alejandrina que había invernado en la isla, que tenía de mascarón de proa a los mellizos Cástor y Pólux. Tocamos en Siracusa y nos detuvimos tres días; luego fuimos costeando hasta Regio, y al otro día se levantó un vientecillo del Sur, y en dos días llegamos a Puteoli. Allí encontramos a algunos miembros de la comunidad cristiana que nos invitaron insistentemente para que nos quedáramos con ellos una semana. Así es como llegamos a Roma. Los miembros de la comunidad cristiana habían tenido noticias acerca de nosotros, y salieron a recibirnos al Foro de Apio y a Las Tres Tabernas. Al verlos Pablo dio gracias a Dios y se animó considerablemente.*

A los tres meses, Pablo y sus compañeros de viaje consiguieron pasajes para Italia en otro carguero de trigo alejandrino que había invernado en Malta. El aquel tiempo los barcos tenían mascarones de proa. Dos de los dioses favoritos de los marineros eran los mellizos de la mitología griega, Cástor y Pólux; y esta nave tenía talladas sus imágenes en la proa. Esta última parte de la navegación fue tan próspera como desastrosa había sido la anterior.

Puteoli era el puerto de Roma. Pablo sentiría la emoción de encontrarse en el umbral de la capital del mundo. ¿Qué le tendría reservado al humilde tejedor de tiendas la mayor ciudad del mundo? Al Norte estaba el puerto de Miseno en el que estaba estacionada la flota romana; al ver los navíos de guerra en la distancia, uno no podía por menos de impresionarse por el tremendo poderío de Roma. Cerca estaba Bajas, que era la «Marbella de Italia», con sus playas abarrotadas y las velas de colores de los yates de los romanos ricos. Puteoli, con sus muelles, supermercados y barcos, sería más bien la «Barcelona del mundo antiguo».

Pero lo que más le estrujaría el corazón a Pablo sería enfrentarse con Roma casi solo. Y entonces sucedió algo maravilloso: el Foro de Apio está a 70 kilómetros de Roma, y Las Tres Tabernas a 50, en la Vía Apia que unía a la costa con Roma. Allí le salieron al encuentro algunos representantes de la comunidad cristiana de Roma. La palabra griega es la que se usa para indicar la delegación de una ciudad que sale a recibir a un general o a un rey o a un conquistador. Salieron a recibir a Pablo como uno de los grandes de la Tierra; y él al verlos dio gracias a Dios y se animó considerablemente. ¿Qué fue concretamente lo que le animó? Seguramente el darse cuenta de que no estaba solo ni mucho menos.

El cristiano no está nunca solo. (i) Es consciente de que tiene una nube invisible de testigos con él y a su alrededor. (ii) Es consciente de que forma parte de una comunidad que se extiende por toda la Tierra. (iii) Es consciente de que, esté donde esté, allí está Dios. (iv) *Tiene la certeza de que su Señor Resucitado está con él.*

RECHAZO DE LOS JUDÍOS

Hechos 28:16-29

> *Cuando llegamos a Roma, a Pablo le permitieron vivir por su cuenta, con un soldado que le vigilara. A los tres días invitó a los responsables locales de los judíos a que vinieran a verle; y, cuando se presentaron, les dijo:*
> *—Hermanos, aunque yo no había hecho nada en contra de la nación judía ni en desacuerdo con nuestras costumbres ancestrales, me entregaron a los romanos en Jerusalén. Cuando los romanos me interrogaron, me querían dejar en libertad, porque no había nada en mi*

vida ni en mi conducta que mereciera la pena de muerte;
pero los judíos se opusieron a que se me diera la liber-
tad, y yo no tuve más remedio que apelar al César, pero
no porque tenga nada contra mi nación. Es únicamente
porque me mantengo firme en la esperanza que compar-
te todo Israel por lo que llevo esta cadena, y por eso
he pedido que se me concediera veros y hablaros.

—A nosotros —le respondieron— no nos han llegado
cartas de Judea referentes a ti; ni nos ha traído ningún
miembro de la comunidad judía que haya venido por
aquí ningún informe ni rumor de que hayas estado invo-
lucrado en ninguna cuestión criminal. Creemos que es
lo más correcto escucharte exponer tus opiniones. Lo
único que sabemos acerca de esa secta es que todo el
mundo está en contra de ella.

Así es que quedaron para otro día, y vinieron a su
alojamiento todavía más que la vez anterior. Pablo les
expuso su testimonio personal del Reino de Dios desde
la mañana hasta la noche, demostrando sus afirmacio-
nes con argumentos sólidos y tratando de persuadirlos
para que aceptaran a Jesús con citas de la Ley de Moisés
y de los Profetas.

Algunos de ellos se convencieron de lo que les dijo;
pero otros se negaron a aceptarlo. Estaban muy lejos
de estar de acuerdo entre sí; así es que Pablo les dijo
por último:

—¡Bien dijo el Espíritu Santo a vuestros antepasados
por medio del profeta Isaías: «Ve a este pueblo y diles:
— "Es verdad que vais a oír, — pero no lo es menos
que no vais a entender nada — del sentido de lo que se
os diga; — es verdad que vais a ver, — pero no vais a
daros ni cuenta — de lo que quiere decir lo que veáis."
— La inteligencia se le ha embotado a este pueblo a
fuerza de no usarla, — y se han hecho los sordos, — y
han cerrado los ojos a posta, — para no ver con sus ojos
— ni oír con sus oídos, — ni entender con sus mentes,

— *y convertirse y encontrar en Mí su curación.» Quiero que sepáis que el poder salvador de Dios ha sido enviado a los gentiles, y ellos sí escucharán.*
Cuando les dijo eso, los judíos se marcharon discutiendo acaloradamente entre sí.

Hay algo inmensamente maravilloso en el hecho de que, hasta el final, dondequiera que fuera, Pablo empezaba con los judíos. Llevaban más de treinta años haciendo todo lo posible para crearle problemas, deshacerle el trabajo y hasta matarle; y a pesar de todo sigue siendo a ellos a los que ofrece el mensaje en primer lugar. Si hay algún ejemplo de esperanza invencible y de amor a toda prueba, son los de Pablo predicando en primer lugar a los judíos hasta en Roma.

Al final llega a la conclusión que se implica en la cita de Isaías. Es que esto también es la Obra de Dios: el que los judíos rechazaran a Jesús fue lo que les abrió la puerta a los gentiles. Hay un propósito en todo; al timón de todas las cosas está la mano del Piloto invisible. La puerta que se cerraron los judíos se abrió a los gentiles; y eso no es el final, porque alguna vez, al final del día, habrá un rebaño y un Pastor.

ABIERTAMENTE Y SIN PROBLEMAS

Hechos 28:30, 31

Pablo estuvo dos años completos viviendo a sus expensas y recibiendo las visitas de todos los que iban a verle. Todo ese tiempo siguió proclamando el Reino de Dios e impartiendo enseñanza sobre todo lo concerniente al Señor Jesucristo con libertad y valentía, y sin que nadie hiciera nada para impedírselo.

Pablo es Pablo hasta el final del día. La versión Reina-Valera oscurece un punto: dice que «Pablo quedó dos años enteros en su casa de alquiler» (1909) o «en una casa alquilada» (1960); pero el sentido es que vivió a sus propias expensas, es decir, *ganándose la vida.* Aun cuando estaba preso, proveyó sus necesidades con sus propias manos; y tampoco estuvo ocioso en otros sentidos: fue entonces cuando escribió las cartas a los Filipenses, Efesios, Colosenses y a Filemón. Tampoco estuvo nunca totalmente solo: Lucas y Aristarco habían venido con él, y Lucas estuvo con él hasta el final *(2 Timoteo 4:11).* Timoteo también estaba con él a menudo *(Filipenses 1:1; Colosenses 1:1; Filemón 1).* Alguna vez estuvo con él Tíquico *(Efesios 6:21).* Tuvo la compañía de Epafrodito una temporada *(Filipenses 4:18).* Y Marcos también estuvo con él alguna vez *(Colosenses 4:10).*

Aquellos dos años no fueron una pérdida de tiempo. Pablo les dice a los Filipenses que todo lo que ha sucedido ha contribuido en la extensión del Evangelio *(Filipenses 1:12).* Eso fue especialmente así porque le conocían como preso en toda la Guardia Pretoriana *(Filipenses 1:13).* Vivía en una casa particular, pero había un soldado con él día y noche *(Hechos 28:16).* Estos soldados del cuartel general formaban parte de las tropas selectas del Emperador, y pertenecían a lo que se llamaba la Guardia Pretoriana. Aquellos dos años muchos de los soldados pasarían largos días y noches con Pablo; *y muchos de ellos volverían de su día de guardia llevando a Cristo en el corazón.*

El Libro de los Hechos llega a su fin con un grito de victoria. En griego *sin problemas* es una sola palabra que suena como un grito de victoria. Es el clímax de la historia de Lucas. A veces nos preguntamos por qué no nos dice lo que pasó con Pablo, si le ejecutaron o soltaron. La razón es que, probablemente, ese no era su propósito. Al principio de su segundo libro, *Hechos,* nos da el plan de su obra al decirnos que Jesús mandó a sus seguidores que dieran testimonio de Él en Jerusalén, y por toda Judea y Samaria y hasta lo más remoto de la Tierra *(Hechos 1:8).* La historia que empezó en Jerusalén más de treinta años antes, termina en Roma. No es nada menos que un milagro de Dios. La Iglesia, que al principio de *Hechos* se contaba en decenas, ahora incluye a miríadas. La historia del Crucificado de Nazaret se ha extendido por todo el mundo en campaña de conquista, y en este punto se está predicando en Roma, la capital del mundo, *abiertamente y sin problemas*. El Evangelio ha llegado al centro del mundo y se sigue proclamando: Lucas ha dado fin a su tarea.

ÍNDICE DE NOMBRES PROPIOS Y DE TEMAS QUE SE EXPLICAN EN EL TEXTO

Abreviaturas: **s**, después de un número de versículo o página, indica que el tema sigue en el/la siguiente; **ss**, en los/las siguientes; **v.**, véase; **cp.**, compárese.

PALABRAS GRIEGAS O HEBREAS

Transcripción fonética aproximada, para dar una idea de cómo se supone que se pronunciaban estas palabras en hebreo o arameo y en griego cuando se escribió el Nuevo Testamento. **h**: más suave que la **j**, como en andaluz; **j**: como en castellano; **th**: como la **z** castellana o la **th** inglesa; **y**: como la **u** francesa; **z**: **s** sonora que no existe en castellano, pero sí en las demás lenguas hispánicas, románicas y en inglés. Las demás, como en castellano; las vocales con acento circunflejo son largas. Entre paréntesis, palabras que no aparecen en el texto, aunque se alude a ellas.

Palabras griegas:		*Palabras hebreas o arameas:*	
agathós	47(ix)	jêrem	214(a)
anáthêma	214(a)	kuppâ	72
ánguelos	67s	sagán	55
apóstolos	228(i)	tamhui	72
(bárbaros) barbaroi	240s		
didajê	35(ii)		
dynamis	232		
glôssolalía	34		
haguios	104s		
homilía	36(iv)		
kalós	47(ix)		
kêrygma	35(i)s		
(lypáinomai)	87(ii)		
mártir - (mártys)	24(iii)		
paráklêsis	35(iii)s		

Nombres propios en hebreo y en griego:

Cefas - Kêfâ - Petros
Tomás - T'ômâ - Dídymos
Jesús - Yêshúa - Iêsûs   132

AUTORES Y LIBROS QUE SE RECOMIENDAN

(Se indican con * los nombres que se mencionan en el texto)

Backhouse y Tylor, *Historia de la Iglesia Primitiva*, CLIE.
William Barclay, *Comentario al Nuevo Testamento, tomo 4, Lucas*, CLIE.
William Barclay, *La Juventud de la Iglesia*, CLIE.
*John Bunyan, *El Peregrino*, CLIE.
Eusebio de Cesarea, *Historia Eclesiástica* (2 tomos), CLIE.
Federico Fliedner, *Martín Lutero*, CLIE.
*T. R. Glover, *La influencia de Cristo en el mundo antiguo*, CLIE.
*Josefo, *La guerra de los judíos* (2 tomos), CLIE.
    □*Antigüedades de los judíos*(3 tomos), CLIE.
Mateo Lelièvre, *Juan Wesley – Su vida y su obra*, CLIE.
Eric Liddell, *Manual de discipulado cristiano*, CLIE.
J. B. Lightfoot, *Los Padres apostólicos*, CLIE.
*David Livingstone, CLIE.
A. B. Simpson, *Comentario a Los Hechos de los Apóstoles*, CLIE.
*Luis de Usoz y Río, *Antología*, Ediciones Pleroma, 1986.

BIBLIOGRAFÍA

Algunos de los libros, autores y personajes históricos a los que alude William Barclay, y otros autores y libros en los que se pueden ampliar los temas aquí tratados. Se indican con * los nombres citados por William Barclay.

1. *William BOOTH (1829-1912). Fundador del Ejército de Salvación, y su primer General. Véase número 23.
2. Juan Bautista CABRERA Ivars (1837-1916). Himnólogo español, primer obispo de la Iglesia Española Reformada Episcopal. Véase: R. P. Bernardino Rubert Candau, O.F.M., *Vida y obra literaria de*, IEA, 1980.
3. *EUSEBIO de Cesarea (*c.* 265-340) *Historia Eclesiástica*, 2 tomos, CLIE.
4. George P. FISHER, *Historia de la Reforma*, CLIE.
5. Juan FLETCHER, *Historia compendiada de la Iglesia Cristiana*, 2 tomos, CLIE.
6. Federico FLIEDNER, *Martín Lutero*, CLIE.
7. José FLORES, *Historia de la Biblia en España*, CLIE.
8. *T. R. GLOVER, *La influencia de Cristo en el mundo antiguo*, CLIE.
9. Manuel GUTIÉRREZ MARÍN, *Historia de la Reforma en España*, PEN-CLIE.
10. *Stanley JONES, *¿Es realidad el Reino de Dios?*, CLIE.
11. *Flavio JOSEFO, *Antigüedades de los Judíos,* 3 tomos, CLIE.
12. *Flavio JOSEFO, *La Guerra de los Judíos,* 2 tomos, CLIE.
13. *John KNOX (1505?-1572). Reformador escocés. Véanse números 4 y 5.
14. *Hugh LATIMER (1490-1555). Reformador y mártir inglés. Véase número 4.
15. *Andrew MELVILLE (1545-?). Reformador escocés. Véase número 4.

16. Emilio MARTÍNEZ, *Recuerdos de antaño*, de la Reforma en España, CLIE.
17. *PUSEY, Edward Bouverie, llamado (1800-1872). Teólogo inglés relacionado con el *Movimiento de Oxford*.
18. Casiodoro de REINA (*c*. 1520-1594). Reformador español, primer traductor de la Biblia entera al castellano (1569). Véanse números 7, 9 y 20.
19. Cipriano de VALERA (*c*. 1532-1602). Reformador español, autor y traductor de importantes libros teológicos, y revisor de la Biblia de Casiodoro de Reina, que también lleva su nombre (1602). Véanse los números 7, 9 y 20.
20. M. K. van LENNEP, *Historia de la Reforma en España en el siglo XVI*, T.E.L.L.
21. Patrocinio Ríos, *El reformador *Unamuno y los protestantes*, CLIE.
22. Samuel VILA, *A las fuentes del Cristianismo*, CLIE.
23. Samuel VILA, *Historia de la Inquisición y de la Reforma en España*, CLIE.
24. Samuel VILA, *Origen e Historia de las Denominaciones*, CLIE.
25. Mateo Lelièvre, *Juan WESLEY – Su vida y su obra*, CLIE.
26. Juan C. VARETTO, *La Reforma religiosa del siglo XVI*, Junta Bautista de Publicaciones, Buenos Aires, 1959.